U0783017

不急不火教孩子

60招

胡丽英◎编著

企业管理出版社
ENTERPRISE MANAGEMENT PUBLISHING HOUSE

图书在版编目（CIP）数据

不急不火教孩子60招／胡丽英编著．—北京：企
业管理出版社，2011.4
ISBN 978-7-80255-781-9

Ⅰ．①不… Ⅱ．①胡… Ⅲ．①家庭教育 Ⅳ．①G78

中国版本图书馆CIP数据核字(2011)第051779号

书　　名：	不急不火教孩子60招	
作　　者：	胡丽英	
选题策划：	申先菊	
责任编辑：	申先菊	
书　　号：	ISBN 978-7-80255-781-9	
出版发行：	企业管理出版社	
地　　址：	北京市海淀区紫竹院南路17号　邮编：100048	
网　　址：	http://www.emph.cn	
电　　话：	总编室 (010) 68420309　发行部 (010) 68701638	
	编辑部 (010) 68701074	
电子信箱：	emph003@sina.cn	
印　　刷：	三河市南阳印刷有限公司	
经　　销：	新华书店	
规　　格：	170毫米×240毫米　16开　15印张　280千字	
印　　次：	2011年5月第1版　2011年5月第1次印刷	
定　　价：	28.00元	

版权所有　翻印必究·印装有误　负责调换

前　言

　　每天早晨醒来，赶紧给孩子做早餐，然后叫醒熟睡的孩子，一起忙活着刷牙洗脸穿衣服，最后看着他把早餐吃完；晚上回到家，可以和孩子分享他学校里的奇闻趣事；节假日，可以和爱学习的孩子一起畅游书海，也可以一家三口一起去探索大自然……

　　这是人生何等的幸福，而这种幸福，其实也很简单，那就从不急不火教孩子开始。

　　当一个孩子拉开生活的帷幕的时候，作为孩子的父母，你是不是觉得自己肩头的担子沉重了许多？因为，抚养一个孩子毕竟是一件艰巨和伟大的事情。父母们可能会思考自己是否拥有足够的能力让孩子获得较好的物质条件？是否拥有足够的知识来教育孩子？是否能够成为让孩子引以为荣的父母？这些思考都是家长教育孩子时的担忧和疑问。

　　这些思考是必需的，但是，着急上火而又急于求成只会事倍功半。这就要求家长首先在心态上树立正确的意识，教育孩子是一辈子的事情，不能急，更不能火，着急上火教育出来的孩子一定会让家长着急上火。

　　家庭教育是终身教育，不是某时某刻的教育灌输，只有经过父母的润物细无声，慢慢培养出来的孩子才是好孩子。

　　在教育孩子的方法上，有两种极端的认识。一是"棍棒下出好孩子"，二是"只要夸就可以夸出好孩子"。这两种教育方法其实都是不完全正确的。惩罚和赞赏固然是教育孩子的两种好方法，但是在度上却有着严格的要求。

　　不能惩罚过度，也就是不可以棍棒教育；不能赞赏过头，也就是夸也要讲究艺术。如何在两者之间权衡好是做父母的学问。就像本书倡导的理念——"不急不火教孩子"一样，其中蕴含着一种"平衡"的哲学。

　　态度决定一切。现代大部分父母都开始意识到，自己对孩子的态度决定了孩子的未来。如果家长们事先毫无准备，对教育方法又不加以学习，那么孩子的前途也许就毁在父母手里。

我们主张父母学习抚养、教育孩子的知识和方法，这样才能把孩子教育好，实现家庭和社会的和谐繁荣。即使是普通家庭的孩子，只要教育得法，也会成为不平凡的人。

每一个孩子都是上帝派下凡间的天使，他们都有着美丽的生命和光辉的前途，而父母就是孩子走向辉煌生命之路的向导。

我们用不急不火的心态，以春风化雨的方式，帮助孩子找到自己心灵的方向，让孩子描绘出自己壮丽的生命画卷！

作者
2011年4月于北京

目 录

第九章　培养孩子创新能力，不能急

第十章　改正孩子错误要不急不火

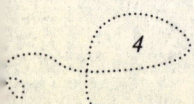

#

与孩子交流要不急不火

有人说："好的交流胜过好的教育。"

与孩子良好的交流是家庭教育进行的基础，没有这一基础，再好的家庭教育也难以得到好的效果，甚至难以得到顺利地实施。

如何能与自己的孩子畅通无阻地沟通交流，从而建立一个良好的亲子关系，是每个家庭、每位家长所热心关注的问题，而这也是现今社会环境下一个很棘手的问题。

教育专家提出，与孩子交流要不急不火，要有足够的耐心。

比如孩子犯错了，家长不问清原因，不听孩子解释，劈头盖脸就是一顿责骂，家长很生气，孩子也很委屈，这样时间一长，亲子关系会慢慢变僵的。

由此可见，与孩子交流一定要有耐心，不急不火才能教出好孩子。

第1招 多抽出时间和孩子交流

有位心理学家说："交流需要耐性，也需要时间。"

现代社会的双薪家庭很多，父母常常忙于工作，因此陪伴孩子的时间实在有限，与孩子交流的时间更是寥寥。但是，无论怎么忙碌，孩子的成长都不能重来一次，父母一定要在有限的时间内，把对孩子的关心和爱充分地表达出来，也趁此更多地了解孩子，认识孩子，陪孩子一起成长。

一、每个孩子都渴望和父母沟通

许多亲子关系不好的家庭，家长总会抱怨说和孩子交流很难，孩子从来不愿和父母交流。其实事实不是这样的，每个孩子都希望和父母多沟通，希望从父母那里得到更多的重视与关注。

中央电视台播过一则公益广告，画面非常感人：一个小女孩领到了三好学生的奖状，迫不及待地想把这个喜讯告诉爸爸，可是，左等右等，就是不见爸爸的踪影。一听到电话和汽车喇叭声，天真的孩子就以为是爸爸回来了，可是，跑到窗口一看，却只有失望。

已经夜深了，妈妈劝她别等了，她在睡梦中仍念叨着爸爸。一觉惊醒，她高喊着"爸爸"冲向门外，连鞋都顾不上穿。结果，仍不见爸爸。三好学生的奖状飘落在地上。字幕：有时间多陪陪孩子！

这是多么富有人情味的忠告啊，孩子有快乐需要和父母分享，孩子有忧愁需要和父母分担，这是每个孩子的心愿啊。

倩倩上二年级了，爸爸妈妈工作忙，平时很少能陪她。这个星期五，爸爸妈妈都确定不加班，倩倩乐得不知道怎么是好了。晚上，拉着爸妈去游泳，完了又去吃肯德基，看着她快乐的样子，爸妈怎能拒绝她。这下一玩玩到了十二点。爸爸开着车，倩倩和妈妈都坐在车上，一会倩倩歪着头睡着了。睡得真香啊。妈妈抚摸着她，一会她"扑哧"地笑出声音来，妈妈问她怎么了，她迷迷糊糊地说："妈妈，今天好开心啊。"妈妈觉得愧疚，平时怎么就不能抽时间陪孩子呢："嗯，倩倩，以后爸爸妈妈多带你出来玩，让你天天都这么开心，好吗？"

倩倩闭着眼答应着："嗯，我不要妈妈上班天天回来那么晚，我想要妈妈陪我。"

是啊，孩子做梦都想让爸爸妈妈多陪陪自己，多跟自己说几句话，多带自己玩一会儿，我们做父母的怎么还能说孩子不愿和我们交流呢？

二、孩子的成长不仅仅需要物质

孩子的健康成长并不单是靠丰富的物质生活来保障的，更多的是需要父母的关爱、亲情的慰藉。

一位刚下班回家的父亲，脸上写满了疲倦。儿子问父亲一个小时的工资是多少，父亲有点不高兴地说："20元。"

儿子听了以后叫父亲借他10元，父亲很气愤地说自己工作这么辛苦，一个小时也才20元，这小子肯定要把我的钱拿去买什么玩具，气势汹汹地叫儿子马上回房间睡觉。待父亲冷静下来，他再去找儿子，说要把钱给儿子。

儿子听了很高兴，从床底又拿出了一些钱。父亲这时更加气愤了，问儿子："为什么自己有钱了还叫我再给你。"

儿子说："我这里钱还不够，现在够了，我有20元了，爸爸，我要用这20元买下你的一个小时，你陪我玩。"

与很多家庭一样，父母几乎把所有的时间都花在工作上，根本抽不出时间陪孩子，遗失的是一种亲情，一种孩子成长过程中必不可少的父母的爱——孩子不要你给他买多少玩具，他只要你陪着他，这就够了。

也有少数父母工作之余，只顾自己娱乐消遣，根本不管孩子的一切，认为孩子只要不缺吃穿，不缺钱花，自己的义务就尽到了。其实这是一种不负责任的行为，这样环境下的孩子常常很孤独，精神营养严重不足。他们的苦恼无人关切，如果周围环境再不好，稍微出现一些不良引诱，便极容易走入歧途。

有这样一个故事：

凌晨一点，有一对父母搓完麻将回家，见女儿房门大开而无人，于是急拨在市里当领导的亲戚电话，领导打电话向校长要人，校长打电话"骚扰"班主任，这么层层折腾完毕，已"鸡叫头遍"。

学校新的一天开始，那学生坦然上学，全不知"昨夜星辰"下父母、领导、老师"动干戈"的事。一问，原来这学生到同学家过夜住已不止一次，理由是"反正他们忙于搓麻将，回家也没人理我"。

现实中，这类"失陪"的家长为数不少。上例中的孩子，平时父母忘乎所以，出了事才惊慌失措。由此可看，孩子"野掉"，往往是父母疏于对孩子饮食起居、喜怒忧乐的及时关注察觉而造成的。

有的家长觉得只要舍得给孩子花钱、给孩子最充裕的物质条件，就算是最大的感情投资。殊不知，现代学生最缺少的不是金钱物质，而是心理呵护，亲情关爱。有意识地腾出时间与孩子一起吃吃饭，散散步，聊聊天，逛逛书店，下下棋，利用有限的"边角"时空，进行零距离的情感沟通，因势利导，才能获得孩子心悦诚服的最佳效果。

多交流，孩子才能快乐地成长

多与孩子沟通。要和孩子做朋友，别把孩子当成管制的对象。父母每天会尽量多抽出时间和孩子交流，在和孩子的交流中会发现和了解孩子的心理变化，知道她最近在想些什么，孩子最近心情好不好，需要怎样的帮助，这样才能使孩子快乐健康地成长。

杰杰今年5岁，正上幼儿园大班。一天，妈妈从幼儿园接他回家时，发现他有点闷闷不乐。于是妈妈问他："宝宝，今天在幼儿园碰到什么不高兴的事了？"

"妈妈，明天我不想去幼儿园了。"

"为什么呀？"

"我在幼儿园遇到一个难事。"杰杰突然眼圈发红地说。

"什么难事，告诉妈妈。"

"今天上舞蹈课的时候，舞蹈老师说，被摸过头的小朋友往前跳一步，没有摸过头的小朋友站在原地不让动。被摸过头的就是跳得好的，没有摸过头的就是跳得不好的。"

原来是这样啊。

于是妈妈对他说："宝宝，以后不管遇到什么事都不能逃避，一定要学着面对。要是这次你躲过去了，下次再遇到这样的难事，肯定还是解决不了。无论什么事情，都是越学越简单，越不学越难。你想想，是不是一开始连最基本的踢腿、扭腰这样的动作都不会，后来每天在幼儿园学一点儿，天天坚持下来，是不是就变得容易了？你平常在家里表演得多好呀。"

"嗯，好像是。"显然，杰杰同意了妈妈的看法。"妈妈，以后你能不能天天接送我呀。"杰杰突然又问妈妈。

妈妈蹲下身子，一动不动地看着他，肯定地说："行！妈妈这段时间天天接送你。"

一路上，杰杰又恢复了往日的快乐。

很多家庭，因为工作忙，每天接送孩子都是由孩子的爷爷奶奶代劳，自然更谈不上和老师交流、与孩子交心了。其实作为父母，有些事情耽误了，或许还可以花点时间重新办好。然而忽视了孩子的成长，可能永远都找不到补救的时机了。

没有哪个父母不疼爱自己的孩子。可是，有些人却不愿在孩子身上花费更多的时间和精力。很多人是工作狂，一天到晚只知道工作，甚至加班加点，不知疲倦。他们会说："我实在是太忙了，哪有时间陪孩子呵！"

他们不知道，孩子在成长的过程中，是多么渴望父母的爱抚、鼓励和情感交流。只要有心，总会抽出时间的。

每天都应当抱一抱、亲一亲自己的宝贝，让他们感受到爱的激励和家的温暖。要多和他们交谈，倾听他们的心声，并及时地给予指导和帮助。这样，孩子就会有安全感，他们的成长就会是健康的，一帆风顺的。

第2招 鼓励孩子说出自己的想法

许多家长抱怨说："我的孩子怎么那么闷，真不知道他每天在想什么？""这孩子性格真内向，也不喜欢和我这个当妈的说话。"……很多家长的状态类似于那句歌词，"孩子的心思你别猜，你猜来猜去也猜不明白"，他们因为不知道孩子想要说什么感到为难。

一、认真倾听

如何鼓励孩子说出自己的想法已经成为众多父母的心头病，因为只有孩子主动说出自己的想法，父母和孩子的沟通才有基础，父母才能为孩子的一些错误对症下药。

其实孩子不肯说，大部分原因是在家长自身。有不少家长在孩子讲话时，常常会不耐烦地责怪孩子说："你想说什么？给我痛快点儿。""瞎说，小孩子懂什么。""别说了，快吃饭，一会上学迟到了。"等等。孩子们听到这样的话如何有说的兴趣？

小强今年上小学三年级。一天早餐时，他兴奋地对妈妈说："妈妈，我昨晚做了一个奇怪的梦，梦见……"还没把"梦见"这两个字说完，妈妈就摆摆手说："别说了，快吃饭！一会儿上学要迟到了！"小强埋头吃完饭，背起书包上学了。

晚饭时，小强又想起昨晚的梦境，笑着对妈妈说："我昨晚做的那个梦，可有趣了……" 这次妈妈又打断他，说："先吃饭，吃完赶快写作业！"吃完饭，小强还是很有兴致地说："我今天作业不多，一会儿再做。先给你讲我的梦吧！"

妈妈不耐烦地说："一个梦有什么好讲的，从早晨提到晚上，别说了，快去写作业去，写完作业就预习一下明天的内容。"说完就走了，留下小强一个人带着他有趣的梦失落地站着。

渐渐地，妈妈发现儿子变了。以前，每次放学回来，他总是妈妈长、妈妈短地说个没完，现在却什么都不说。许多事情，都是班主任给打来电话，她才知道。对自己的许多话，孩子也开始置之不理。儿子这是怎么啦？妈妈又迷惑，又伤心。

在想让孩子说出自己想法的过程中，父母首先要扮演一个认真的倾听者。

当孩子在述说一件事情的时候，父母一定先要有耐心去听，给孩子大声说出自己想法的机会。其次，尽量忍住不要打岔，时刻提醒自己"少开尊口"。只要不时地望着孩子的眼睛点头、微笑，或者用简单的语言鼓励他说下去就可以了。

当孩子看到父母对事情产生兴趣的时候，自然有兴致把话说出来，说下去。如果每次感受到的都是父母不耐烦，甚至是阻止、批评的态度，孩子怎么敢大声说出自己的想法。

所以，父母要是想让自己的孩子听话，必须先要"听"孩子说"话"，养成认真听孩子说话的好习惯。只有让孩子大胆地说出自己的想法，他们的个性才得以张扬，心灵才得到放飞，思想才得到解放，自尊与自信才得以慢慢建立起来。

二、站在孩子的角度，体会孩子的内心

和孩子交流真的是一门学问，父母鼓励孩子说出自己的想法时不但要做一个倾听者，还要在倾听过程中时刻站在孩子的角度去理解，去体会孩子这样说的原因、孩子这样说为了什么。

因为孩子终究是个孩子，他们的思维和大人们的思维有着很大的差别，如果不能站在孩子的角度去看问题，那么家长就会对孩子产生一系列的误解。

名五年级男生在语文考试时，写出自由命题作文：《我对她的爱情》，让阅卷老师傻了眼。在写作手法上，老师认为它主题鲜明，语句通顺，但是主题思想存在严重问题。老师把这件事情告诉了家长。

家长先是认真看了这篇作文。

从小男孩的作文中，可以看出他对这个从小陪伴自己玩耍的小女孩特别有感情。因为从小一起长大，哪一天不在一起玩就会想念对方，这是深厚的友情，

而不是男女之爱。但是，因为受到外界五花八门的信息刺激，这个小男孩用"爱情"这个使用频率很高的词，来形容他和小女孩之间的纯洁友情。

家长看后并没有立即找来孩子训斥和责骂，而是找了一个恰当的时机和孩子聊起了这个女孩，用委婉的方式与他进行了交流。时而旁敲侧击地询问，孩子的回答也是一脸坦然，压根不理解家长问话后面隐含的意思。这才让家长松了一口气，原来是虚惊一场。

从那以后，孩子有什么事情更愿意和家长说了。

孩子的心是纯真的，孩子的眼睛纯洁透彻，他们用自己独特的思维方式体验成长。很多时候，只要父母站在孩子的角度，学着用孩子的思维方式去思考问题，误会就迎刃而解。相反，如果遇到事情家长就是给他们当头棒喝，不问青红皂白地去责备，这样只能让你和孩子的沟通戛然而止。久而久之，孩子不再愿意与你谈心，问题孩子也就出现了。

近来，小梅很喜欢说"你让我玩什么我就玩什么"、"你让我吃什么我就吃什么"等类似的话。妈妈很是纳闷，自觉不是专制的家长啊，于是就留心观察她的话语。

其实，小梅是有自己的想法的。比如，她想吃水果，妈妈征求她的意见，她就说"你让我吃什么我就吃什么"。假设妈妈说"那我们吃香蕉吧"，如果小梅其实不想吃香蕉而想吃苹果，她就会不说话，保持沉默。

妈妈再问："吃香蕉好吗？"，她就会说："吃苹果吧。"妈妈发现如果耐心征求她的意见，站在她的角度去选择，小梅是会告诉妈妈她的想法的，而且确实有自己的想法。

父母让孩子把话说出来，就得学会琢磨孩子的内心，明白孩子内心的真实愿望，这样才能更容易走近孩子的心灵。

像上面的例子，在这时候，如果妈妈施加压力说"就吃香蕉吧"，孩子以后在表达自己的想法时就会越加变得缩手缩脚起来。

父母虽然是在要求孩子"把话说出来"，但这种想法往往起到相反的效果。还是得学会站在孩子的立场，体会孩子的内心，孩子才肯勇敢地把自己的想法说出来。

三、用鼓励代替责备

当孩子经常在你问问题的时候对你说"懒得理你"、"别问我，你自己决定吧"、"随便"等的时候，这就已经说明，孩子对你们已经失望很久了。他们不再愿意将自己的心事说给你们听，也不想参与你们的任何活动，这种状态表明你和你的孩子处于沟通尴尬期，甚至是 "免谈"的境地。

为什么沟通尴尬？也许以前他是很喜欢和你们聊天的，可是常常他刚开口，马上换来的就是一顿嘲笑、辱骂，久而久之他就不想说了。反正说出来也得不到肯定和赞扬。

一次，在和孩子玩游戏的时候，母亲给红红出了一道带启发性的思考题。"一棵树上站着五只小鸟，一个顽皮的孩子用弹弓打掉了一只，试问树上还有几只小鸟？"红红说："五减一等于四，树上应该还有四只。"妈妈在旁边笑起来，说："孩子，你再好好想想。"但红红却依然执著认真地说："就是四只嘛。"于是爸爸启发她说："我们红红很有主见，敢于坚持自己的主张，真棒！但是，你想一想：虽然打掉一只，但弹弓一响，其他四只不是也被吓跑了。所以，一只也没有剩下。"

孩子说出了心里话，尽管有时很荒唐，但却是孩子自己内心里的声音。父母一定不要随便取笑，更不可妄加指责，因为他们还处于成长和开发期。

父母要允许孩子发表自己的意见，并让孩子意识到自己的意见父母是重视的，并且可以给予指导。这样长久下去，孩子遇到事情的时候，第一想到的就会是和父母说，父母和孩子的交流也就这样顺利产生。

所以允许并鼓励孩子说出自己的想法，这样对孩子以后人生道路上的选择有着重大帮助。

一个孩子在成长过程中，不可避免地会遇到很多困难。如何让孩子条件反射似的在第一时间想到和父母交流，这是每一个父母需要奋斗的过程。要改变孩子，首先要改变自己。

这期间，父母应竖起自己的耳朵认真学会倾听、语重心长地耐心开导，还要给孩子发表不同意见的机会。与孩子谈话时，既要抱平等的、朋友式的态度，又要满怀作为父母的慈爱。只有这样长久坚持下去，孩子和父母的沟通才会呈现良好态势。

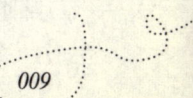

第3招 耐心倾听孩子的表达

我认为倾听是一种非常好的教育方式。因为倾听对孩子来说，是在表示尊敬，表达关心，也是在促使孩子去认识自己。

——德国教育家 卡尔·威特

一个优秀的父母，一定是一个优秀的倾听者。他们的优秀在他们的耳朵上，他们乐意倾听孩子的心声，在孩子面前永远表现出自己是一个忠实的听众。

一、停下手头的工作去"听"

父母的爱是世界上最伟大和无私的爱，每个父母都深深爱着自己的孩子。孩子在这个世界上能感受到的最真切的感情之一，也是父母所给予自己的爱。这份爱，让孩子在困难面前坚强，在受挫时候知道有人会永远不弃不离地站在原地等待他们，这给每个孩子的人生道路上无疑是点起了一盏明亮的灯。

很多家长都一致认为，应拿出更多时间与孩子一起休息、娱乐和交流。可是父母能与孩子共享天伦之乐的时间总是不够。尤其是在现代社会里，生活的重担早已把每个家长的时间占去大半，毕竟不是每位家长都可以做到把剩下的那点宝贵时间来分给孩子，来听听他们鸡毛蒜皮的小事情。

老王是一名高中教师，在他的毕业班上很多学生考入了名校。可他自己的女儿连高中都没考上。他开始重视起孩子的教育，开始注重把时间分配给自己的孩子，并尝试着从一个家长的角度来研究教育。经过一段时间的摸索，他发觉女儿学习差的原因之一，就是不自信。

因为工作忙，他对女儿一直没太关注。以前女儿经常回家对他说"某个老师瞧不起她"、"某个同学看不起她"之类的话，老王一直认为是鸡毛蒜皮的事情，所以也没耐心去听，更没给予理睬。久而久之，女儿跟他的关系日渐疏远，说啥也不听。

老王从调整女儿的心态入手，帮助自己的孩子从只关注别人的眼光，转到只专注自己的学习上。每次孩子跟他说话时，他就会很专注地听。说得好的地方，他会表现得很高兴，说得不符合逻辑的地方，他也不立刻打断她、指责她。等她说够了再与她进行交流，拐弯抹角地把自己的观点亮出来。

久而久之，女儿有什么话也爱跟他讲了。遇到什么问题，马上就跟爸爸沟通。影响学习的因素被排解掉了，她的心理变轻松了，学习效果自然就好。

人都需要盐，但是，一颗颗大盐粒子，让人生生吞下去，谁爱吃？要是把它放在菜里、汤里，那吃起来就很舒服。教育孩子也是如此。每天抽出一点时间，哪怕只有十分钟。

在做饭时，让孩子一边帮自己择菜，一边与孩子聊聊在学校的事；在孩子睡前十分钟，听他唠叨唠叨一下与同学的关系……

"每天暂停十分钟，听听少年心底梦。"这是一则公益广告，也通俗地讲出了家长要善于倾听孩子诉说的重要性。听孩子诉说，是帮助孩子成长的很好的途径，也是做父母的一份责任。

二、充满兴趣地"听"

很多家长还记得孩子第一天上学回来时的情景，他们放学后就一直站在你的身后饶有兴致地说起学校里这一天发生的事情。谁谁被老师批评了，谁吃饭弄到了地上……一些芝麻绿豆的事情好像在他们的嘴里是那么的津津有味。

然而，令人遗憾的是，很多父母总觉得听孩子说话是一件无聊的事情，甚至是在浪费自己休息的时间。父母总是显出一副不耐烦的样子，一边手里不停地翻动着报纸，一边咿咿呀呀地回应着孩子的话，没有给孩子展示出任何一点感兴趣的迹象。

殊不知，孩子们的这种诉说需求，是孩子向父母敞开心灵大门的先兆。如果总是冷淡处理，很有可能为以后同孩子的沟通埋下障碍。

"妈妈，我……"10岁的姗姗放学回来，一脸沮丧和不开心的样子。"怎么啦？宝贝，没事，好好说，别着急。"妈妈关切地看着女儿，把她搂在怀里。"今天放学，跟贝贝约好一起回家，可放学后根本没见到她的影子。我自己在学校里等了她好久，最后，学校都没人了，我才一个人回来。"女儿满脸委屈，甚至有点哽咽。

这个时候妈妈微笑地摸着孩子的头说："哦，她可能忘记了，或者临时有事，明天到学校问问她，把事情说清楚就行了，别总是心里想着这件事情。"

"但是她不该忘记我们的约定，让我傻傻地等了这么长时间，我真伤心！"妈妈这时语重心长地对女儿说："好孩子，每个人都会犯错误，对于别人无意间的错误，我们应该有颗宽容的心去包容，这样，朋友关系才能持久……"

正在这时，电话铃声响起，妈妈拿起听筒。"是贝贝打来的，她问你回来没有，向你道歉。"女儿接过话筒说："贝贝，没关系，我们还是好朋友！"

父母对孩子想说的话表示出很大的兴趣和十分认真的态度，这会使孩子对父母产生亲近感。相反，如果当孩子向家长倾诉时，听到的话总是"这点破事你说过几遍了？""这点小事，你自己解决！"……孩子"说"的欲望全被打消了。

其实，做父母的关心孩子，不仅仅要关心他的吃住、学习，更要关心他的感受、见解、需求等。这些内在的东西对孩子的成长更为重要。

在与孩子交流的时候，父母可多通过面部表情、身体姿态与孩子靠近，如：一边听着孩子讲话，一边深深地点头说"是吗"表示关注，这样就可以向孩子表明"你说的我都明白了"的意思，这种被关注感不仅让孩子有继续说的愿望，也让孩子有种被尊重的感觉，这些对孩子来说很重要。

如果你总是阴沉着脸，保持沉默，一副漫不经心的样子，这会让孩子很失望。慢慢地，他就会养成对什么事都漠不关心的坏毛病。那些在课堂上发呆、不爱发言的孩子，他们幼年时很可能就是因为缺少好的听众。

父母对孩子所讲的事情表现出兴趣，那么话题自然而然就有趣起来了。孩子一旦认为自己讲的话被父母接受了，就会对说话产生自信，从而更激发他以后多说、多讲，也就会永远和父母快乐地交流下去。

三、耐心地"听"下去

有这样一个小故事：

一次妈妈和孩子聊天，妈妈问孩子："你长大后想做什么？"孩子歪着脑袋沉思了片刻，然后有点害羞地低着头，告诉妈妈："我最想做小偷！"妈妈有些吃惊，更是诧异，心想：真是个不争气的孩子，做什么不好，偏偏要做个小偷。

妈妈刚准备训斥她，但看她低着头的样子，内心里突然有种强烈的好奇心，想知道孩子产生这种想法的原因。于是，她压抑了自己不满的情绪，语气温和地问孩子："能告诉妈妈你为什么想做小偷吗？"

孩子不好意思地说："我，我想偷一缕阳光送给冬天，让妈妈不受冻疮的痛苦；我想偷一片光明给盲人，让他们感受世界的多姿多彩……"听到这，妈妈的眼里含着泪光，情不自禁地为女儿鼓起掌来。

这是位幸运的妈妈，因为她有这样一个懂事、体贴、善良的女儿；她又是一位有耐心的妈妈，因为她能按捺住火气，耐心地听完孩子的诉说。

这位妈妈的幸运是来自于她对孩子耐心的倾听，否则她不仅错过了诗一般美丽的语言，更为可怕的是她会伤害一颗善良而纯真的心灵。

每个孩子的心都是玻璃做的，透明、清澈、纯洁，易于洞察又易于破碎。当他们愿意把自己的奇思怪想告诉给家长的时候，就证明投入了很多的激情和感情，所以父母千万不要随意打断他们的说话，给他们话语权，让他们尽情地去表达、去诉说。

这不仅仅是尊重他们的表现，更是给孩子的心灵敞开了一扇明亮的窗户，让孩子从小就有被重视、被尊重的感觉。父母要注重把这种"重视"传达给孩子。

语言学家艾伯特·梅瑞宾有一个著名的沟通公式：沟通的总效果=7%的语言+38%的音调+55%的面部表情。由此可见，沟通的魅力大部分是来自于非语言的倾听。

父母认真、投入、耐心地倾听孩子的诉说，给孩子一种"我把时间给你，在认真听"、"我有兴趣在听"、"我会一直耐心地把话听完"的表象，这在沟通过程中非常重要。所以聪明的家长与其做一个高明的说者，不如做一个高明的听者。每天问问自己：今天，我耐心倾听孩子的诉说了吗？

第4招 "蹲"下身子和孩子说话

不少家长在教育孩子的时候，习惯于采取唯我独尊、居高临下的姿势："我说你不对，你就是不对！""我叫你这样做，你就得这样做！"。诸如此类的命令口吻，这般缺乏平等氛围，没有商量余地。

于是孩子开始叛逆、不听话，家长们四处打听："我的孩子到底该怎么管理？"其实道理很简单，就是"蹲"下身子和孩子说话。

一、摈弃过激的语言

现在，不少父母都说自己的孩子越来越不听话，把错误归结于孩子身上，但是很少在自己身上找原因，也从不反思自己对孩子了解多少。自己真正把孩子当作平等的对象，和孩子沟通了吗？每次对孩子说出的话"中听"吗？

"妈妈生病了，满心打算考个不错的分数给妈妈看，让她也高兴一下，病就会好起来。可是，这次又是考试'崩盘'，没有达到理想的分数！揣着焦虑与难过，我回家了……爸爸见到我的第一句话就是，考得怎样。我胆怯且无奈地掏出成绩单，死死地注视着父亲的脸部表情，心里就像犯了很大错误一样忐忑不安。果然，不出我意料，他劈头就是一顿臭骂……"

这段文字摘自一位高二男生的一篇随笔，字里行间流露出孩子的百般无奈和痛苦。可是在我们现代的家庭中，这样的场景、这样的亲子关系，实在是寻常不过，而且正在上演。

有些家长认为孩子年龄还小，没有什么自尊不自尊的，于是对孩子指手画脚，损害尊严、伤害人格的话也是随口即出。其实家长们大错特错了，孩子也有自尊心，只不过表现形式和成人不一样罢了。

如果你总是认为自己在处世经验、人生阅历、知识文化上处于优势，那么永远教育不好你的孩子。即使说得全在理，也往往没有好效果。因为你们的沟通基础就是不平等的，孩子在心理情感上首先就有排斥性。更不用说你采取训斥，甚或吹胡子、瞪眼睛的一副以势压人的气派了。

贝蒂和杰克有一对淘气但是很可爱的儿子，他们住在英国，生活无比幸福，家庭氛围也是其乐融融。一次，去超市时，5岁的小儿子因为哥哥先坐进汽车显得很不高兴。

贝蒂见到小儿子闷闷不乐的样子，于是在车门口蹲下，两只手握住儿子的双手，脸对脸地目光正视着孩子，诚恳地说："哈姆，谁先进汽车并不重要，对吗？"哈姆看着妈妈会意地点点头，钻进了汽车并挨着哥哥坐了下来。

第二天上午，全家去公园野炊，哈姆和哥哥跑跑跳跳。他们到湖边去看钓鱼的时候，哈姆不小心绊了一跤，眼泪在他的大眼睛里滚动着，马上就要流出来了。这时，他的妈妈贝蒂又很自然地蹲下来，亲切地对儿子说："你已经不是小宝宝了，是不是？你是个大男孩儿，男子汉绊一下没关系的，对吗？"

这时，他的父亲也在一旁蹲了下来，面对着哈姆说："是的，你已经是个男子汉了，对吗？"孩子一下子止住了眼泪，自豪地又去玩了……

在贝蒂和杰克的眼里，孩子也是人，是独立的人，他们和自己在人格上是平等的，并无尊卑、高下之分。他们懂得应该尊重孩子并蹲下来和他们说话。多鼓励，少训斥和打骂。

在家庭里，家长若采取平等协商的态度和孩子说话，只要大人说得有道理，孩子还是会很爱听的，因为孩子感觉到自己的人格和尊严受到大人的尊重。如果你总是站着面对孩子，与孩子的距离就不仅是身高上的几十厘米的距离了，而是一代人与一代人之间的距离，是一颗心与一颗心的距离。

蹲下来和孩子说话，首先要摈弃你的过激语言，这对孩子来说是一种极大的关心与理解。

二、和孩子站在同一水平线上看世界

教育家陶行知先生说过："小小儿童，大大世界。"在孩子的眼中他们也拥有一个美丽的世界，这个世界需要父母先蹲下来，站在和孩子同一水平线的位置去看，那才精彩。否则只能是孩子眼中的精彩、父母眼中的凌乱。

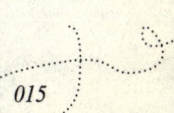

女儿4岁时，笔者每次领着她逛商店，女儿总是哭闹着不愿进。我百思不得其解：商店里的商品五花八门、琳琅满目，怎么孩子不愿意进去呢？一天，我领孩子在商店熙熙攘攘的人群中挤来挤去，女儿的鞋带开了，我蹲下身来，给孩子系鞋带。

就在这一瞬间，我忽然发现：矮小的孩子没有柜台高，她的眼中根本就看不到琳琅满目的商品，而是大人们的一条条大腿和一双双大手。一个个有棱有角的背包，也是时不时地磕碰孩子的小脸和弱小的身体。

我终于发现了孩子不愿进商店的秘密。从此以后，我只带孩子去能够直接看到商品的超市，她就非常乐意去。

从这件小事我们懂得：家长要想和孩子融洽沟通，应找准自己的位置，用和她同一水平线的视角来看待问题。

蹲下身子和孩子说话，就是要我们站在和孩子同一水平线上去看问题，主动从孩子的角度出发，去理解孩子、尊重孩子。蹲下身，这不仅是位置和角度与孩子一致，更是家长一种思想、观念的"放低"。

和孩子站在同一水平线上交谈，了解他们的所思所想，以朋友的身份倾听孩子，用孩子的眼光看世界，才能真正与他们更好地沟通，他们才更乐意听大人的话。

只有建立在如此平等基础上的关爱，才能如春风化雨，润物细无声地潜入孩子的心田。

三、给孩子平等的机会

很多时候，家长蹲下身子跟孩子说话，这在一般家庭是不可想象的。自古以来，做长辈的在孩子面前总表现出几分威严，老是那副"一本正经"的样子，生怕在孩子面前丢了面子、跌了架子，不成体统。

其实孩子也是同家长一样独立的个体，有他们自己的尊严，当家长和他们说话时，就应该像大人之间对话一样先以平等为基础。

教育家陶行知先生曾经写过一首歌谣，结尾是这样两句："你不能教导孩子，除非是你变成孩子。"当我们蹲下身子和孩子说话时，让孩子感受到平等，我们才能真正走进孩子的心灵。

星期一，一位老师在台阶前与一名一年级的小学生说话。学生的个子很矮，

为了和老师说话，她不得不仰着脸。看着她吃力的样子，老师蹲下身子，以便和她进行"平等对话"。没料到这位小学生突然猛跑几步，跳上台阶，站在和老师差不多平视的地方和老师说话。

站在台阶上的她，声音变得铿锵有力，眉宇间一下子充满了自信，一副很神气的样子。老师很奇怪：这孩子怎么啦？我蹲下来跟她说话还不够吗，非要站在高处才算和我"平起平坐"？于是老师问她："你为什么要站那么高啊？"她的回答干脆而认真："站得高，好和您说话啊。您可别把我当小孩子！"

这个"不想被别人当小孩子"的小女孩，以石阶为垫子，瞬间"抬高自己"，只是为了"好和大人说话"。这期间就有孩子追求平等的心理愿望。

一对夫妇有一个4岁的女儿。每次这对夫妇和女儿说话的时候，从来都是站着的，而小小的女儿在听父母说话的时候，只能把头高高地仰起。时间长了，小女孩觉得脖子很痛，烦躁的情绪在不知不觉中就表现出来了。

有时，她甚至会打断父母的话：好了，不要说了，我都知道了。其实，她只是觉得这样和父母说话很不舒服，想早点结束。然而，做父母的却丝毫没有感觉到女儿的不舒服。

同样的事情，用不同的方式表现出来，收到的效果往往大相径庭。

只有我们蹲下身子和孩子平等说话，我们才有可能"走进孩子"，才能主动去"发现孩子"，进而"信仰孩子"，最终"解放孩子"。

孩子做了错事就训斥，多问几个问题就嫌啰嗦，只能是"我说你听、我训你忍、我打你挨"，使孩子完全处于不平等的"弱势"地位，这如何让孩子接近你？蹲下身子和孩子说话，就是要我们不要摆出成人的架子，把自己的观点和方法强加给孩子，使孩子成为只会听话的工具。

我们要平等地对待孩子，试着通过平等的交流和沟通来说服孩子，在潜移默化中发展孩子的心智，培养孩子的品行。

第5招 注意和孩子说话的语气

　　成功的家教与父母的言语表达息息相关。尤其是用什么样的语气和孩子交谈，将对孩子的情商、智商、气质、修养产生深刻的影响。

　　孩子从小通过父母来认识自己，父母说他是一个棒孩子，他就是一个棒孩子，父母说他什么都做不好，他就可能做任何事情都没信心。可见父母的语言运用是多么的重要，影响着孩子一生，因此父母一定要注意和孩子说话的语气。

一、信任的语气让孩子更勇敢

　　孩子很希望得到成人尤其是父母的信任，这样可以让他们有小小的满足感，从而建立起以后做事情的信心。如孩子想学打篮球，你用十分信赖的语气说："我相信你只要努力学、认真学，一定能学会打球的。"这样信任的话，无形中就给了孩子一份自信，并让他明白，只有坚持不懈才能取得成功。

　　假如用的是挖苦嘲讽的语气："就你三天打鱼、两天晒网的还想打球啊？"就会给孩子的自尊心带来伤害，让孩子对自己的能力产生怀疑，从而也没有了继续学习的动力。

　　印度前总理甘地夫人，是一位非常出色的女性。作为领袖，她对印度有着杰出的贡献；作为妈妈，她是孩子心中最好的导师。

　　他的大儿子拉吉夫12岁时，因病要做一次手术。因为孩子太小，拉吉夫面对手术显示出十分紧张、恐惧的表情。医生打算说一些"善意的谎言"，安慰孩子：手术并不痛苦，也不用害怕。

　　可是，甘地夫人却认为，孩子已经长大懂事了，说那些"谎言"不能起到很好的效果，可能术后还会适得其反。所以，她阻止了医生。

随后，甘地夫人来到儿子床边，平静地告诉他："亲爱的小拉吉夫，手术后肯定会有几天相当痛苦，因为伤口要慢慢愈合。谁也不能代替你受这份苦，不要哭泣或叫苦，这些不但不能减轻你的痛苦，反而可能还会引起头痛。因此，你自己必须要在精神上有所准备。我相信我最爱的儿子可以战胜这些，并且很快就可以回到曾经那个健健康康的你。"

手术后，拉吉夫真的没有哭，也没有叫苦，他勇敢地忍受了这一切。

甘地夫人认为：生活中有幸福，也有坎坷。教育的目的就是要培养孩子健全的个性，使他们以后能够从容不迫地适应生活中的各种变化。

而作为家长，必须先在这些挫折面前给予孩子战胜困难的信心，让孩子首先在精神上得到鼓励，他们才有勇气去接受挑战。帮助孩子平静地接受挫折，首先从以信任孩子的语气和孩子说话着手吧。

二、赞赏的语气让孩子更快乐

有一句话说得好："好孩子是夸出来的"，每个人都有得到别人赞美和认同的心理，孩子的这种欲望更加明显。每个孩子都有优点，都有表现欲，发现孩子的优点并加以赞赏，会让他更加乐于表现。这是一个良性循环模式。

孩子画了一幅画，也许画得不是那么精致，可孩子画画的热情和认真的态度是最可贵的。当孩子把画拿到你眼前时，不能轻描淡写地应付几句："还行吧，接着练。"此话一出，估计孩子画画的热情和信心就减去了一半。

应该学会用赞赏的语气肯定他的作品："没想到我的宝贝可以画这么好，继续努力，下一幅画一定比这幅会更好。"孩子的努力得到了赞赏，表现欲会更加膨胀，这种快乐的情绪体验，会让孩子对画画更充满兴趣。

有一位妈妈举办由邻居小朋友参加的聚会，到场的小朋友都带了一份礼物，结果她4岁的女儿小梅忘记准备礼物了，自己空手站在那里，显得有点难过。

妈妈看出孩子的心思，轻轻地搂住她，同时眼睛不断地"搜索"着可以"展示"的东西。"哦，新运动鞋！"妈妈对那些小朋友说："看看，小梅今天穿的新鞋子真漂亮！"同时启发小梅："告诉小朋友，鞋子是什么颜色？"小梅低头小声地说："白色。"

妈妈继续鼓励道："跳一跳，让大家看看鞋有没有发出响声？"小梅的情绪一下子舒缓了很多，不再那么紧张，而是跳一下，又跳一下……脸上越来越兴奋。妈妈带头鼓掌："谢谢小梅，让我们欣赏了你的新鞋子。"

其实家教就是这么一个舞台，只要你会用赞赏的语气夸孩子，那么每个孩子都可以在这个舞台上"出风头"。要从小给孩子建立这样的观念：谁有一点小小的"成就"，谁就会引人注目，成为"中心"，并获得大家的欣赏，荣誉感就是这样形成的。

把赞赏的语气送给孩子，让每一个孩子面对大家来自由发挥本领、表现自己，这不仅有助于提高他们的自信心，快乐的感觉越来越多，同时还能让他们学会欣赏他人，社交能力得到提升。

三、尊重的语气让孩子更努力

铃木镇一，日本著名教育家。有一次，铃木镇一去日本某地演讲。演讲结束后，他坐在前排中央听孩子们的音乐会。这时候，一个大约六七岁的赤着脚的流浪儿来到他的面前并盯着他看。铃木请他坐在他的身边，和他一起听音乐会。这个孩子点了点头，接受了他的邀请。然后就静静地听了起来。

一曲结束的时候，铃木鼓起掌，并微笑地看着那个孩子说："演得不错，对吧？"那个孩子也鼓掌，并对铃木报以微笑，接下来，他又安静地听完了下一首曲子。铃木问他是不是很有趣，他一边鼓掌，一边说非常有趣。就这样这个流浪儿走进了音乐的世界。

"每个人都爱孩子，而我则把他们当成老师来尊重。"铃木镇一如是说。

人人都有受尊重的权利，对于孩子也是一样。没有一个家长会刻意地在公共场合让孩子难堪，但很多父母往往在不知不觉中，不注意与孩子交谈的语气，用一些孩子不会喜欢的声调，说了一些违反自己本意的话，结果还是对孩子的心灵造成了伤害。这是家庭教育中经常出现的误区。

我们真心尊重孩子美丽的生命，为他们内心的纯洁而爱他们，就应该用一种尊重的口吻和孩子交谈。这时，人性温情的孩子就会很高兴自己被当作一个平等的人来看待，并把这种尊重化为力量更加去努力。

第6招 不要在孩子面前唠叨

要中考了，初三生孟同学说："最担心最害怕的就是回家见到父母，每次吃饭爸妈总爱唠叨：'好好学习，考上某所好高中，就有机会考上重点大学。'"

小明说："妈妈每天对我唠叨不停，说我的房间像猪窝。"

某家长说："孩子太小，一件事情你要提醒他成千上万遍。"

……

孩子觉得父母很唠叨，父母认为孩子不听管教。在这场无硝烟的家庭战斗中，究竟谁对谁错？唠叨到底对孩子有多大的影响呢？

一、唠叨让孩子反其道而行之

在日常生活中，唠叨俨然成为每个家庭中的孩子必须面对的烦恼。父母认为，孩子的管教需要一遍遍重复性提醒。而孩子则认为，父母无数次的重复，让他们觉得麻烦甚至讨厌，很想结束父母这种唠叨的状态。

美国杜克大学心理学家坦娅·沙特朗的研究显示，如果父母对儿子房间的卫生状况总是喋喋不休，唠叨个不停，孩子可能会反其道而行之，甚至想钻进猪窝里。

除此，研究人员还在不同的校区作了两项实验。他们选出几名学生并向他们提出问题，包括：他们生活中是否有两种人，一种是让他们玩得开心点，一种是督促他们努力学习的人，并请他们指出。

然后学生们接受了一项测试，这些人的名字从电脑屏上快速闪过，学生们无法有意识地确认，只能下意识地记忆这些名字。测试显示，下意识把逼迫自己努力学习的人的名字放在首位的学生在测试中的表现大不如那些把让他们玩得开心的人的名字置于首位的学生。

研究暗示，那些感觉到某位重要人物对自己要求很高的人会下意识地把这个人放在第一位，这导致他们会自动做与控制他们的人意愿相反的事情。换句话说，就是唠叨会起反作用。

孩子在成长过程中，独立意识越来越强，他们会要求更多的自主权。但父母，面对未成熟的孩子，不懂如何满足孩子的要求，唯有强迫孩子去顺从自己的旨意。于是，同样的话语一遍又一遍，就像经文一样在孩子耳边回响。

父母愈叨唠，孩子却愈希望得到自由，于是父母便更唠叨，这样无休无止，变成恶性循环。

从心理学上说，这是一种刺激弱化现象。家长的第一次唠叨，会对孩子产生刺激，孩子在内心深处会有所触动，并且可能向着父母期望的方向前进。但是若家长反复运用同一种刺激，就会导致孩子心理反应的弱化，久而久之在孩子心理形成一种心理"惰性"，造成心理封闭。

所以，家长的唠叨对孩子不会起到良性作用。相反，时间久了，就会造成孩子不自信、叛逆，向反面的方向发展。

其实在日常生活中，这种现象也比比皆是。比如在旅行途中，火车要到站前，火车上的广播总是不断提醒旅客下车时不要遗忘了自己的行李。但是到终点站，总是会有很多旅客把行李丢在车上，这就是旅客的心理刺激弱化原因造成的。

如果做家长的总是唠唠叨叨，那就要改一改这个毛病了。因为唠叨不仅无助于孩子的成长，反而会使孩子的心灵受到伤害。

二、化唠叨为指导

做父母的一心一意为孩子着想，大事小情都为孩子安排得妥妥帖帖，唯恐因为自己的疏忽、考虑不周和提醒不到而耽误了孩子。父母很累、很辛苦，但孩子却往往不领情。

因为父母采取的方式不对，对孩子这种不断地叮嘱，不断地提醒，不断地督促，把嘴巴紧紧"叮"在孩子身上的情况，会让孩子感觉到厌烦。孩子其实需要的不是唠叨，而是建议性的指导。

△ 给孩子自主权

随着孩子独立意识的增强，他们希望摆脱父母的安排，能自己做决定，找到长大成人的感觉。如果父母仍然把他们当作小孩，无微不至地"关怀"着、"嘱咐"着，孩子必然会厌烦，觉得没有了自己的空间。

有一次，一位妈妈带孩子去买巧克力豆。在找巧克力豆的时候，孩子发现了好看的棉花糖，非常可爱。孩子要求买，妈妈答应了，边把糖递给孩子边说："我们已经买到糖了，就不能再买巧克力豆了。"孩子也满口答应了。

谁知在收银台排队时，她又发现了更新奇的东西，又要求买。于是妈妈蹲下来，看着孩子，语气很坚定地说："我们已经买了糖了，如果你想要这种，那就有两种了。但今天我们只能买一种，你自己考虑一下，要哪一种。"

说完，妈妈就静静地等待孩子做决定，只过了几秒钟的时候，孩子就给了答复，而且是很愉快地告诉妈妈："我要棉花糖。"妈妈感到庆幸，这次让孩子自己做决定，进行选择。最后，孩子还是选择了棉花糖。妈妈和孩子高兴地付了款。

家长给孩子选择的空间，让孩子有选择的机会，这样不但会调动孩子的积极性，也让孩子在选择中学会独立，自己学会承担后果。如果父母总是代孩子做主、安排，不停地唠叨孩子这没做好，那没做好，孩子当然没有积极性、自觉性。

而且父母越是提醒、唠叨，孩子越是反感。时间久了，孩子就会对父母的话充耳不闻，无论对错，全当作耳旁风。当出现问题时，孩子也往往会把责任推给父母，觉得是父母没有为他想周全，或是没有提醒他。

△ 别盯着孩子的缺点不放

父母唠叨的很多是认为孩子不对、不好的地方，他们的眼睛总是盯着孩子的这些缺点，翻来覆去地讲，丝毫不提孩子的一点进步。"我讲话你就是不听"、"怎么说你才能改呢"、"不听老人言，吃亏在眼前"……其实，绝大多数孩子已能分辨是非善恶，只要父母给予他们正确的引导就可以。

如果父母总是喋喋不休地数落孩子的缺点，反反复复地教训孩子，父母这样的态度，孩子会视为不信任，甚至产生逆反心理、对立情绪，长大后很难形成良好的个性。

所以，别让孩子生活在唠叨的环境中。这样唠叨不但不能达到目的，还会给孩子带来伤害，父母应该多想想，如何采取其他更有效的方式来教育孩子。

△ 抓住孩子的好奇心

在日常生活中，家长经常会遇到这样的"怪现象"：担心孩子小，受到外界不好东西的影响，所以总是喜欢唠唠叨叨，说个不停，似乎这样孩子就能避免走入歧途。但往往事与愿违，家长越唠叨越不管用。

北宋大散文家苏洵的两个孩子苏轼和苏辙，自小十分顽皮。在多次说服教育不见成效的情况下，苏洵决定改变教育方法。从此，每当孩子玩耍时，他就有意躲在角落里读书，孩子一来，便故意将书"藏"起来。

苏轼和苏辙好生奇怪，以为父亲一定瞒着他们看什么好书。两人出于强烈的好奇心，趁父亲不在家时，把书"偷"出来并认真地研读起来，从此逐渐养成读书的好习惯，切切实实感受到了读书的无穷乐趣，终成一代名家。

苏洵教子的故事流传至今，很多家长从中得到了启示。苏洵教子成功之处在于：他在说服无效的情况下，并没有继续用"唠叨不休"、"责骂"、"棍棒"之类的简单强制的教育方法，而是巧妙利用孩子的好奇心和求知欲加以引导，以自身行动给孩子示范，此时才是无声胜有声，终于获得成功。

家长与其喋喋不休地向孩子强调一些大道理，不如选择一些孩子感兴趣的活动和孩子一同去参加。利用孩子的好奇和兴趣，在活动中逐步对孩子进行引导，加强沟通，这样不仅可以促进亲子感情，也让孩子在活动中收获了快乐。

#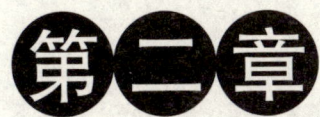

不急不火培养孩子好习惯

著名教育家叶圣陶说："什么是教育？简单一句话，就是养成良好的习惯。"

好习惯胜过好老师，良好的习惯，则可以让孩子在日常生活、工作过程中少走弯路，明天变得更幸福。相反，坏习惯，则会让孩子误入歧途，明天变得不幸。

沙漠里鹅卵石非常多，不管捡起哪一颗都能变成财富。好习惯也包括学习的、做人的、礼貌的、卫生的、饮食的、阅读的，安全的等等，每种都可以列出很多的细则，每种都在孩子的生命中起着宝贵的作用。无论家长捡起哪个，都会让孩子享用一生的幸福。

记住：一个小习惯会改变孩子的未来！成就孩子，为了让孩子拥有一个幸福美好的未来，家长就从不急不火培养好习惯开始，一个一个地让孩子养成吧。

第7招 好的饮食习惯不是一天养成的

饮食关乎着孩子的身体健康，是孩子从事其他任何活动的根基。没有一个好的身体，任何事情都无从谈起。好的饮食习惯不仅让孩子拥有健康的体魄，更让孩子在健康中收获快乐。

孩子好的饮食习惯也不是一天就能培养成的，要日积月累，父母要从小抓起，一朝一夕从家庭教育入手。

一、不强迫孩子吃东西

几乎所有的父母都万分关注孩子的饮食，生怕孩子吃少了、吃不好，营养不良造成孩子长得不快、不大、不高，影响孩子智力、体力的发展。父母们往往绞尽脑汁做出各种可口的饭菜，孩子吃得少了点，还得去看医生，买各种开胃消食的药吃。

培养孩子良好的饮食习惯，父母首先就不能急于求成。每天让孩子吃很多或者不断地给孩子买营养品，这样做不仅对孩子健康没有益处，还会害了孩子。因为如果孩子早期营养过多，生长过快，将影响终身的血压、胆固醇水平、代谢、胰岛素抵抗、动脉硬化、骨骼健康、学习能力，甚至寿命长短。

"一口吃不成个胖子"说的也是这个道理。"小小人儿，小小胃口。"这是美国育儿界常说的一句话。孩子知道自己什么时候想吃，什么时候不想吃，在饿的时候他会自己作出反应。

千万不能强迫孩子吃东西，否则会使孩子对吃产生一种恐惧、抵触情绪，结果反而适得其反。

晶晶从出生起就是一个胃口小的宝宝，别的同龄的宝宝能吃100毫升奶的时候，她才吃60毫升。妈妈从开始的担心，到后来慢慢接受事实。她天生就是这么小的胃口，只要她吃饱了，不再吃了，妈妈也不强迫她吃。晶晶的身体也一直很好。

晶晶的妈妈就懂得了这个道理，没有对孩子进行强迫。因为孩子小的时候，比如在一两岁以下的孩子，有时候会因为专注于某种生长发育，而暂时忽略了吃，这是很正常的。

比如，在孩子专心致志地学习走路的时间里，可能他会把专注点放在脚上，一有机会就去练习走路，而对饮食漠不关心。这个时候，父母尽量放宽心，别把孩子吃饭问题当作心头病一样，只要等到孩子过了这一阶段，他自然会重新拾起对饭的兴趣。

有一句古话："要得小儿安，需得三分饥和寒。"大致意思是：要想使孩子平安健康，就不能给孩子吃得太饱、穿得太暖。也就是在孩子吃饭问题上，我们应该提倡"七分饱为安"。

我们知道，随着经济的迅速发展，人们的生活水平也在日益提高。对大多数家庭来说，给孩子吃饱穿暖早已不成问题。那些生活条件较为优越的家庭，孩子更是被极其丰富的营养所包围。

现在的父母们最怕孩子营养不良，"孩子吃得多就长得快"更成为他们一致的共识。其实这是一种错误的想法。如：孩子处在幼儿阶段时候，若家长对他们的饮食毫无限制，就会发现，养得白白胖胖的孩子还是很娇气、爱闹病。

那是因为儿童往往不知道饥饱，给多少就会吃多少。但是这个阶段孩子全身的各个器官都处于一个幼稚、娇嫩的状态，它们的活动能力有限，如消化系统所分泌的消化酶的活动比较低，量也比较少。在这种客观生理条件下，如果不了解其消化器官的运作原理，给孩子吃得太饱，就会加重消化器官的工作负担，从而引起消化、吸收不良。

长期如此，甚至会影响孩子的性格，使孩子变得急躁易怒，对外界事物反应迟钝，注意力分散。

这是因为胃中食物过多时，机体必须输送大量的血液到胃肠帮助消化，由此就使脑部的血液供应相对减少，长期下来会使大脑的功能减弱，造成智力发育迟缓；进食过多，也会加重大脑控制消化和吸收等消化系统神经的负担，并使这部分神经长期处于抑制状态，儿童就很难对新事物、新知识产生兴趣。时间久了，

也会影响儿童的记忆力。

二、父母做不挑食的好榜样

孩子偏食、挑食在目前较为普遍，这些孩子总是吃某几种喜欢的食物，对不喜欢吃的食物一点也不理睬，一旦吃进不爱吃的食物，到嘴里后也要吐出来。这着实让家长苦恼。

其实孩子偏食、挑食，父母也要认真思考一下，是不是自己没做好。因为大人的饮食习惯也很重要，他们的举动实际上潜移默化地影响着孩子。如果家长都不挑食，给孩子树立了好的榜样，孩子也不会挑食。如果其中有一方挑食，孩子也会跟着家长"学习"，特别挑食。

明明的爸爸很爱吃零食，经常下班回家就从冰箱里掏东西吃。威化饼、蛋糕、薯片、油炸花生米等等，吃得津津有味。明明看到爸爸每次吃得那么开心，也学会了吃零食。每次吃饭前十来分钟，就哭着、闹着叫喝奶，妈妈就赶紧去兑奶给他喝。但是到吃饭时候，明明一口饭都不吃，现在瘦得可怜。现在四岁的明明，每次在家吃饭时都是要妈妈哄着喂。人体健康成长需要六种营养素：蛋白质、脂肪、碳水化合物、维生素、矿物质和水。这些营养素存在于某一类或几类食物中，只有保持均衡的膳食，才能保证营养摄入的全面与平衡。只偏爱某几种食物是不能满足身体生理需要的。如果孩子长期挑食、偏食就会导致某些营养素摄入不足，从而导致营养不良、体质虚弱、抵抗力差，甚至影响孩子的生长发育。

孩子的模仿性很强，所以为了孩子有一个好的饮食习惯，家长们一定要以身作则，做好不挑食的好榜样。如果孩子已经养成了这个不良的饮食习惯，那么家长要重视并及早纠正过来。

三、让好的饮食习惯陪伴孩子的一生

好的饮食习惯，伴随着孩子的一生，改变着孩子的生活方式和个人成长的道路。好的饮食习惯是孩子最大的一笔财富。

一位诺贝尔奖获得者曾说过这样的话：好习惯使人终生受益。一个人养成好习惯不容易，但好习惯一旦养成了，就能使人终生受益。好的饮食习惯就可以让孩子终生受益。

梅兰芳是我国著名京剧大师，他清淡的饮食，让他的京剧人生更加长久和辉煌。他十分重视保护自己的明眸皓齿、嗓子和身段，在饮食上讲究健康、养颜、精音、止胖。

在梅兰芳家中，曾特意请来一位专门烹制淮扬菜的厨师。淮扬菜制作精细，品种多样，口味清淡，以原汁原味为主。梅兰芳对此十分欣赏。

因为喜欢清淡，梅兰芳养成了"三不三怕"饮食习惯：一是坚决不喝酒，怕呛坏嗓子；二是尽量少吃动物内脏和红烧肉之类太油腻的食物，怕生痰；三是演出前后不吃冷饮，特别是刚唱完戏不吃冷饮，怕经过激烈震荡的"热嗓子"就变成"哑嗓子"。

为了保护嗓子，增加营养，梅兰芳主张多食鲜奶、鸡蛋、蔬菜和水果。

可见饮食不仅关乎着一个人的健康，还和他的事业紧密联系着。好的饮食习惯，可以让孩子的身体始终处于良性状态，从而为自己的成功奠定坚实的基础。

不好的饮食习惯的坏处也是显而易见，如何让孩子在饮食过程中保持良好的食欲和最佳进食状态，建议如下。

1. 给孩子愉快的进餐情绪

进餐是一件很快乐的事情，千万不可在餐前对孩子大声呵斥、责骂。这种做法对孩子的情绪影响非常大，也许就是几句话，就会使孩子积极的就餐情绪荡然无存。孩子赌气吃饭，这对身体也是百害而无一益。

除此，父母尽量不要让孩子单独进餐。孩子长期单独进餐会使其产生强烈的孤独感和被遗弃感，进餐情绪也就更无从谈起。

2. 早餐必不可少

一日三餐中最常省去不吃的就是早餐，但是早餐却是三餐中最重要的一顿。据一项调查显示，在我国青少年中，每天吃早餐的人仅占一半。

这些孩子有的为了把钱省下钱来玩电脑、上网或买想要的东西；有的为了减肥；有的起得晚来不及吃早饭……孩子不吃早餐的结果是，上午上课时会感到肚子咕咕叫、注意力不集中、头晕、心慌。长期不吃早餐还会产生很多严重的后果。

对于这些不吃早餐的孩子，家长们可以一起床就让他喝一杯水或者果汁来刺激他的胃口。早餐也不应一成不变，多一点新意，多一点变化，这样有利于引起孩子的食欲。另外，可以叫孩子每天早上早起半个小时做运动，食欲会格外好。

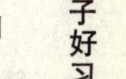

第8招 时时处处让孩子讲卫生

告别了初为父母的欣喜，牙牙学语的宝宝渐渐开始长大。爸爸妈妈们发现，孩子在新鲜事物中快乐地成长，但也有一些难题很让人困扰，如：孩子不讲卫生。

经常听到人说"不干不净，吃了没病"，其实这种说法是没有科学依据的。讲卫生是每个孩子从小必须学习和培养的习惯，经常有孩子因为不讲卫生而患上很多疾病。孩子的抵抗力和免疫力本来就很弱，如果不讲卫生的坏习惯再不能得到及时的纠正，那么就会为孩子以后的健康成长埋下隐患。

一、让孩子从小形成正确的卫生观念

公共环境的好坏，其实对人的健康有着很大的影响。这个公共卫生环境需要每个人的努力，才能获得良性发展，因此从小就要让孩子养成不乱扔果皮、纸屑，不随地吐痰、大小便的好习惯。因为每一个小我其实就是大环境中的大我。

曾在《读者》中看到过一篇文章。

两个到中国旅游的瑞典青年，他们把吃的东西放在中国人认为很脏的有脚臭味的卧铺床单上，一点一点地拿了吃，然后把垃圾规规矩矩地放到垃圾桶里。即将下车时候又把皱皱巴巴的T恤衫、牛仔裤换成整洁的西服套装，一下子从牛仔变成了绅士。

其间，有中国人告诉他们床单不卫生，会有很多细菌。可瑞典青年说：中国人有句话叫以毒攻毒，不怕的，可以训练身体抵抗力。应该讲究的是公共卫生，大环境好了，个人脏一点是不怕的，反而可以锻炼身体。

从这个故事中，我们知道公共卫生意识的重要性。如果你出门四处看到的是发出恶臭的垃圾，呼吸的是污浊的空气，个人卫生讲得再好还是免不了生病。

据一份调查研究指出马路上20%的痰都带有病菌，结核病人的一口痰里就大约有四五千个结核菌，这些带病菌的痰干了以后，会随风到处飞扬，污染空气，危害着人的身体健康。所以应从小注重孩子公共环境意识的培养。

大环境该注意，自身的小清洁更必不可少。

妈妈说："璐璐，你今天在幼儿园做了什么，我都知道。"

璐璐歪着小脑袋说："你又不在幼儿园，你怎么会知道。"

妈妈笑着说："你们早上吃的是鸡蛋，喝的是牛奶。"璐璐惊奇地说："对呀，一点都没错！"

"你们还在花园里玩过，上了手工课，玩过橡皮泥。"

璐璐一个劲儿地点头："一定是有人告诉你的。"

"噢，是你的衣服告诉我的。"妈妈笑着说。

"我的衣服会说话吗？"璐璐更奇怪了。

"当然，你看，"妈妈拿着璐璐的衣服说，"这里有一条黄色和一条白色的痕迹，说明你吃的是鸡蛋、牛奶。"

"这儿有一些花粉，说明你去过花园；而且你的口袋里还有些橡皮泥。"

璐璐不好意思地说："噢，妈妈，这太神奇了，以后我一定会小心的。不会让它再说我的坏话了。"

衣服真的会说话吗？当然不会。好习惯都是从小一点一滴养成的，家长要注重在日常生活中引导孩子从小养成干净、整洁的好习惯。其实孩子是一张白纸，就看我们的家长往上写什么。

勤理发、洗头、洗澡、剪指甲等，这些清洁活动是每个孩子最基本的卫生习惯，它们虽然是小事情，但如果做好不仅能使我们的身体免遭细菌侵害，更能促进我们全身血液循环、增进健康。

除此，还要注意耳朵和鼻孔的保护。告诉孩子不自己随意挖耳朵，不将异物塞入耳内，防止水进入耳内等，以免使耳膜受损，引起耳朵疾病。鼻子更是需要我们注意，它是我们每个人呼吸的重要通道。要让孩子养成用鼻子呼吸的好习惯，不抠鼻孔，这样才能让呼入的空气在鼻腔时变得洁净、湿润，从而保护呼吸道和肺部。

二、盥洗习惯要养成

养成良好的卫生习惯，有益于孩子身心的健康成长。常言道："饭前便后要洗手，肠道疾病不会有。"这些都是通俗易懂的卫生常识。

在生活中，父母要注重言传身教，也要通过不同途径不断给孩子灌输卫生常识，让孩子养成讲卫生的习惯。

小雨是个调皮的孩子，他的手和脚没有一刻是闲着的，每天跟在他的后面收拾残局是家长最痛苦的事情。

早上起来不守着就不刷牙、不洗脸，吃饭之前不提醒就不洗手，吃完东西后不督促就把垃圾随手扔掉，这让家长苦恼了一阵子。为了让他改掉这些坏习惯，妈妈费尽了心思。

首先，妈妈给他买了可爱的毛巾架、牙刷架、牙膏架、水杯，孩子看到这些超级可爱的东西，一下子就爱上了，每天早晨兴高采烈地起床，喊着："我要用我可爱的兔子水杯刷牙喽！"自从有了这套东西后，小雨每天早上都很自觉，节省了妈妈很多时间。

对于他随手扔垃圾的事情，妈妈和幼儿园的老师进行了沟通，让老师多安排他做值日生。每次吃饭之前要督促小朋友洗手，监督小朋友不乱扔垃圾等这些都是他值日的目标，几次下来小雨就再也不乱丢垃圾了，看到地上有垃圾他会捡起来丢进垃圾筒。

现在的小雨，是个讲卫生的小朋友。看到爸爸进门没脱鞋，马上就会说："爸爸，要讲卫生，别把地板搞脏了，妈妈搞卫生好累的！"

1. 饭前便后要洗手

人的双手每天要接触很多东西，往往沾染上各种污物和细菌。据查，一只未洗净的手上有四万到四十万个细菌，一克重的指甲垢里藏的细菌和虫卵有三十八亿之多。所以我们一定要使孩子养成饭前、便后和手脏时及时洗手的习惯。

比如当孩子饭前帮你摆碗筷时，先告诉他认真用肥皂洗洗手，并给他解释：大部分感染都是由脏手传播的，脏手可以把细菌传播到全家人的食品上。如果不洗手，细菌就会被吞进肚子里，让全家人生病。

尤其是在孩子刚刚上完卫生间，或刚刚抚摸了宠物后，这样的要求更要坚持。孩子是能明白这个道理的，并会开开心心地去洗手。

2．漱口、刷牙、洗脸，不能偷懒

让孩子养成早晚刷牙、洗脸，饭后漱口的好习惯。

七八个月还不会站的孩子，可让他坐在父母膝头，由父母给洗脸；九十个月能站起来后，就应让他站着洗；待孩子能够着自来水管时，应在大人的照看下，让他在自来水管下自己将脸、耳后、颈部、手腕等处洗干净。要让孩子养成早晚洗手洗脸的习惯。

漱口能够漱掉口腔中部分食物残渣，是保持口腔清洁的简便易行的方法。孩子两岁时，可以开始用凉开水漱口。

先教孩子将水含在嘴里，然后闭上嘴，鼓动两腮，使漱口水与牙齿、牙龈及口腔黏膜表面充分接触，利用水力反复来回冲洗口腔内各个部位，使牙齿表面、牙缝和牙龈等处的食物碎屑得以清除。

父母可以先做给孩子看，让孩子边学边漱，逐步掌握、提高。最好让孩子每次餐后都漱口，学会漱口将为孩子学刷牙打下良好基础。

三至四岁时开始学刷牙，早晚各一次。应教会孩子正确的刷牙方法，即竖刷法。刷上牙时要从上往下刷，刷下牙时要从下往上刷，里里外外都要刷，这样才能刷掉残留在牙缝中的食物，保护牙齿，预防龋齿。

3．我爱洗脚身体好

多数孩子都比较喜欢洗脚，因为孩子喜欢在水里拍打小脚丫，父母要利用孩子这一心理培养勤洗脚的好习惯。

睡前用温水洗脚能迅速消除疲劳，促进血液循环，使脚步肌肉松弛，这让整个人感觉舒畅，易于睡眠。

家长告诉孩子洗脚的时候，先将裤腿挽起，然后把脚放在水盆里，动作应轻柔。教孩子把脚趾、脚跟部清洗到，洗完后用毛巾擦干。如果指甲长了，应定期给孩子修剪，大些的孩子家长应教会其自己修剪。

培养良好的卫生习惯是件细致、耐心的工作，家长应勤督促、多指导，多用语言鼓励孩子，使孩子逐渐养成良好的卫生习惯。

第9招 合理的作息要天天坚持

孩子合理的作息就是父母要根据孩子自身的年龄和生理特点，分配一天学习、休息、进餐、睡眠的时间和顺序，让孩子养成按时学习、按时休息、按时进餐、按时睡眠的好习惯。它可以保证孩子有更好的精神去学习。

孩子合理作息的良好习惯也必须经过反复坚持才能得以形成。

一、早睡早起精神好

人体各种机能活动都有自身的规律和特点，当外部环境按一定的顺序反复多次作用于人体后，大脑就把这些刺激所形成的兴奋和抑制过程的联系固定下来，形成一个链锁式的自动连接过程，这就是"习惯形成"。

充足的睡眠对孩子健康十分重要。睡眠使脑细胞在经过长时间的工作之后得到必要的休息，恢复其能量供应。这样就可以消除人体疲劳、恢复体力，人的精力和心情也会随之好起来。而且身体的很多毒素还能在睡眠中排出，这样有利孩子长身体。

相反，没有一个好的睡眠，孩子就可能出现精神萎靡、脾气暴躁、食欲下降等现象。

莎莎的爸爸妈妈每晚都要为孩子入睡问题烦恼。六岁的莎莎入睡总是很困难，往往要折腾一两个小时才能迷迷糊糊睡着。晚上九点左右，妈妈就会让莎莎准备睡觉。但是到了房间，莎莎一会儿要妈妈讲故事，一会儿要听磁带，一会儿要喝水，一会儿又要上厕所，所有的事情都做完了，累了，莎莎才好不容易睡着，这时已近折腾了一个半小时了。

"而且女儿晚上特别容易惊醒，好不容易睡着了，不一会儿就会做噩梦，大喊爸爸妈妈。"莎莎的妈妈说起女儿睡觉的问题时忧心忡忡、满脸焦虑。她说，莎莎的作息很没有规律，这样的睡眠不仅影响莎莎的健康，她和丈夫也要被拖垮了。莎莎每天晚上这样折腾，父母也跟着操心，严重影响了他们的睡眠，白天工作特别没精神。

可见，给孩子安排一个合理的生活作息是多么的重要。它不仅可以对孩子自身的身体健康起到促进作用，也可以让孩子在今后对外界环境的适应能力增强。

因此父母要给孩子养成良好的作息习惯。父母在安排孩子的作息时间时，要采取动静交替的原则。既让孩子有充足的睡眠，也要让孩子有效地学习和活动。早睡早起就是一个好的作息习惯，对孩子的成长十分有益。

1.孩子赖床，对症下药

孩子赖床已经成为很多父母苦恼的问题，任凭父母如何催促，孩子始终不愿意睁开眼睛从床上爬起来。于是有些家长就开始使用生拉硬扯的方式对付孩子赖床。但专家说，生拉硬扯的方式很容易伤害孩子的身心健康。

因为人在浅睡时，很容易被唤醒，而深睡期是大脑完全抑制期，不容易被声音吵醒。如果早晨孩子还处于深睡期，生硬地叫醒孩子，孩子大脑活动在短时间内难以调整过来。即使身体已经起床，但神情呆滞、反应迟钝、周身发懒，出现不愿活动、不愿吃饭等负面现象。

孩子赖床肯定是有原因的，家长应该先了解其原因，再对症下药。

有些孩子早上赖着不起床，可能是因为受到老师的批评或者和小朋友闹了矛盾等；有些是因为晚餐吃得过饱或摄入热量过高的食物，造成肠胃不适，所以晚上睡不着、不想睡觉……

家长要注意多和孩子进行交流，加强和孩子情感沟通，了解孩子的心理需求，才能准确地弄清楚自己孩子赖床的原因。

2.早睡早起，全家总动员

如果家长自己总是晚上常常熬夜、早上不起，那么孩子也会跟着效仿，并且要求孩子早睡早起时就会理亏三分。要想让孩子早睡早起，先从自身做起吧，全家总动员才是关键。

3.中午，休息休息

雅典的一所大学研究发现，那些每天中午午休30分钟或更长时间、每周至少午休3次的人，因心脏病死亡的几率会下降37%。

从生理上讲，午休一小会儿，能促进消化，下午时，人的精神会更集中，效率也会提高，有利于孩子的健康成长。

二、假期——劳逸结合更快乐

据调查，每年假期结束，孩子重新回到学校的时候，都有不少孩子没有完成假期作业。即使是完成作业的孩子，他们也是忙于应付老师检查，临近开学匆忙赶写的。有些孩子甚至只好交上空白作业本。

到了假期，不少家长有着这样的思想：孩子好不容易可以休息了，他愿意什么时候睡就什么时候睡，愿意睡多久就睡多久。让孩子尽情地去玩他想玩的东西，痛快地去做自己想做的事情吧。

这样孩子就像一匹脱缰的野马，肆无忌惮地过着自己无拘无束的假期生活。结果就是上面说的那样，作业没完成，以及开学很久了还不能从假期生活切入到学校生活等等。这样无规律的假期生活，让孩子原来规律的生物钟完全紊乱。

其实在假期，孩子还是需要一个科学而合理的作息制度。

首先要有一个宏观的考虑，家长也可以照搬学校的作息制度，让孩子仍然按照已有的生活规律去活动，当然日程要相对宽松。要科学安排，劳逸结合，适当增加孩子的游戏时间和户外活动时间。

假期作业方面，主要是根据老师的作业要求，制定出一个符合自己孩子实际情况的小计划，使老师的安排和孩子的计划同步。要把每个时间段都安排得细致一点，松弛有度。既让孩子每天保持学习状态，也让孩子得到充分的休息、玩耍。使孩子在学中玩，玩中学，轻轻松松完成作业，快快乐乐度过假期。

第10招 让孩子爱上运动，不能急

生命在于运动，生命不息，运动不止。运动不仅能促进孩子身体的健康发展，对孩子的心理健康也起着十分重要的作用。因为孩子在运动过程中可以调节情绪、释放压力，这对负担很重的孩子无疑是一剂解压药。

由此看来，让孩子爱上运动是多么重要的一件事情。

一、鼓励孩子多做运动

近些年来，肥胖的孩子普遍增多，于是各种健身馆、减肥中心如雨后春笋一样呼之欲出。其实这只是一个方面，比如现代的孩子肺活量下降、近视发生率逐渐增多等等，这些状况都说明现代孩子的身体素质正在逐步下降，也说明孩子们没有从小培养成爱运动的好习惯。

对于运动，家长也有话说。"我的孩子天生安静，不喜欢运动"，"学习最重要，有时间才可以运动"，"运动不就是等于让孩子玩，这样会让孩子玩野的"……众说纷纭。

明明刚上学，就带上了小眼镜，一幅小博士的模样。当然，这个眼镜也不是天生就带上的，那也是明明从小就博览全书的结果。因此，很多老师不知道的小知识，明明都能滔滔不绝地说出来。

明明的父母一直很重视孩子的学习，除了学习，其他的什么都不让孩子去做，只有和学习挂钩的东西，明明才可以参与。当明明上了小学后，每一次知识竞赛他都参加，而且每次都凯旋，连老师都称赞明明是"竞赛专业户"。

可就是这样一个对竞赛从不缺席的专业户，有一次竞赛他居然放弃了。那是一个体育竞赛，明明很想参加，但是却遭到了妈妈强烈的反对。妈妈的理由是：

"每天还要抽出两个小时的时间去训练，为的就是一个运动项目，即使取得了成绩也没有什么意义。还是学点实实在在的东西好点。"

老师去做工作都以失败告终。看到妈妈这样坚决的态度，明明也只好叹气作罢。

可以看出，很多家长对于培养孩子运动的习惯还是处于缺乏认识的阶段。运动其实不等于玩，孩子在玩中运动，这样不但可以让孩子的身体得到锻炼，也让孩子的智力和交际关系得到拓展。

7+1>8的不等式在数学公式中不成立，但在研究与实践中却已经得到健康专家的广泛认同。这个不等式告诉我们：孩子用1个小时参加体育运动，用7个小时来学习，其学习效果比8个小时光学习要好。运动对孩子的健康成长有着积极意义。

当孩子无论从事哪一项运动时，都需要骨骼、关节、肌肉组成的运动器官支持才能完成。肌肉收缩带动关节及骨骼完成一定的动作，所有运动都受神经系统支配，都处于大脑的调节和控制之下。经常运动，就能使孩子的这些运动器官灵活，大脑反应敏捷。孩子的协调、躲闪能力和速度也会跟着提高。

除此，孩子在成长过程中，社会属性不断在增强，与外界和社会活动不断发生各种关系。根据社会适应性规律进行运动，可以加速孩子从纯自然的状态逐渐成为社会状态下的社会人。

因为运动有竞争性、交流性，在锻炼的过程中，孩子体会到了互相学习、互相挑战的过程。这不仅对于他们的身体素质有帮助，同样也会提高他们的心理素质。孩子会面对失败，爬起重新再来，这样就避免了在社会生活、学习中遇到挫折就自暴自弃甚至自杀的悲剧。

对于孩子来说，运动是最好的活动。不管是孩子的健康、发育还是智力的提高，都和孩子的运动有着千丝万缕的联系。父母应把孩子的运动当作一项任务来完成，支持孩子运动。

二、孩子运动应以游戏为主

孩子运动的方式多种多样，应以游戏为主，强调活动的趣味性。如教孩子一边唱儿歌，一边跳橡皮筋；郊游时，和孩子比赛看谁先到达目的地。这种游戏的运动方式，把锻炼和娱乐结合起来，不仅让孩子在游戏过程中掌握走、跑、跳、游泳、滚翻、抓握、投掷等基本技能，也使孩子满心喜悦，充满激情，整个身心得到发展。

　　人的大脑和神经系统在青春期就完全成熟，家长应该抓住这个时期，通过运动促进孩子智力的发展。确实，有不少家长把孩子送去参加舞蹈班、乒乓班，而且运动的时间也能得到保证。但家长们往往把孩子的这种运动锻炼当成了技能训练，具有很浓厚的目的性。

　　运动应该是在放松的心态下进行，只有放松的运动才能对孩子的身心健康起到积极的作用。如果不顾孩子的兴趣和感受，只是为了某个目标或成绩送孩子去兴趣班，很可能给孩子造成心理上的压力。运动效果也会适得其反。

三、鼓励孩子坚持运动

　　孩子的自觉性和毅力始终是有限的，若没有父母的鼓励、督促，他们就可能出现"三天打鱼，两天晒网"的情况。不利于运动锻炼的效果。

　　对此，家长应该积极地给孩子有条件的支持，帮他们制定锻炼计划，和孩子一起运动。这样就会避免孩子三分钟热度的出现。也会让孩子在精神上得到鼓舞，更有利于孩子把运动坚持下去。

　　杨杨现在迷上了棒球。虽然杨杨的爸爸妈妈对棒球一窍不通，为了鼓励儿子参与运动，他们给儿子买了球、棒和接球手套。几乎每周，杨杨的妈妈都会抽出时间陪着儿子到体育馆去看球赛。每次儿子的校队参加比赛时，爸妈也总是百忙之中抽身出来去当拉拉队员。

　　到了高中，杨杨参加了学校的排球队，运动的热情更为高涨，在比赛期间总是早出晚归。爸爸妈妈非但没有批评他，而是全力支持，做好后勤保障工作。经常开车送儿子去比赛，还接送他的队友。

　　每次比赛时，爸妈都坐在观众席上，用骄傲的目光看着孩子，默默鼓励孩子打好球。赢球时，全家为他高兴；输球时，全家给他安慰打气。

　　在周末和假期里，杨杨的爸妈还带儿子上游泳课、滑雪班，还陪儿子滑冰、跑步。杨杨在运动中学会了感恩父母、团队合作，这使他的学习也进步了很多。

　　杨杨的父母很清楚，只要儿子能全面发展，他以后的学习、生活和工作才能更丰富多彩。给孩子运动上的支持，也就是给孩子和同龄人一起相处、一起摸爬滚打的机会，这样对孩子的身心发展大有裨益。

　　把运动作为一生的乐趣来坚持，有助于孩子健康地面对生活，面对人生。

第11招 帮孩子改掉做事拖拉的毛病，不能着急

从吃饭穿衣，到画画、写字、做游戏，孩子的作业永远不能按时完成；上学、上床、洗澡、出门逛街，如果父母不冲他们大叫"现在，现在就做"，他们是决不会准备好的……

其实这些"小拖拉"很多都只是一个习惯，并不是一个人的个性特征，也不是性格缺陷。家长不能一概而论，应该具体问题具体分析，帮助孩子改正做事拖拉磨蹭的习惯才是上策。

那么，怎么样才能让孩子克服拖拉的毛病，从而养成敏捷利索的习惯呢？

一、给孩子营造好的学习环境

想让孩子做起事来敏捷利索，不要马马虎虎，慢慢吞吞的，这是每个父母的期望。但在现实生活中，爱磨蹭的孩子的确很常见。他们真是个让人心急的"小磨蹭"，做起事来总是拖拖拉拉，缺乏雷厉风行、严谨高效的风格。

对此，家长真的很困扰，他们还可能会这样想："这个孩子为什么做每件事都磨磨蹭蹭的？他是不是从我这里遗传了拖拉的基因？因为我做事就是那样的。"或者"我们家没一个人做事拖拖拉拉，这孩子怎么会这样呢？是不是脑袋笨？"

孩子做事情拖拉或者磨蹭，有自身的原因，也有外来因素的影响。

磨蹭的孩子做事情时往往注意力不集中，容易被一些其他无关的事物所吸引。如果孩子周围的环境总是能给孩子注意的机会，那么孩子做事情的效率自然很低。

初二的小芹写作业时，妈妈总会干扰他。一会儿问："肚子饿了吗？做几道了？"一会又说："怎么做得这么慢？"……小芹说，她最烦妈妈这样监督和唠叨他，这样让她无法静下心来读书学习，更无法提高写作业的速度。

因此，家长一定要注意将那些容易使孩子分心的诱因给排除掉，使孩子能够一心一意地专注于正在做的事情之上。

孩子学习时，家长应当尽量给他创造一个较为安静的、不受干扰的学习环境：不在孩子学习时上网玩游戏、给朋友打电话唠嗑、不时地去问寒问暖等。虽然这样做家长的活动受到限制，但是能给孩子一个安静的学习环境。

对于孩子拖拉，家长动气不如动心，花心思帮助孩子找出原因，对症下药，就能改变孩子拖拉的习惯。

二、通过后果引导孩子

有人说，一个人生下来就会有一种特殊的能力，不过并没有显露在外面，而是隐藏在人体内，这就需要人们去挖掘。孩子的能力也需要父母开发，如果父母能够把孩子灵敏的潜能开发出来，那么这个孩子就是一个灵敏的人。

芳芳经常磨蹭，做事拖拉，特别是每天早饭都要家长不停地催促。有一次，芳芳爸妈共同商量，决定要改掉女儿吃饭拖拉的习惯，于是跟芳芳讲从明天开始早饭不再催她，自己安排到学校的时间。

第二天早晨，妈妈自己吃好早饭上班去了，爸爸吃完饭后在看书，芳芳自己坐在那里慢慢吃。放学回家芳芳的第一句话就是："真倒霉，今天上课迟到，老师批评我了，明天得早点了。"爸妈听到孩子的这话，相视笑了。然后让芳芳自己分析上课迟到的原因。

从那次以后，爸妈再也不要担心芳芳早饭拖拉，她自己会看时间安排好吃饭时间。

教育孩子怎样提高做事的效率，不妨先让孩子自己为磨蹭付出代价。因为孩子都害怕自己承担后果。当孩子意识到后果的害处的时候，家长再顺势诱导孩子，改掉拖拉的毛病。

三、让孩子学会在比较中进步

要给孩子比较的感觉，让孩子尝到动作快的甜头，不要给孩子慢的心理暗示。当孩子动作快的时候，父母要对其进行表扬，正所谓优点不说不得了，缺点

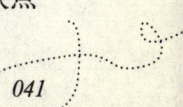

少说反而逐渐少。

平常在家，父母可以帮孩子设计一张"比赛"成绩表，记下最初的时间，然后，每天记录实际完成的时间。在此期间，家长要对孩子的分数进行解释，如果比以前有进步，就给予奖励；如果没有进步，保持原状，或者退步，就不给予奖励。

让孩子先从简单容易的做起，逐渐向比较困难的任务进发，一直到达合适的时间为止。这样长久坚持下去，孩子就会有缩短完成每一件事情所需要时间的渴望，激发孩子进步。慢慢也就克服了动作慢、拖拖拉拉的坏习惯。

四、让孩子潜意识中有规矩

如果给孩子表扬的方法没有效果，就可以使用硬性规定的办法来达到改变动作慢的目的，让孩子潜意识中有规矩。

明明把闹钟定在早上6点，可是当闹钟响起，他却觉得睡意正浓。于是干脆伸过手来把闹钟关掉，倒头继续睡。突然明明脑中浮现出妈妈的话语："很失望，希望你明天能早点把饭吃完。"明明虽然不情愿，但还是掀开被子起床了。

如果明明潜意识中没有规矩，那么他就会继续赖床，长久下去，将来就很容易养成懒惰拖拉的坏习惯。父母在孩子的潜意识中种下不许拖拉的规矩就会避免这些。

父母首先估计出孩子尽最大能力能够完成某项事情的时间，然后规定孩子在这个时间内完成这项事情，时间一到就要停止，不给孩子拖拉的机会。比如：父母安排的事情没做完，不许看电视；家庭作业没按规定完成，不许上网；帮父母买东西超过了时间，"功劳"减半……

开始孩子也许会屡屡"犯规"，但是一定不能心慈手软，否则就会前功尽弃。父母要提醒孩子当事情确定了之后一定要立即行动，在行动中不断纠正和完善自己的行为，哪怕是芝麻粒大的小事。

假使你经常引导他，那么孩子在潜意识里就会时刻告诫自己"这样不行啊"、"立即行动"、"现在就去做"，拖拉的习惯也就无机可乘。

让孩子记住：马上行动，改变磨蹭、拖拉的习惯，将改变他的一生。

第12招 日积月累让孩子懂礼貌

很多家长认为，现代社会是个自由的社会，孩子懂不懂礼貌不重要，只要学习成绩好、有能力就可以了；还有一些家长认为，孩子太小，长大后自然会懂礼貌的。

其实，这些都是错误的见解。

讲究礼貌不仅能给孩子带来快乐，而且更能够帮助孩子走向成功。

一、父母是孩子的镜子

父母是孩子的榜样，要求孩子做到的事情，父母一定提前做到，并给孩子一个好的"模板"。如果父母经常向孩子示范礼貌的言行，对孩子来说无疑是一种潜移默化的教育。相反，如果父母是一个不懂礼貌的人，孩子也会跟着学习不懂礼貌的样子，并成为不懂礼貌的人。

暑假里的一个中午，刚下班的妈妈见到不满6岁的儿子站在自家门口，正在和幼儿园同学浩浩聊天，原来是邀请浩浩下午来家里玩。但妈妈听到，在邀请中儿子掺杂了多句类似骂人的脏话。

妈妈听后很是震惊，没有预料到儿子讲话这么难听，浩浩听了也很不开心的样子，回应了句"没礼貌"就跑开了。妈妈和儿子回家后，妈妈耐心地和儿子进行了交谈，询问后才得知，原来是爸爸打电话时常讲这些脏话，儿子觉得好玩就学着说了。

人们常说："父母是孩子的镜子。"孩子不礼貌的言行往往是跟家长的言行或教育有着密切的关系。比如：父母粗鲁，孩子就往往不会文静；父母不尊重孩子，孩子也往往不会尊重他人。因此，家长要时刻注意自己的言行，给自己的孩子做好榜样。

在一些具体的细节上，父母要做到如何合理而不失礼，做最好的示范给孩子看。每天清晨带孩子去学校时，向周围的人问好；家里来客人时，主动出去笑脸迎接；不小心碰了别人要先说"对不起"……

家长反复地以身示范这些礼貌，久而久之，这些礼貌规范也会在孩子心底扎根。当他们遇到同样情况的时候，也会用同样的言语和行为来表现，这就是"镜子"的作用。

父母就是孩子的第一任老师。父母对他人的态度和所作所为，常常影响孩子以后对人的态度和行为举止，也就会影响孩子日后的为人。家长要求孩子懂礼貌，自己首先礼貌地待人处世。

二、不失时机地引导孩子

品格教育的特点之一就是它的前摄性：它能在事情出错以前教导什么是正确的。因此从小就给孩子灌输懂礼貌的好品质是多么的重要。

从外表看，礼貌是一种交际形式，本质上它更反映着一种关爱之情。因此，有礼貌的孩子更容易交到朋友、找到好工作，他们的贵人似乎特别多。因为他们是通过自己的行为来告诉别人：我是一个品德好的人。

可见，礼貌对孩子是很重要的，孩子应该养成懂礼貌的好习惯。

当然，让孩子学会懂礼貌也不能一蹴而就，孩子在学习的过程中仍然可能会出错，要改变习惯总是需要花些时间的。

孩子在现实生活中经历着不同的场景，父母应该不失时机地提醒孩子、引导孩子。

小米是一个活泼开朗的小女孩，但让妈妈比较困扰的一点就是：小米不太懂礼貌。

小米想吃苹果了，会冲着妈妈大喊："我要吃苹果！"妈妈为了教会小米使用礼貌用语，就故意装作没听见。

小米叫了几声，见妈妈不理，就跑过来说："妈妈，你有没有听见我说要吃苹果呢？"妈妈说："我听见了，可我不知道你在叫谁呀，你又没有叫'妈妈'。"小米笑着说："妈妈，我想吃苹果。""说得还不对。""怎么又不对了？""你要说：'妈妈，我想吃苹果，请您帮我拿，好吗？'"

小米重复了一遍这句话后，妈妈才去拿了苹果。

等小米吃完，转身去玩时，却被妈妈一把拉住说："就这样出去玩了？还没完呢！"小米瞪着大眼睛，一脸疑惑地说："完了，吃完了！"

妈妈说："你还没有说声谢谢呢。"

"哦，还要说声谢谢？"

"当然啦，别人帮你做了事，你怎么可以不说声谢谢呢？"

这位母亲就是这样一点一滴训练女儿学会使用文明语言的。

给孩子一点一滴地引导，就是让孩子思考为什么礼貌那么重要，我该怎样做才能变成懂礼貌的孩子。

如：孩子想要得到什么的时候，家长应该告诉他说"请"；当别人提供服务的时候，告诉孩子应该感谢他们，对他们说"谢谢"；在公共场所，让孩子谨记不应该大声喧哗；分别的时候让孩子和对方说"再见"；当孩子打哈欠或打喷嚏的时候，告诉他捂上自己的嘴巴……

虽说这些都是小事，但却是孩子设法给周围的人愉快、尊重别人的非常有意义的方式。如果家长不能把这些日常生活中的礼貌习惯和体谅习惯从孩子的意识中唤醒并得到重视，那么家长就不能使他们成为一个在社会上有能力并且讨人喜欢的人。

三、不强迫孩子打招呼

孩子懂礼貌是一个主动的行为，家长只能是示范、引导，千万不可让这种主动化为被动，让孩子在不情愿中去遵守这些行为。

每个家庭都会有客人来，父母要试着让孩子学会以主人的身份来待客人，懂得礼貌待客。但当你发现孩子没有主动与客人打招呼、礼貌用语的时候，这并不是孩子故意的行为，更不是缺乏礼貌。如果当着孩子的面，直接训斥孩子"一点礼貌都没有，快点打招呼"。或者硬把孩子从房间里拉出来，那只能造成孩子的逆反心理。

孩子不主动打招呼的原因很多，可能是上面的情况不知道怎么称呼，也可能是因为性格内向胆怯、怕生，或者因为怕说错话等等，家长不能不分析原因就给孩子扣上一个"不懂礼貌"的帽子，这样只会让孩子更加惧怕和别人打招呼。

家长要做的就是具体原因，具体分析，尊重孩子，帮助孩子提高人际交往能力。只有父母尊重孩子，孩子才能学会尊重别人。

第三章

慢养：培养孩子好品德

俗话说：成事必须先成人。即一个人要成才，首先要具备健全的人格和优秀的品德。因此，孩子具有良好的品德，是孩子成才的关键。现在的孩子大都是独生子女，长辈们对孩子娇生惯养使得大多数孩子任性、自私、没有责任心，品德教育更是需要提上家庭教育日程。

罗曼·罗兰说："99%的努力和1%的灵感，对于成功是不够的，你还必须要有200%的道德品质作保证。"孩子的品德教育要从小抓起，才能达到事半功倍的效果，同时也可以将孩子不好的品德扼杀在摇篮中。

在成长的花季里，孩子的心灵地图要靠父母去描绘，如果父母能紧握住品德这支大笔，那么孩子在踏进人生道路上时就会花香满径。

第13招 尊老爱幼，从小培养

尊老爱幼是孩子文明行为的一种表现，当一个孩子会主动给老人让座，帮助小朋友捡起东西的时候，这个孩子也就具备了责任感和懂得了尊重他人。

古人说："老吾老，以及人之老；幼吾幼，以及人之幼。"家长不仅要教育自己的孩子孝敬父母，还应该教育他们尊敬别的老人，爱护别人的孩子，从小培养孩子尊老爱幼的好品德。

一、尊老爱幼，父母是标杆

在日常生活中，我们经常可以看到：有的孩子，看见老人过马路会主动过去搀扶；看见孕妇乘坐公交车，会主动让出自己的座位。而有一些孩子却做得不尽如人意：看见老人过马路，不仅不去帮助，还会横冲直撞抢在老人前面走；看见公交车上的孕妇，还去争抢座位……

这些都是在不同的教育环境中发生的截然不同的两面。好的教育环境塑造着孩子的好品德，坏的教育环境同样也影响着孩子坏品德的滋生。

孝不孝只在一个人的心念，孩子还是处于成长的一个阶段，没有明确的是非观念，要在孩子的心念上插上尊老爱幼的品德意识就靠父母。父母应该通过家庭教育让这种美德一代一代传承下去。

爷爷老了，行动困难，吃饭时候鼻涕和口水都流出来，儿子和儿媳妇嫌弃老人脏，就将老人赶到灶台边上去吃。

有一次，爷爷不小心将碗打碎了，儿媳妇见此状况就破口大骂："老不死的，以后给你一个木盆吃饭算了。"爷爷伤心地流下了眼泪。过了些日子，夫妇俩看见儿子拿着锤子和锯在做着什么，爸爸就问："孩子，你们老师布置了手工作业吗？"儿子一本正经地回答道："亲爱的爸爸，我在做木盆，等到妈妈和你老了用它吃饭，免得打碎碗。"

这时，这对夫妇听到儿子的话后顿然醒悟，感到无比内疚和惭愧，于是把自己的父亲请回桌上和大家一起吃饭，并拿出家里最好吃的给老人吃。

一个孩子能否尊老爱幼，反映了这个孩子的家庭教育是否成功到位。父母是这个家庭的标杆，更多的孩子都是以父母为尺度来衡量自己的言行，孩子耳濡目染，自然会效仿父母亲的言行举止。

因为在年幼的孩子眼里，父母的行为永远是对的，只要爸妈能做，自己就能做。所以，家长在与老人和孩子的相处中，要真正做到关心照顾、体贴入微。只有对老人和孩子发自内心的尊敬，才能让孩子有所体会，并牢记心头。

孩子都是先学会尊敬自己的老人和弟弟妹妹，才有可能去尊重更多的老人和幼儿。如果家长希望自己的孩子能养成尊老爱幼的好品德，自己首先要具有这种品德，以身作则，做尊老爱幼的好榜样。

二、从小事开始，点滴练习

品德不是一下子就养成的，它要通过不断地练习和积累，慢慢培养。孩子尊老爱幼的好品德也不是一下子就可以塑造成功，而是要求家长们在日常生活中寻找机会，给孩子练习实践，才可以塑造成功。

练习是强化记忆痕迹的有效手段，只有通过反复练习才能将良好的行为转化为习惯，并长久保持下来形成品德。在日常生活中，家长只要处处留意，有很多供孩子练习的机会。如：经常让孩子多和老人交谈，关心、慰问生病的老人，以及让孩子在幼儿园学会帮助比自己小的孩子做事情等等。

经过多次训练，长久下去，水滴石穿，孩子就会加强尊老爱幼的意识并在需要时付诸实践。

翔翔和小军是好朋友，每天一起坐公交车上学、回家。这天放学后，两个孩子的母亲带着两个孩子上了公交车，只坐了两站的时候，有位白发苍苍的老奶奶上来，司机叔叔按响了让座的提示："当您的身边有老弱病残孕及带小孩的乘客，请您主动给他们让座，我们表示感谢。"

翔翔立即从座位上跳下来，起身对老奶奶说："奶奶，您坐这儿。"老奶奶一看翔翔还小，就说："小朋友，你坐着吧！"翔翔指着红领巾笑着说："我是小学生了，爸妈一直教育我们要尊老爱幼，您坐吧。"老奶奶坐下了："谢谢你啊，小朋友。"翔翔回答："不客气。"小军妈表扬翔翔说："翔翔真懂事，小军，你要跟哥哥学习呀！"

正说着，车又到了一站，上来了一个抱小孩的阿姨，这时小军也不甘落后地起身让座："阿姨，您抱小妹妹坐这。"阿姨跟小妹妹说："谢谢哥哥给你让座。"小妹妹双手合十、上下晃动了两下，表示感谢，小军一脸灿烂，说："不客气。"

两位母亲看着两个孩子都这么懂礼貌，表扬了孩子，说他们都是尊老爱幼的好孩子。

养成好品德，要从"小事"入手，加强培养。生活中的事情大都是琐碎、繁杂的，但正是这些小事，才更容易培养孩子的好习惯、好品德。家长既然想有方向、有目地培养孩子，那么就不该错过生活中任何一个微小的细节。只有长期培养并反复训练，日积月累，孩子的好品德才会渐渐养成。

三、尊老爱幼不能停留于形式

现代的孩子基本都是独生子女，生活在独享的环境中。家里有好吃的，总是先让孩子尝，衣服脏了，爸妈替孩子洗……孩子这种养尊处优的状态真该改一改。

父母教育孩子尊老爱幼，很多时候也只是徒有形式而不见实质。

贝贝，从小在家里受到尊老爱幼的训练。每次买回苹果，家长都要让贝贝效仿孔融让梨的故事。贝贝也可谓训练有素，每次都要拣最大的苹果先给爷爷吃，爷爷照例笑着夸赞一番："贝贝真孝顺，好孩子，爷爷牙不好，你吃吧。"接下来是爸爸和妈妈，他们也都有不吃大苹果的理由。最后，贝贝抱着那个最大的苹果独享去了。

有一天，爸爸的同事来家里玩，贝贝立即去果篮里找来一个大苹果，送给客人吃。爷爷和爸爸妈妈见了，个个都很开心。同事见状也说："你们家的孩子真懂事。"说着就接过那只大苹果吃了起来。不料，他刚咬了一口就惹来了麻烦，只见愤怒的贝贝用手指着客人说："你为什么吃这最大的苹果？你太嘴馋了！"那位同事被这突如其来的变故弄得不知所措，咬在嘴里的苹果咽也不是，吐也不是，一时间尴尬不已。

　　"孔融让梨"的故事千百年来被传为佳话，也常常被家长们拿来做培养孩子尊老爱幼的典型案例，但家长是否真正做到让孩子了解其中的深意呢？很多时候，家长只是将"让梨"变成了一种形式，没有让孩子真正体悟到这一行动的实际效果。

　　而孩子也是把这一行为作为讨好家长、获得赞扬的一种方法。认为只要虚晃一枪，就可以既得到"好孩子"的称号，又可以得到最大的苹果，因此才出现了上述的尴尬场面。

　　孩子这种独享的环境，使孩子形成"独享"的习惯，使他们不懂得尊重和分享，更不懂得回报别人。

　　因此，孩子尊老爱幼的好品德，家长用棍棒打不来，用钱买不来，单纯疼爱更疼不来，只有父母做好标杆作用，从小事抓起，一步一个脚印、踏踏实实地走下去，孩子才能有好的德行。

第14招 诚实的孩子讨人爱

　　一个孩子是否诚实，是作为父母所不能忽略的问题。家长从小就要引导孩子说真话，告诉孩子，什么是一个人的道德底线，哪些事是错误的，千万不能做，让孩子从最初就告别谎言，做一个诚实的孩子。

　　诚实是一个孩子身上非常重要的好品德，诚实的孩子，诚信且富有良知，不诚实的孩子相对更容易犯错。如何培养孩子诚实的好品德异常重要。身为父母，是孩子重要的道德教师，在培养孩子的优良品质和影响孩子的道德发展方面起着重要的作用，家长要承担起这份责任。

　　怎样才能让我们的孩子变成一个讨人爱的诚实孩子呢？

一、查找孩子说谎的原因

　　几乎所有的孩子都会说谎，但孩子说谎可以分为截然不同的两大类：有意说谎和无意说谎。不以骗人为目的的说谎，属于无意说谎。孩子年幼，认知能力还没有完全形成，分不清真与假、事实与想象，这时孩子就会出现无意说谎现象。比如：孩子把鸵鸟当成自己心目中的恐龙时，就会说："我在动物园里看到恐龙了。"

　　面对孩子无意说谎的时候，家长只需详细地给孩子解释清楚事实真相，让孩子明白说谎是不对的即可。不可以指责孩子、痛斥孩子。

　　但当孩子已经能够分辨是非，却为了达到某种目的，故意歪曲事实真相，这就是有意说谎。孩子们的动机是多样的，父母应一一找出：

　　1. 孩子凭借以往的经验，认为说谎更能免受惩罚。

　　很多家长都认为，孩子都是怕后果才会撒谎。因为他们害怕说出事情真相时，遭到父母的批评和责骂。

2．为了抵制自己不愿意做或不会做的事情而说谎。

其实孩子也有选择的权利，当孩子的父母总是按照自己的要求强迫孩子做事情的时候，孩子既然不能选择沉默，就只能选择用谎话来对待。

3．为了不让爸妈生气，讨欢心而撒谎。

孩子们都是惧怕家长因为自己生气、伤心的，孩子总会看着父母的脸色行事。著名发展心理学家皮亚杰博士发现，4岁以下的孩子判断自己的言行是否正确的标准，通常是根据父母脸上的表情。当做错事时，为了讨父母欢心，孩子只能说谎了。

二、防止孩子说谎的对策

培养诚实的品德是家庭教育中一个古老的话题。

诚实是一个人分辨是非的内在声音。诚实是道德的关键所在，是每个父母都希望自己的孩子所拥有的美德之一。

"狼来了"的故事是众所周知的关于诚实教育的范例，父母们都不希望自己的孩子成为一个不诚实的、说谎的孩子。因为这种孩子长大后无法给人一种信任感和安全感，难以在社会上立足。诚实关乎着孩子以后的事业和人生发展。

从前，有一个年老的国王，他给城里的每一个孩子发了一粒花籽。他说："你们当中，谁种的花最美丽，我就让谁当国王。"

有个孩子把种子种到花盆里，天天浇水，可是，盆里什么也没有长出来。到了送花的日子，其他孩子都送去了美丽的鲜花，这个孩子送去的只是一个空花盆。国王问他："你种的花呢？"孩子流着眼泪说："我种的花籽，什么也没有长出来！"国王笑着说："你是个诚实的孩子，就让你当国王吧。"

原来，国王发的花籽都是煮熟的。

童话中的孩子由于诚实而得到国王的认可，成为储君。而这也可以联系到现代的孩子，只要诚实守信，就会在校园里交到更多的朋友，在学习上就更加认真、积极，也可以在未来的职场上获得更多的利益。

△ **减轻孩子心理压力**

著名的哲学家罗素说过："孩子不诚实几乎总是恐惧的结果。"孩子害怕说出真话，害怕说出真话后带来的后果——责骂和棍棒。

许多父母认为，严厉的惩罚可以遏制孩子说谎，其实恰恰相反。当家长用惩罚的方式来对待孩子的撒谎行为时，孩子会更加恐惧真话带来的行为结果，只能让他们更加固自己的心理防线而编造谎言。

一次，强强的爸爸晚饭后出去散步，并叮嘱强强在家做作业，不准玩游戏机。当爸爸回来后已经有点晚了，刚走进家门，就发现强强神色慌张，背后还藏着什么。爸爸看看遥控器的位置，又摸了摸电视机外壳的温度，就知道是怎么回事了。

"你刚才在家干什么呢？背后藏的是什么，拿出来我看看。"

"做作业啊，背后啥也没有，我的作业本。"

"真的没有？"

爸爸走过去，从儿子背后找到了游戏机手柄，火一下子上来了，冲强强吼道："还撒谎，明明是在玩游戏，还不承认！"

强强看着爸爸生气的样子，哭着说："爸爸，我不是故意撒谎的，上次因为说了真话才挨打的。"

所以当家长发现孩子说谎的时候，一定要控制住自己的暴脾气，千万别气恼，甚至棍棒伺候。而应耐心地倾听孩子的解释，当孩子主动承认错误时，还要给予表扬，肯定孩子说实话的行为。但是家长要针对事情本身，告诉孩子这样做的危害性，晓之以理，动之以情。

只有这样孩子的心理压力减轻了，实话也就自然说出来了。

△ 经常讲一些"做人要诚实"的道理

由于孩子年龄小，他们不具备道德评价能力和应有的社会价值感，免不了使好胜心转变为虚荣心，从而导致说谎。

家长可以通过平时的言传身教，讲故事，分析身边小事，把做诚实人的道理寓于故事之。必须把道理具体化、形象化、趣味化，这样孩子易于接受。

孩子通过故事可以明白什么是诚实，什么是虚假和欺骗；什么是应该做的，什么是不该做的；应该怎样做，不该怎样做。孩子明辨是非的能力增强，就会主动避免不诚实的行为，当无意中做了错事，也会懂得诚实是一种美德，知错就改还是好孩子的道理。

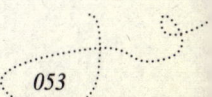

第15招 孩子爱劳动，从点滴做起

父母不要一味地觉得孩子还小，就什么都不让孩子触碰，所有的事情都是家长包办。这样会让孩子形成懒惰、依赖性强的坏习惯，孩子无法独立。"劳动最光荣"，只要人想在这个世界上生存，就必须劳动。

家长要知道，即使一个3岁大的孩子，也要让他懂得收拾自己的玩具和衣服之类的东西。当孩子渐渐长大，他就会成为家庭小帮手，独立能力非常强。

有句话说得好："一屋不扫，何以扫天下？"孩子在这些简单的劳动中获得的生活技能、吃苦耐劳的精神、责任感等，都可以"迁移"到学习、工作、事业等方面上，这对孩子的一生成长都有好处。

一、好好学习，劳动向上

孩子天生是喜欢劳动的，当他们很小的时候就表现出来了，他们什么都要来个"我自己"。不仅要独立穿脱衣服、洗脸洗手，而且还要自己洗手绢、洗袜子，自己修理或者制作一些玩具，甚至还想自己洗碗、上街买东西，只是家长将孩子的这种劳动意识萌芽扼杀了。

大部分家长都是这样一句话："你的任务就是好好学习，其他的不用你管。"家长只想到让孩子好好学习，取得好的分数即可，于是将劳动和孩子分离开来。孩子也变成了简单地制造分数的机器，为了分数昼夜马不停蹄。

丫丫过着公主般的生活，衣来伸手，饭来张口。已经是初中生的她，什么家务都不会做。甚至在妈妈做饭时，看见葱还问妈妈："这是什么？"这般大的孩子，听起来觉得不可思议，但是这就是事实。

丫丫的爸爸是某个公司的经理，妈妈是国家某机关人员，家里的活基本都是依靠保姆来完成。所以，丫丫也没有沾水、洗衣的可能。妈妈常常对丫丫说："只要你好好学习就可以了，这些家务活让保姆来做，不用你管。"

丫丫就是这样娇生惯养长大的。老师知道了丫丫的情况后，与丫丫母亲进行了交谈，并真诚地建议："有必要让孩子做些力所能及的家务，以后，要是孩子上了大学，你难道还跟着她上大学不成？或者找个保姆跟着？"

妈妈听到这话，陷入了深深的思考中……

其实家长应该尊重并培养孩子自我服务、热爱劳动的意识。因为现代的社会不再是一张文凭走天下的时代了，未来的路也并不是只有分数高就能决定的，孩子必须有独立自主、与人交往的能力等。倘若家长把孩子养成一个除了学习什么都不会的人，那么孩子如何适应这个社会？

我们的家长应该坚持"好好学习，劳动向上"的主张，孩子只有动手才能心灵手巧。动手是孩子发展思维的体操。动手劳动之后，孩子会改变很多、学到很多，如改变丢三落四的毛病、责任心增强等，除此，孩子在动手帮助别人的同时，自己也会获得成就感。

让孩子进行一些最基本的生活自理和一些力所能及的家务劳动训练，这样可以使孩子脑细胞得到更多的刺激，加快脑细胞发育成长，更有利于开发脑细胞，这样就可以使孩子的双手和大脑协调发展。所以有人说"劳动的孩子更聪明"也是有很深的道理。

二、教给孩子劳动技能

常言道："樱桃好吃树难栽，不下苦功花不开。"只有付出了汗水，才能收获香甜的果实。这就是劳动的魅力：你付出，你收获，喜悦自在其中。

很多家长不让孩子劳动的原因很多，有学习原因，也有孩子不懂怎么做的原因。

每到周末，成成都会到奶奶家玩。他总是希望赶在奶奶和妈妈收拾碗筷前能把饭吃完，因为他想帮她们洗洗碗筷，但每次都不能如愿。等他发现时，奶奶已经把碗给洗干净了。

对于成成"想一起洗碗、擦桌子"的愿望，奶奶说："其实，让孩子做家务是一件很艰难的事情，毕竟孩子年龄小，缺乏技能和经验，不能很好地把握节奏。看着他慢悠悠地洗抹布，使尽九牛二虎之力才拧出那么丁点儿水来，我就忍

不住要让孩子停止。让我自己去干还快得多。"

劳动也需要一定的技能，干什么活有什么活的方法和技巧，蛮干只能是白费力气，不出功效。这就要求孩子的家长在孩子进行劳动的时候，多给孩子指导和帮助，告诉孩子劳动的操作要领和技巧。

例如，父母要求孩子炒菜，就要告诉孩子炒菜的程序，放多少油，开多大的火候等等。父母也可多亲身示范，让孩子站在旁边观察学习。只有孩子掌握了技能，孩子才愿意尝试，才有兴趣去做。

当然，做任何事情都有一个过程，劳动也是一个学习的过程。孩子不是一开始就会做，也不是教了一遍就可以做好，家长要给孩子时间去琢磨、去体悟。不要孩子遇到困难就让孩子放弃，对孩子说："还不如我自己来做呢"，或者简单地说一句"你自己想办法！"，这样会严重损伤孩子的自尊心，从而让孩子对劳动产生厌倦情绪。

家长应在孩子劳动遇到困难的时候，多鼓励、多引导，孩子从劳动中获得了快乐和成就感，自然喜欢上劳动。

三、明确劳动目标

对孩子进行劳动教育，不能仅仅限于教会劳动技能，还要让孩子在劳动中有明确的劳动目标，保持一贯性，并且对孩子有所期待。

1．做劳动计划表

用表格或日历把每天需要完成的家务活记录下来。比如：今天洗袜子、扫地，明天取报纸、帮妈妈择菜等。根据孩子年龄的不同，把家务活尽量写到细致、适量。

对于还不会识字的孩子，家长可以在日历上贴上相应家务活的图片，让孩子看见图就知道今天要完成的家务是什么，简单明了。当孩子完成了当天的家务劳动，就用笔把今天的家务量从日历上划去，这样，孩子就知道今天自己完成了多少家务，第二天要做的家务又是什么。

对认识字的孩子，制作一张表格，把要完成的家务劳动按照日期写在上面，这样，孩子对自己需要完成的家务清晰明了，并且随着时间的推移，表格越来越厚，孩子会很有成就感。

2．每天检查少不了

每天晚上，家长注意和孩子一起检查表格。可以用水彩笔通过画小五星或小花的方式来表明孩子做家务的好坏程度。要边和孩子探讨今天做家务的状况，边给孩子作出评价，这样可以避免给错孩子评价。

还要记得检查完后，给孩子分配第二天的家务劳动。家长可以先和孩子开一个小小的会议，告诉他你的期待，并让他明白他将得到什么样的回报，罗列出每项工作要注意的细节等。

3．快乐有趣做家务

孩子做家务也并不一定是枯燥乏味的，只要家长们勤于动脑，也可以让做家务变成一件有趣的事情，并且孩子非常愿意去做。

例如，用易拉罐做一个家务活儿罐，罐中装上一些小纸条，正面写上一件家务活，背面画出一项孩子可以得到的奖励。让孩子从中抽纸条，如果孩子完成了他抽到的家务，并顺利完成，那么就给予他应得的奖励。

英国的一位妈妈，发现了一个让她5岁的女儿喜欢干家务的好办法，那就是使用一种个性化的塑料家务活动表。"我女儿和我喜欢一起拟订家务表，"她说，"我根据女儿喜欢用字母拼出自己的名字这一发现，猜想她肯定也喜欢那些家务塑料模块。女儿会自己把选出来的模块粘贴在表格上，再选出自己想要的奖赏物模块。这样，她感觉到自己也参与了计划的制定，因此完成的时候，她感觉到非常愉快。"

这位妈妈把家务表粘在冰箱旁边，这样女儿就很容易看到表中的内容。"这一点都不复杂，我女儿懂得每当自己完成一件家务活后，就在这项内容后面画上一只气球。由于她还不会阅读，因此她还不能确定每一天的日期，不过我们也在慢慢教她。"妈妈还非常喜欢赠送孩子积分卡，"积分卡是记录孩子每周劳动成果的一个好方法。"

第16招 让孩子逐渐养成爱护公物的好品德

有的孩子扶起了倒在地上的路牌，有的孩子制止了公园里乱刻乱画的现象，这些孩子给人们留下了美好的印象。但也有的孩子用石子砸坏了为人们送去光明的路灯，用废纸片堵塞了街边的公用电话，这些孩子让人们总会投以轻蔑的眼神。

公物给广大的市民提供了便利，也美化了环境，是现代文明城市很重要的一部分。让孩子学会热爱公物，禁止"侵袭"公物，也是一种高尚的品德。

一、重视孩子爱护公物的教育

现在的孩子们大部分都是独生一代，在家里都是至高无上的小皇帝、小公主，受到来自多方长辈的宠爱，很多家庭患上了"四二一综合征"，即四个老人和一对父母共爱一根独苗，溺爱已经成为严重的社会问题。

长辈们侧重物质给予，忽视精神教养；父母包办一切，孩子"衣来伸手，饭来张口"；注重文化知识的学习，而忽视对孩子文明素质的培养。这种施爱方式的错位，直接后果就是使大多数孩子养成了自我中心主义的人生观。

暑假到了，各个书店热闹起来，看书的学生挤满了过道，每个书架前，都有孩子在手捧图书津津有味地阅读。他们有的席地而坐；有的甚至趴在地上看起画册……书架前、过道上，到处都是小小"读书郎"啃书本的身影。

据调查，每年七月份，书店的销售数量就像气温一样不断上升，每天收款机前都排起了长长的队伍，很多畅销的图书甚至脱销。可是虽然销售增长了，书店管理人员的担心也是与日俱增，那就是在读者增多的同时，不文明的阅读行为也让书店遭受了不小的损失。

一些小朋友不爱惜书本，使得各书店被破坏的图书数量飞速上升。有的孩子

刚刚从外面进来，浑身是汗，就直接用带有汗渍的手去拿图书；有的翻书时还用手指蘸了口水再翻；有的直接坐在几本图书上看书；还有不少孩子带着零食、饮料，边吃边看书，果汁溅到了书上。

假期开始后，被弄脏、弄坏的书籍数量比平常要多出几倍，多是由于学生不爱惜图书所致，致使暑假期间会有几千元的报废图书。一位营业员说："这给书店的工作带来了很大的麻烦，尽管书城里贴了很多爱护图书的提示，遇到不爱护图书的现象工作人员也会过去提醒，但是作用不大。儿童书籍里附带的剪刀、贴画、彩笔等赠品经常被人拿走；书页上有饮料汁、瓜子皮、方便面渣；有些小孩甚至将手工制作、拼图的盒子私自拆下带走；一些技术类、考试类书籍时常被人撕去'精华'。"

家长们一直注重孩子知识的学习，但是知识不等于素养，家长对孩子的这种教育误区，一定要改正，基本的道德素质教育也是孩子的必修课。

因为在孩子阶段，孩子道德心的培养与未来孩子走向社会有着紧密的联系。一个有着良好素养的孩子，事业成功几率总能比素养低下的孩子大。家长一定要注意对孩子公德心的培养，从小让孩子形成爱护公物的意识。

让孩子知道公物是大家的共同财产，而不是个人的，不能独自占有，也不能随意损坏。例如家长可以具体举例说明，对其他小朋友的玩具，想要玩的时候先要征得小朋友的同意，允许了才可以拿来玩，在玩的时候不能乱扔乱摔，要像自己的玩具一样保护、爱惜，在玩完以后还要记得还给小朋友，并表示感谢，绝不能私自拿回家。

二、持续不断的随机教育

爱护公物是孩子应该具有的最基本的品德。对待公物的事情虽然很细小，但是如果做不到位，却可以折射出一个孩子的公德心和道德指数不过关，这对孩子的形象有很大的影响。

孩子的行为是反复的，需要不断强化，才可以形成一种意识。爱护公物的行为，也需要父母们不失时机地进行随时教育，让孩子的大脑持续不断地收到爱护公物的印记，久之，孩子爱护公物的品德自然就培养起来了。

对孩子偶然不爱惜公物的行为，家长不要不以为然，甚至纵容。比如，在书店，常常有孩子在家长带领下一边看书一边喝饮料，一不小心饮料都溅到了书上；还有学生直接就用铅笔在习题集上做题，导购员提醒后，家长还很不高兴，理直气壮地说："我们一会把书买下来不就行了，有什么大不了的！"等等。

如果这些细枝末节，家长从来都是采取忽视、放任的态度，这会让孩子从小就形成了损坏公物没什么大不了的意识，孩子长大后自然不会爱惜公物。

同时，对孩子爱护公物的教育也不能局限于一次、两次，家长对孩子破坏公物的行为要持续不断地给孩子施压，一次也不放过，直到孩子自觉唤起爱护公物的意识。对于意志力不强、随意行为较多的孩子来讲，这种一致性和连续性是十分重要的。

三、家长要用积极的行为影响孩子

家长是孩子的第一任老师，家长的言行对孩子有着潜移默化的影响。要培养孩子具有爱护公物的美德，首先家长要做爱护公物的表率，用正确的言行，给孩子良好的导向。

在一个阳光明媚的日子里，妈妈带着胖胖去公园玩。胖胖很高兴，在前往公园的路上一蹦一跳的。这时，妈妈看到路边的椅子上放着一个别人吃早餐时留下的塑料袋，妈妈走上前去就捡了起来，放进了垃圾桶。

到了公园胖胖就玩了起来。用手滑稽地摆着美猴王的姿势，逗得妈妈一直笑个不停。玩着玩着，突然胖胖看到另一根柱子上写了几个字"孙小美到此一游"。胖胖着急地对妈妈摇摇手说："妈妈，柱子上有字。"

这时妈妈走过来，看到字后，转过头来认真地看着胖胖说："宝贝，到公共场所玩的时候，不可以像这个小朋友一样乱写乱画，要爱护公物，知道吗？来，我们一起把字擦干净吧！"说着，胖胖和妈妈就擦了起来。

试想一下，如果家长这个时候对孩子说："不用管那些字，又不是咱们家的柱子。"恐怕下一回柱子上就又多了一行字"胖胖到此一游"。家长的行为，会让孩子知道什么是正确、什么是错误，孩子在家长的价值导向下成长，因此家长一定要对自己的行为负责。

身教重于言教，道理也在这里。

爱护公物不仅仅是孩子的必修品德，更是家长们不可或缺的人生课程。爱护公物只有从家长自身做起，才能真正培养起孩子根深蒂固的观念和行为。作为家长，教育孩子爱护公物先从改变自己的行为开始吧。

第17招 培养孩子一颗慈悲的心

一个健康的孩子就好比一棵树，必须以慈悲为根，正直为干，丰富的情感为蓬勃的枝丫，这样才能结出美丽的果子。如果我们希望自己的孩子能拥有幸福安定的生活，我们需要从小培养孩子拥有一颗纯真、善良、懂得为别人着想的心。

一、尊重生命从热爱动物开始

英国有句名言："爱我者爱我的狗。"把狗等同于人，这是一种尊重生命的表现，更能从中看出一个人的慈悲心。可爱的小猫小狗同我们一样，都是有血有肉的生命，这值得我们去爱惜和尊重。

很高兴的是，在街边我们经常看到这样的场景：迎面跑过来一只小狗，孩子会情不自禁地蹲下来，用手轻抚小狗的身体，眼里流露出爱怜的神情。

但有时也会有不和谐的情景，让我们惋惜：几个放学的孩子，发现了一只流浪猫。"打！"一个孩子一声令下，几个孩子一阵狂石乱溅，小猫已经没有了逃跑能力，只是趴在地上发出"喵喵"的声音，好像在寻求帮助。可这些顽皮的孩子仍不罢休，他们不知道从哪里弄来一些汽油，把汽油倒在小猫身上，然后点燃了小猫的尾巴，在孩子们欢笑声中，小猫在火蛇中奔跑、惨叫……

教育家苏霍姆林斯基说："从一个小孩如何对待鸟、花、树木，可以看出他的道德，他对人的态度。"一个连动物都不懂得爱惜的孩子，长大后也一定不会爱惜别人。

家长们，培养孩子拥有一颗慈悲的心，要学会从孩子小时候抓起，告诉孩子爱惜身边的小猫小狗，在条件允许下支持孩子饲养小动物。这样可以培养孩子的同情心和丰富细腻的感情。

二、让孩子学会同情别人

同情他人是一种慈悲的表现。孩子的同情心是一种非常珍贵的感情，它主要表现为孩子对别人痛苦的关心和安慰上。这种感情对于孩子个性的发展尤其是情感的发展，以及良好人际关系的建立有着非常重要的意义。

富有同情心的孩子往往心地善良，懂得主动关心别人，惹人喜爱；而缺乏同情心的人往往性情怪异，遇事易走极端，不易与人亲近，因而人际关系往往不好。没有同情心的人，心里没有晴天。

教育家卡尔·威特的父亲为培养孩子的同情心，从小就给儿子讲各种关于同情心的故事。附近的人们遭到天灾人祸等不尽如人意的事时，不管身份相称与否，威特父亲总要带着儿子前去看望。

威特也会把自己很不容易积攒下来的零用钱拿出来去慰问受灾者，这个时候，老父亲总是不失时机地表扬他："威特，尽管你的礼物很少，但是你做得很对。"威特父亲还为威特做了一个"行为录"，将他做的好事一一记录下来留作永久纪念。

威特受到这种鼓励和赞扬，从小就学会了对待别人要拥有一颗同情心。所以，每当威特父亲问儿子"威特，某某人在这种情况下是怎么做的"时，威特立刻就明白，怀着一颗同情心努力帮助别人。

孩子其实从出生后就在学习各种情感，而同情心好像往往与生俱来。他们对周围的一切，包括没有生命的东西都会表示同情，甚至玩具狗掉在地上，孩子也会一边把它捡起来一边说："摔疼了吗？我帮你揉一揉。"

但随着他们的成长，周围开始处处充斥着竞争与不安定。这种环境下，成长的孩子们耳濡目染地就学会了使用粗暴的行为及态度对待周围的人和事。这对孩子的成长是极为不利的。

因此在对孩子的教育中要增加培养同情心的内容，父母们可以为孩子多制造一些和人交流的机会，在交往过程中，让孩子体会别人的处境和心情，这样有利于孩子同情心的培养。比如，让孩子多参加一些"手拉手"活动，通过城市孩子和农村孩子的互动，让城里的孩子体会农村孩子没有书包、没有橡皮、没有玩具的感觉，鼓励孩子多给予帮助。

第18招 孩子应从小学会感恩

感恩，是自己对曾受到的恩惠表示感激。感恩教育是孩子一生中不可或缺的一课，它可以使孩子形成高尚的情操。

孩子懂得感恩，才会把别人的恩惠放在心中，才能孝敬父母和帮助别人；孩子懂得感恩，才会乐于奉献，并在奉献中找到欣慰和自我价值感；孩子懂得感恩，才会发自肺腑地去爱，才会以一颗认真的心对待学习……

感恩，帮助孩子拥有更加阳光的心态，孩子在感恩中加强责任感，从而更加严于律己，努力学习。感恩的心态，成就孩子的一生，孩子应从小学会感恩。

一、教孩子体会父母的爱

人们都说，母亲是最无私的，不要求孩子回报。对于今天的独生子女，妈妈做好了饭菜，孩子不问这饭菜是怎么来的，不问母亲为这顿饭菜付出了多少辛苦，也不管全家老少是否吃过，上桌就吃，吃得不顺口，还要大喊大叫闹"绝食"；爸爸给的零用钱，理所当然地收下，还不时说着："怎么才给这么点儿，抠门儿！"

父母对孩子倾注了满腔的爱，甚至爱到"无可挑剔"的程度，而孩子却把这种无私变成了一种理所当然的享受，为什么会有这样的结果？

记得有个孩子说："我们家很好，我爸爸爱吃鱼尾，我妈妈爱吃鱼头，我爱吃鱼身子。"其实，哪有只爱吃鱼头鱼尾的父母？不知道感恩的孩子，又怎么会有对父母的爱呢？父母们不应该只讲付出，也应该让孩子学会回报。

小磊是个独生子，但是他却很少对父母有关爱之情，也不能正确理解爸妈对他的关心。为此，爸妈伤心了好一阵。在一个教育专家的建议下，小磊的父亲采取了一系列的措施。

一个全家出游的日子，路上行人稀少，爸爸就问道："你觉得骑车有意思吗？"小磊说："没有骑过，不知道有没有意思。"爸爸问他想不想试一下，他愉快地答应了。爸爸把自行车推到孩子面前，告诉孩子："我坐在后车架，帮你稳住，你跨到大梁上。"

小磊凭借着自己的操作，自行车滚滚前进，这一下子让他很兴奋，兴趣陡然产生。可是毕竟还是小孩子，没有骑多久，就有些体力不支了，额头和背上就渗出了汗珠。最后，他喘着粗气停下来，好奇地问："爸爸，你每天骑车带我上学也这么累吗？"

爸爸说："尽管我的力气大些，不过每天也都挺累，尤其是上坡时候很费力气。"

星期一，爸爸照例骑自行车带儿子上学。骑到一个上坡处时，坐在后面的小磊忽然从车座上跳下来，用一双小手推起车来。

"谁言寸草心，报得三春晖。"孩子是在爱中成长，在爱中学会爱的。试想，如果父母对孩子只有一味地奉献、一味地关爱，而不让孩子了解父母所做的一切，不了解父母内心的真实感受，那么孩子就很难懂得感恩，很难会有对父母的爱。

所以家长无私的奉献是一种畸形的爱，因为爱也是需要双向交流的，家长应该要求回报，并教会孩子怎样去回报。中国有句古话："滴水之恩当涌泉相报。"家长们要成为孩子爱的"银行"，而不是"自动柜员机"。存进多少，你才能取出多少，付出才有回报。孩子只有首先学会感恩自己的父母才能学会去感恩别人，这才是一种升华的爱。

二、让孩子学会感激别人

孩子的成长离不开父母含辛茹苦地养育，离不开老师谆谆的教导，还离不开朋友的鼓励和帮助，汇众爱于一身，应该让孩子学会感激别人。

伟人之所以伟大，名人之所以成为名人，是因为他们都懂得感激别人。例如，伟人毛泽东，身为国家领袖，不忘师恩，邀请他的老师参加开国大典；国外的居里夫人，寄去机票，让她的小学老师欧班老师来参加镭研究所的落成典礼，并亲自把老师送上主席台……

因为感激，所以懂得了珍惜；因为感激，铸就了乐观向上、开朗的健康人格，从而成就伟大的事业！孩子要想成才，也要懂得感激别人。

在寒假里，妈妈带女儿去学游泳。每天课程结束时，妈妈一定会让孩子跑到教练身边说声"再见"和"谢谢"。女儿开始不太理解妈妈的做法，对妈妈说："我们交了钱，教练就会好好教我们的啊！"

妈妈就问女儿："教练今天教了你什么？当你不会的时候教练怎么做的？"女儿就回忆起教练手把手教自己的样子，并对妈妈说："我有一个动作不会，教练教了好几遍呢，一直在给我示范、指导……"说着说着，女儿笑了，看着妈妈又说："妈妈，我知道你为什么每天让我去和教练说声'谢谢'和'再见'了，因为你想让我明白教练对我的耐心指导和倾心付出，我应该学会感激才对。"

从那以后，女儿每天都会在课程结束后愉快地跑向教练，并对教练说声"谢谢"和"再见"。

虽然孩子与教练没有太多的交流，但从这样的小事中，孩子体会到了是因为别人的付出才带给了自己成长，应该从细微处懂得感恩和回报。这就是孩子良好品德的一个开端。

家长们在平日和孩子的相处中，懂得点滴地灌输孩子感恩的思想。比如，当带着孩子走在街上，看到节日的夜灯闪烁的时候，家长就可以告诉孩子是工人叔叔把灯一点点缠在树上，才让夜色如此迷人；告诉孩子，几年前，是医生阿姨在医院里昼夜值班才让他平安地来到这个世界；告诉孩子，学校的老师在寒假期间就要准备好新学期的课程。

通过这样的灌输，孩子就会知道一个人幸福的生活离不开许多人的帮助和工作，因此，在班级里，他们关爱伙伴才会有朋友，关心集体才会有快乐！孩子就学会了彼此合作和乐于助人。

教育家苏霍姆林斯基曾说："良好的品德是在童年时期形成的，如果童年培养成功，收获的将是一大笔财富。"家长爱孩子，就要学会在童年时期引导孩子感激别人，只有学会感激，孩子的胸怀才会越来越宽阔，力量才会越来越强大，未来的路才会越来越宽广。

第四章

孩子的知识是日复一日积累而来的

　　孩子的知识不是一天就能获得的，需要不断进行累积，就像一只蜜蜂要酿出一公斤蜜来，需要在100多万朵鲜花上采集花粉一样。

　　孩子只有不断地学习和积累知识，才能更好地掌握知识，这就需要家长帮助孩子养成不断积累知识的好习惯。每天都让孩子的知识多一点点，久了就可以变成一种力量。

　　其实，知识时时都在，这就需要家长具有一双善于观察的眼睛和一张善于表达的嘴巴，让孩子在目睹事物的同时，也能够耳闻家长的所见、所思、所感。这样不仅可以在孩子的脑海中加深对事物的认识，也可以培养孩子敏锐、细致的观察力，同时还可增进亲子感情。

　　让孩子积累更多、更丰富的知识吧，孩子知识多了，不愁学习不好。

第19招 循序渐进、让孩子爱上学习

　　孩子知道主动学习，是每一位家长希望的事情。他们期望自己的孩子有很好的自觉性，不用天天像跟屁虫一样跟在孩子后面督促他做作业、催促他关掉电视机等。但是孩子们往往令他们很失望，所以才有了那么多抱怨的家长。

　　一个孩子的学习态度如何，与其父母的榜样作用有着直接的关系。在很多情况下，父母爱学习，孩子就爱学习。如果父母每天只知道打麻将，那么孩子肯定也是一个贪玩的孩子。

一、给孩子创造一个好的学习氛围

　　家里有一个爱学习、求上进的气氛，孩子也会全身心投入到学习中。因为孩子生长在一种充满学习气氛的环境中时，很容易萌发一种自发学习的需要，以至形成一种千金难买的自觉学习的行动。

　　但一个调查表明，现在很多孩子缺乏良好的学习气氛：家长经常约些朋友晚上打牌、闲聊、外出跳舞等，虽然家长对孩子总是一味要求学习、学习、再学习，试想处于这类环境的孩子怎么可能安心学习？

　　因此，家长应负起责任，要想孩子好好学习，首先给孩子创造一个好的学习氛围。

　　一对夫妻经常向老师和邻居抱怨自己的孩子"贪玩"、"淘气"、"不用心学习"。有一次，孩子考试成绩不及格，当把试卷拿给父母看时，父母一下子火冒三丈，共同对孩子进行了棍棒教育，打得孩子哇哇大叫。

　　隔壁的邻居听到后，实在忍不住就跑过来说理，对这对夫妻说："你们整天让孩子好好学习，你们自己好好学习了吗？你们俩每天召集一大群人打麻将，却

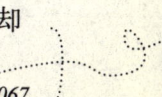

让孩子做作业，吵吵闹闹的，孩子能做得下去吗？"

尽管邻居言辞激烈，但夫妻俩一声没吭，都低着头保持了沉默。

从那以后，邻居再也没有听到他们打骂孩子了，他们家每天的麻将声也消失了。

古人云："近朱者赤，近墨者黑。"环境对于每个人的发展起着至关重要的影响。家长专心致志地看连续剧，却硬"逼"着孩子写作业，且不说孩子产生"你不让我看电视，我就不给你写作业"的不良心理，更严重的是，家长正在"培养"孩子干任何事情都不专心，注意力都不集中的习惯。长此以往，孩子对学习的兴趣只能减弱，成绩自然提高不了。

因此要求孩子做到的，家长应带头先做到，注重给孩子提供一个好的学习氛围，让孩子在好的环境下成长。

二、父母爱学习，孩子才会爱学习

父母和孩子接触最早、最多、时间最长，因而是孩子学习最直接、最具体的老师。父母的言行举止，犹如一本没有文字的教科书，时刻在影响着孩子。家长要充分认识"上梁"对"下梁"的关系，率先热爱学习，形成家风，以自己的言行熏陶子女。

很多家长都是靠单纯的说教来督促孩子学习，但自己却从来不作表率。家长说："儿子，你这几天总玩游戏机，就不能控制一下自己，把精力用到学习上吗？"儿子回答说："你还说我呢，爷爷经常告诉你不要在外面玩麻将，你怎么还总是整宿地玩呢？"

当家长们遇到这样的情况，估计都会语塞舌结吧。现在很多家长都认为读书是孩子的事，自己年龄大了，工作忙，没有时间或没有必要学习，只要督促好孩子就可以了。其实这种思想是错误的，家长应该树立终身学习的理念，不断提高自己的学习水平。很多调查显示，父母越有文化，对孩子来说就越有威信，父母说的话也就越有说服力。

有位心理学家提出了"舒适区"的理论。

有位商人搬了新家后买了一条价值上万美元的地毯。有一次他外出一个星期后回家，发现地毯中央被香烟头烧了一个小洞。显然他十分生气，就责成他的妻子第二天把它换掉。可到了第二天去换时，地毯缺货，一星期后才有，此时商人不再像昨天那么生气了。

就这样一星期后商人觉得那个小洞不再像刚看到时那么大了，甚至觉得无伤大雅，干脆不换了。

这个例子告诉我们，在开始时，每个人面对自己的缺点都觉得内疚，并要下决心改掉，可随着时间的流逝，这个缺点就会被慢慢淡忘并习以为常，但是它对我们的不良影响不会随着时间的推移而消除。每个人潜意识中总为自己"舒适"地活着找很多理由或借口。

也许当家长们在看电视娱乐节目，让孩子做功课时，起初会觉得不好意思，时间一长，习惯了，也就当作了理所当然。殊不知这对孩子的坏影响却一直存在着。父母如何将电视节目变成手中的书本，逃离"舒适区"，是一个严肃的课题。

三、帮孩子提高学习效率

很多孩子每天都在为一大堆的作业而发愁，经常有家长陪着孩子做作业到深夜。如果学习效率不高，那就更糟了。孩子们整天都在应付作业，玩的时间全被挤掉了。孩子产生疲惫，对学习提不起任何兴趣。

可见，家长们不但要让孩子爱上学习，还要在帮助孩子提高学习效率上下工夫。

小雪看的一本课外书上出现了长方体方面的题目，小雪在那里愁眉苦脸，百思不得其解。妈妈看到小雪皱眉的样子就关切地询问她，得知这是六年级的内容后，妈妈为了激发她学习的兴趣，先卖了个关子，对她说："等六年级学习的时候再说吧，其实二十分钟就能学会。"

孩子一听，兴趣一下子来了，说："妈妈，你不是说笨鸟先飞吗？我这次当回笨鸟吧。"

就这样，妈妈和小雪一起在课桌上研究起来。妈妈注重和小雪一起分析长方体的表面积，很快小雪就看出了其中的规律，总结出了定理。

妈妈这时把书翻开，上面明确地写着这一段内容需要5课时，而他们只花了几十分钟，而且小雪总结出的东西，与书中仅有个别文字上的差异。这让小雪备受鼓舞，信心大增。

学习的目的是掌握和熟练运用知识，其中孩子的自学能力在中间起着很重要的作用。从自学角度看，以大多数孩子的智力水平和理解能力，完全可以自行阅读教科书和参考书。

孩子自学，是一种智力上的探索，与课堂教学相比，这对于孩子来说更有刺激性，效果更好，效率也会更高。这位妈妈很聪明，抓住了帮助孩子自学这个方法来提高孩子的学习效率。因为父母进行亲子教学，效率上要比孩子上课听讲更高。

如果家长能引导孩子在轻松、愉快中自学，只要长期坚持下去，终究会看到孩子学习效率上的奇迹。学习效率提高了，孩子不再把学习当成一种负担，自然也就喜欢学习了。

第20招 认真耐心地回答孩子的问题

　　每一个孩子都是满脑子问号的小精灵，大问题、小问题，简单的问题、晦涩的问题，幽默的问题、严肃的问题，孩子的整个世界就是充满了疑问的世界。他们的问题，时而让家长尴尬，时而让家长欣喜，时而让家长惊讶。

　　如何认真而又正确地回答孩子问题是对家长的一种挑战。

一、别怕孩子问得多

　　孩子的小脑瓜里总是藏着许多"为什么"，尤其是在3~6岁的孩子身上。他们经常缠着家长，歪着脑袋问"这是为什么"、"那是为什么"，心理学上将这一时期称为"询问期"。这一时期的孩子喜欢提出"这是什么"、"怎么会这样"之类的问题。

　　询问期又分为"第一询问期"和"第二询问期"，前者询问名称，后者询问原因和过程，前者提问只是孩子想寻找某种表面上的可能，后者则标志着孩子各种能力的萌芽，比如求知欲、想象力、创造力、学习能力。

　　孩子询问期时，大脑迅速发展，随之也会促进语言与智力上的发展。因为提问是思索未知的钥匙，爱提问题的孩子表示他们热衷于探索一切未知的东西。如果这期间，家长对孩子的问题应答得当，就能促进孩子智慧的健康发展。

　　相反，如果家长心情好时就回答，忙的时候就敷衍两句，甚至不耐烦地批评孩子说："哪里有那么多为什么？"那么孩子的求知欲、想象力的萌芽也就在家长这些消极态度中磨灭了。

　　静静是个满脑子充满好奇和幻想的女孩子，和其他孩子一样，虽然年纪小小，她也是满脑子的问题："为什么石头是硬的呢？""鱼在那么冷的水里游泳不冷吗？""天上的星星会不会掉下来啊？"……只要是不明白的她都想问，想搞清楚。

开始的时候父母还是有耐心，加上问题简单，几句话就能说得明白。但后来，静静问的问题越来越多，父母干脆就置之不理。

一天，静静和全家一起出游，在池塘里看到一只青蛙。她想，为什么小青蛙一会儿在水里，一会儿在岸上呢？静静脑子里满是疑问，她走到正在钓鱼的爸爸面前问道："为什么小青蛙在岸上不会死掉？鱼在岸上就能死掉呢？"

此刻爸爸正忙得不亦乐乎，等着他的鱼儿上钩呢，哪有心情回答孩子的问题，就随便敷衍了一句："它是两栖动物呀。"这个回答愈发把静静的好奇心勾起来了。静静继续问起来："什么叫两栖动物啊？是不是两栖动物都可以在水里也可以在岸上的？"

爸爸这下彻底地不耐烦了，喊道："闭嘴！烦死了，你怎么那么多为什么？你去自己问青蛙吧。"这下静静显然被爸爸大声的呵斥吓住了，"呜呜"地哭了起来……

日常生活中，这样的例子很多。专家说，面对孩子这样一个个似乎无休止的问题，家长采取消极态度有时会打击孩子发问的信心。

无论孩子问出什么样的问题，家长一定要认真对待、认真回答。因为每个问题里都包含着孩子自己的好奇和热情，如果家长避讳不谈，或者采用欺骗的方式，那么只会让孩子陷入更大的谜团，以及让孩子对事物产生错误的的认识。这样对孩子的好奇心和认知能力是极为不利的。

有一个调查，研究人员记录下6名2～4岁儿童每天与父母、兄弟姐妹和客人的日常对话，从五百八十多份对话记录中发现超过三千一百处"为什么"。如果大人对孩子的提问敷衍了事，或采取批评的态度，以后孩子们锲而不舍重复提问的可能性比获得认真回答后重复提问的可能性少很多。

这也就是说，家长对孩子的问题作出认真并耐心的回答时，孩子继续追问的几率就会高，这样才可能让孩子从中获得知识上的满足。相反，孩子追问的几率就变低，知识的积累自然也少了很多。

因此，家长们一定不能嫌孩子问的多，而是应该多鼓励孩子发问并且认真、耐心地作出回答。

二、认真耐心地回答不等于急于回答

孩子对知识的渴求比家长想象中强烈，对于孩子的每一个问题，家长都应该让孩子感觉到被重视和有价值，并作出认真回答。但认真回答不等于急于回答，家长还是需要武装好自己的知识，给予孩子正确、有益于孩子成长的答案最重要。

倘若家长为了忙于回答孩子的问题，对孩子的发问给予了错误的答案，或者是作出了伤及孩子自尊心的回答，那么这种错误的知识可能会跟随孩子一辈子，受伤的心灵也对孩子终生成长极为不利。

比如，一个孩子看到"树大招风"这个词，就忙问妈妈是什么意思，这个孩子被告知树越大风越大。于是这个孩子坚信风是由树摆动扇出来的。这样的答案对孩子还不如不回答的好。

有时候家长巧妙地暂缓一下孩子提出的问题，或许能让孩子有更大的收获。

有个孩子对一个问题一直想不通：自己一直想考第一，却考了第二十名，而他的同桌却常常考第一。

回家后他问道："妈妈，我是不是比别人笨？我觉得我和他一样认真听课、写作业，可是，为什么我总比他落后？"妈妈听了孩子的话，先是一愣，因为他感觉到儿子开始有自尊心了，但这种刚萌芽的自尊心正在被成绩的排名侵蚀着。

她望着儿子，没有急于回答，只是笑了笑。又一次考试后，孩子前进了五名，他的同桌还是第一名。回家后，孩子又问了同样的问题。她真想重复那几句被千万个父母重复了千万次的话：你太贪玩了；你在学习上还不够勤奋；考第一的人，脑子就是比你灵……

然而这样的回答，难道是孩子真想知道的答案吗？妈妈反问着自己。她想给孩子的问题找到一个完美的答案。

一次，妈妈带孩子去看了一次大海。她和孩子并肩坐在沙滩上，她指着前面对孩子说，你看那些在海边争食的鸟儿，当海浪打来的时候，小灰雀总能迅速地起飞，它们拍打两三下翅膀就升入了天空。而海鸥总显得非常笨拙，它们从沙滩飞上天空总要很长时间，然而，真正能飞越大海横过大洋的还是它们。

现在孩子的成绩一直在提高，这位母亲庆幸自己没因为急于回答孩子的问题而伤到孩子的心灵。

家长反馈给孩子的答案以对孩子身心健康发展为标准，如果家长对于孩子的提问一时不知道如何回答，也可以暂缓一下，并向孩子作出解释："这个问题妈妈现在也不清楚，等妈妈弄明白了再告诉你好不好？"找机会再向孩子说明白即可。

并不需要因为急于回答，而给孩子一个错误的答案，或者是采取批评的语言伤害孩子。暂缓并不等于敷衍了事，而是对孩子更有益地回答。

三、耐心回答孩子关于性的问题

孩子心中有许多问题需要揭开，一个孩子刚刚会说话，就急于用语言表达自己的感受、看法，常常会问一些看似很"傻"的问题。孩子对性的好奇也是其中一部分。

"妈妈，我是怎么来的？"、"为什么男孩子不能穿裙子？"等等，这些都是孩子对于性的初探。

一天晚上，妈妈在床边给儿子讲故事："小母鸡下了几个蛋，过了些日子，小鸡仔就一个一个地从蛋壳里钻了出来……"

讲到这里的时候，儿子突然打断妈妈的话，问："妈妈，小鸡仔是从蛋壳里钻出来的，那我是从哪里来的啊？"

妈妈很惊讶，宝宝怎么会问这个问题呢？面对孩子好奇的眼神，妈妈温柔地说："宝贝是从妈妈肚子里长成的。爸爸身上藏着很多种子，有一天，爸爸把其中一个小种子就放进了妈妈的肚子里。它和妈妈肚子里的一个小种子结合在一起，然后生根、发芽，慢慢长大，等过了十个月后，医生阿姨就把你从肚子里拿了出来。"

儿子听了，好像很满意，不再说话了。

对于这种问题，父母要给予重视，不能用"你是我捡来的"、"你是从石头里蹦出来的"之类的话误导孩子。因为孩子没有判断力，又缺乏安全感，这样的话极易伤害孩子的心灵，让孩子觉得自己没有归属感，爸爸妈妈不疼他。

但在对孩子的性教育中，父母也不能一下子教得太多、太快。回答可以简短些，一两句或几句话，不要长篇大论，语言尽量接近孩子语言，只需点到为止。

其实，无论在什么场合，对于孩子提出的关于性的问题，父母都不用觉得尴尬，更不应该将不恰当的态度扔给孩子。父母们只需坦然面对，正确对待，用合适的语言让孩子明白即可。

第21招 多给孩子讲故事

讲故事是教育孩子最好的方法，通过给孩子讲故事，可以开发孩子智力，培养孩子良好品质。讲故事有增长知识、教育人、改造人的神奇作用。

孩子都是爱听故事的，一个个浅显易懂的小故事，描绘出了一个丰富多彩的世界，这本身对孩子就具有强烈的吸引力。故事中一个个寓意深刻的大道理，也是孩子成长的好朋友，家长要通过多给孩子讲故事来培养孩子。

一、讲故事——那些有益的事

给孩子讲故事是家长和孩子有意识、有目的、更积极的对话形式，通过这种阅读可以使孩子的情绪发展稳定，让他们感到外部环境的安全，从而带来心灵的安全。

3岁的晓雪，从她婴儿时起就再也没有见过奶奶。有一天，她被告知奶奶要来看望她，当她看见奶奶时显得很困惑，并好像受伤了似的缩了回去。头一整天，她跟着奶奶，但一直和奶奶保持着距离，还一直盯着奶奶看。

第二天早上，当奶奶看见晓雪在自己梳头时，就搬来一把凳子，坐在这个倔强的小孩跟前，开始同她低语起来：“嗯，我猜想，这上边的东西都是头发精灵的吧，你听说过头发精灵吗？他们住在小女孩的头发里面，比头发还小，当任何人试图梳理他们的头发时，他们就把自己微小的双腿卷曲起来；同样的，他们也紧紧地把自己细小的双手弯曲起来，不放开。”

就在奶奶停下来的时候，晓雪发出一阵怪异而微小的声音。“那什么是头发精灵呢？”一个稚嫩又充满好奇的声音传来。

看见晓雪的兴趣来了，于是奶奶就兴致勃勃地向她解释这个头发精灵的性质和起源，进而继续讲述他们那简单的冒险历程。接下来，每次奶奶停顿的时候，晓雪就会向奶奶要求道："再多讲一点嘛！"

当奶奶讲完故事后，晓雪急匆匆地从椅子上跳下来，坐到了奶奶的膝盖上。

奶奶应该感谢这个故事，这个渴望已久的信赖通行证就是通过一个故事得来的。

故事总是这样，本身的魅力可以让任何一个孩子向讲故事的人"屈服"。因为图和声音比文字更能带给孩子听力和视觉的震撼，通过图和声音，孩子的大脑对外部色彩、形状、颜色、语言的印象大大激活，这使得孩子在故事中可以充分体验惊奇和刺激。

除此，家长多讲故事还可以带给孩子很多好处。

△ 打开想象的翅膀

孩子都有一定的联想和想象能力，但是这种能力在孩子身上不一定都能充分地发挥出来，而讲故事就可以满足这一需求。

丰富的想象力是通过直接、间接的体验获得的。体验越丰富，想象力就越丰富。家长在给孩子讲故事时，孩子依赖丰富的图画和成人的语言描述，在头脑中再现故事场景，这可以极大地激发孩子想象的火花，让孩子的思维活跃，拥有想象的空间。

△ 接受品德教育

一万次空洞地说教，不如讲好一个好故事。好的故事不仅能美化孩子的心灵，更能促进孩子的进步。

每个故事都包含着一定的寓意和哲理，孩子在故事中可以通过角色体会内在的是非观念，明白什么是错误的什么是正确的价值观。孩子会觉得小鸭子不懂礼貌，小鹅懂礼貌，慢慢孩子就培养出要像小鹅学习做个懂礼貌的好孩子。

多给孩子的童年接近故事的机会，让知识和道理不再冰冷，不再晦涩，让孩子的一路成长中有故事相伴。

△ 增进亲子关系

对于家长来说，讲故事不仅是一个进行快乐教育的好帮手，更是一个可以与孩子共享、共进的绝佳机会。对于孩子来说，这不仅是学习人生道理的一扇窗，更是充满亲情的一种温馨。

讲故事时，家长的讲和孩子的听本身就是一种情感沟通，那种妙不可言的心灵对白，使幼儿的情绪健全而稳定。故事讲完后家长要注重与孩子进行细节上的探讨，善用温和的眼神，亲切柔和的语言，这种交流中亲子感情不自觉地就增进了。

二、怎样给孩子讲故事

故事对于孩子是一种精神食粮，每个故事都有不同的实质，每个故事都可以给孩子滋养。讲故事也是孩子童年时光中一段美好的回忆，父母要懂得珍惜和孩子一起分享故事的时光。

但是由于每个孩子的心理特征和智力水平不同，孩子对于故事的接受能力和理解能力也不一样，父母们如何把故事讲好，讲好故事，于是变得重要起来。

娜娜是一个聪明的女孩子，她对历史和文学非常感兴趣。10岁时，已在报刊上刊登了许多诗歌和散文，在班级里是个有名的小作家。然而，有一件事情妈妈很苦恼，那就是她的性格很沉默。

有一天妈妈在一本杂志上看到一篇文章，是讲如何通过讲故事的方法让孩子变得活泼、开朗，妈妈进行了尝试。

妈妈每天都在孩子睡觉前，进行一次讲故事活动。一开始由她讲，她还有针对性地自编一些鼓励孩子自信的故事，后来就让娜娜讲。开始只要求娜娜敢讲就行，后来由敢讲到爱讲；由讲得完整到有声有色地讲。

故事的内容要求也在逐步提高，由简单情节的童话到有针对性、知识性、趣味性、哲理性的故事、寓言。最后妈妈又让娜娜边讲故事、边表演，说和做结合起来，这不仅让孩子的口才得到了锻炼，也让孩子获得了很多课外知识。

现在的娜娜可以在学校里勇敢、自在地讲故事给同学听了，还参加了班级的故事会比赛，开始变得自信活泼起来。

教育孩子运用讲故事的方法是最有效的。传授知识，死死板板地教，孩子不易记住。用讲故事的形式教，孩子就喜欢听，并且容易记住；给孩子讲大道理，孩子不容易接受，但寓教于故事中，孩子就很好接受。

△ 内容和方式要适合

讲故事也要有讲故事的策略。讲故事不是家长不经过挑选，抓过一本书就给孩子读，而是根据孩子不同的成长阶段，采用不同方式讲。比如两岁以下的孩子，适合挑选表现单个物体的图画书，要注重多运用表情和手势来吸引孩子的注意，让孩子先养成集中精力的习惯即可；而对于两三岁的孩子，家长就可选用一些彩色的故事画片，或者具有完整故事场景的图画书来给孩子阅读。和孩子边看边讲，讲到某一个角色的动作时候，家长也可以让孩子表演出相关动作，这样更加深孩子对故事的理解，提起孩子的兴趣。

家长给孩子讲故事时，只要有充分的耐心与爱，尽可能地多讲，多和孩子交流，成为讲故事高手并不难。

△ 戏剧化一些

家长给孩子讲故事，语言要简练、鲜明、生动；表情要丰富，喜、怒、哀、乐都要富有形象性；感情要充沛，让孩子能受到情绪上的感染，能产生共鸣，只有具备这些才能吸引住孩子，使孩子从中受到真正的教育。

为了让故事变得更戏剧化一些，家长可以想方设法给故事里的每个角色安排不同的音色，不过这个时候父母一定要把"尊严"和"个人形象"先抛到脑后。比如捏着鼻孔说话，有时还需要爸爸们发出一些比较细柔的类似女人的声音等。因为只有这样，孩子才会有身临其境的效果，才能做到吸引孩子。

△ 不时地问孩子问题

给孩子讲故事是父母们体味为人父母的快乐的幸福事情，家长不能把它当成一种任务，像赶火车那样着急、目不斜视、照本宣科读完即可。

要从容，要沿着故事的发展情节，不时地问孩子一些有趣的问题，以此来引导孩子感受和理解故事中各个角色的心绪变化，强化故事的效果。比如，边讲故事边问孩子："你觉得白雪公主能获救吗？""小女孩会被大灰狼吃掉吗？"……

问孩子问题是家长给孩子讲故事中很重要的一个环节。问问题不仅能锻炼孩子的观察力、想象力和推理能力，同时也能够集中孩子的注意力，使孩子在听故事时特别专心。

但是，给孩子讲故事并不是在上课，不能采用教条式的提问"这个故事告诉我们什么道理"，这样只能让孩子产生排斥感。要让问题变成一种游戏，在轻松快乐中寻找答案。当孩子回答不出时，家长可以进行辅助性引导，以开拓孩子的思维。

第22招 激发孩子的求知欲

孩子的天性是好学好问的，对周围的任何事物都感到新鲜有趣，这就是孩子的求知欲。求知欲是推动孩子探求知识并带有感情色彩的一种内心需求，是孩子追求知识的源头活水。

一个求知欲强的孩子，喜欢用好奇的目光注视周围世界的一切事物，并能从中捕获自己需要的奇妙的猎物，从而来收获新的知识。因此，家长要珍惜孩子的求知欲，并学会激发孩子的求知欲。

一、别给孩子的求知欲浇冷水

孩子的求知欲，简单一点说就是"好问"。孩子总喜欢问一些问题，他们什么都想探究，并且认为在家长那里都可以得到答案，于是在牙牙学语时候，就开始缠着父母提些稀奇古怪或被家长看来根本就不值一提的问题。

如果家长们对孩子的这种好奇采用不理会或者拒绝的态度，久而久之，孩子就变成了"你们嫌烦，我不问就是了"。这种做法是不对的，孩子的求知欲是激发而来的，家长应该重视孩子的每一次提问并且给予积极地回应、引导，而不是给孩子的求知欲浇冷水。

沈括是我国宋代著名的科学家。他小时候就有着强烈的求知欲，对周围任何事物都保持着一颗好奇的心，总爱这打听，那观察，还喜欢把自己每天的见闻记录下来。

每当他遇到不明白的事情的时候，父亲总是那个可以认真听他诉说和帮他分析解答的那个人。小沈括的问题真的很多，似乎在他眼里，什么都变成了一种疑问。父亲并没有对他的这些好奇感到厌烦甚至训斥，他总是鼓励小沈括说出自己的问题，但并不是直接告诉他答案，而是让他自己先认真思考。

这时，小沈括总是找来很多资料研究，不懂的就问旁边的父亲，父亲也会和他一起分析、探讨，一步步地引导、启发他，直到小沈括自己推理出结果。

这让沈括从小就养成了良好的习惯，对事物不懂就问，并对事物之间的差异做出自己的分析思考，为他后来写《梦溪笔谈》打下了坚实的基础。直到今天，《梦溪笔谈》仍被人们称为传世之作，很多自然规律和生物习性仍然被后人作为参考。

对孩子来说，外面的世界是陌生的，但也正是因为陌生才会有强烈的好奇心和求知欲。孩子天性的求知欲为知识的获得提供了可能，即提供了"有"，家长应该抓住这个"有"着重指出"无"的存在，让孩子感到"该有"并看清"没有"。

这样不但可以让孩子求知欲望的"幼芽"继续成长，也可以让孩子"知其然，亦知所以然"，学习到新的知识。因此，家长们在任何时候都要记得：万万不能往孩子的求知欲上浇冷水。

比如，一个孩子问："为什么春天来了，花就开了？"如果父母等闲视之，随随便便给孩子一个答案敷衍一下，孩子不但对问题没有得到答案感到失望，反而以后问问题的兴趣也消失了，更不用说由求知欲带来的一系列推理思考能力了。

相反，家长要是热情地对孩子说："是呀，这个问题问得好，为什么呢？"然后给孩子作出解释，并提出启发性的问题引导孩子思考："冬天是不是很冷，所以树叶才干枯的呢？那么春天来了，天气暖和了，是不是树枝也长出了新的嫩芽？"……

家长如果以这般的热情，边给孩子解释，边引导孩子，孩子的求知欲自然就提高了，家长和孩子也得到了沟通。

二、从孩子的爱好入手，培养孩子的求知欲

孩子也有自己的一小片天地，他们会在自己的世界中自由玩耍，在玩耍中慢慢成长。他们会对某件东西感兴趣，或者爱好做某件事情，这时候就需要引起父母们的关注了。

因为只有父母对这些给予了足够的重视，孩子的这些爱好才有了发展的可

能。如果把孩子的爱好当作其实只是孩子昙花一现的喜欢，那么孩子的这一爱好很可能慢慢就消失了。

明明很喜欢小蚂蚁，他经常在没有任何督促和要求的情况下，花上一个上午去观察一群蚂蚁的活动。每次全家出去郊游，趴在地上，认真地观察蚂蚁也一直是他最爱做的事情。

一次，父亲发现了孩子的这个爱好，他看见自己的儿子正趴在地上看蚂蚁看得出神的时候，他也加入了，陪儿子蹲在那里认真观察。但是爸爸想：如果让儿子一直这样看下去，估计不会获得什么知识，还是要对孩子进行指导和帮助。

这一天，爸爸只是陪着儿子认真看，属于玩一样的情形，看这些小蚂蚁如何把一粒面包屑托运回家，怎样跑回去报信，带来更多的蚂蚁……

第二天，爸爸和儿子共同商讨了一份关于蚂蚁的"研究草案"：

在笔记中开设蚂蚁的专栏。

读有关蚂蚁的书，并做读书笔记。

了解蚂蚁的生理特点：吃什么？用什么走路？如何工作？

了解蚂蚁的生存特点：蚂蚁群里有没有王？他们怎么样养育下一代？

有了目标，孩子的求知欲更加旺盛，如果说开始他只是觉得好玩，现在的他觉得更有意义。在研究过程中，新问题也是层出不穷，让孩子不断有追求答案的动力。

后来，在这项研究中，儿子不但学会了如何获取知识的方法，而且也锻炼了他达到目的的毅力，把爱好转化为了知识。

爱好是孩子对事物的主动选择，如果父母们能从孩子的爱好着手激发孩子的求知欲，那么必能收获事半功倍的效果。因为对于孩子自己喜欢的东西，孩子会产生强烈的学习欲望，并在学习中获得满足感、愉悦感。

相反，总是一味强调孩子好好学习却不让孩子对自己喜欢的东西碰碰、摸摸的家长，结果可能更让人失望。

因此，如果你的孩子迷恋恐龙，你就可以经常带他去自然博物馆，或者到图书馆里给他借一些史前动物的画册，甚至也可以给他买一些模型玩具，让他在家里随时上演侏罗纪大战。孩子的爱好得到尊重，父母们再加以引导的话，相信孩子的求知欲会大大增加的。

家长不要对孩子迷恋一些冷僻的知识表现出失望或担忧的神色，恰恰是这种独一无二的爱好更能够让孩子的求知欲维持得长久。

　　所以，尝试从婴儿期开始培养和捕获孩子的爱好吧。最简单的做法就是，家长给孩子自由，让他尽可能多地接触外界事物，并且给他足够的时间去探索和发现。

第23招 合理利用游戏

喜欢游戏是孩子的天性。每个孩子都是爱游戏的，在游戏中孩子能感觉到充分的放松、自由和快乐。但很多家长把孩子的游戏当作是一种"错误"，认为孩子爱游戏就是"贪玩"，他们对孩子最爱说的一句话就是："就知道玩，快去做作业去。"孩子的游戏戛然而止，不满和压力悄然出现。

一、小玩具，大名堂

说起孩子的游戏，那么必然会说起孩子的玩具。玩具是孩子游戏的工具，也可以说是孩子最爱的东西。鲁迅先生说："玩具是儿童的天使。"这句话一点也不假，如果家长可以科学合理地利用玩具培养孩子的心智，那么每个孩子都可以变成一个既聪明又快乐的天使。

大教育家卡尔·威特就很注重利用玩具培养孩子的智能。卡尔经常和儿子玩一种厨房游戏，把厨房里的厨具当作玩具。卡尔帮助孩子模仿、给他提供指导，还给儿子买来大小不等的容器。

卡尔指导孩子就像他们平时对待食品储藏柜一样，先往里面放了沙子，然后将其中一个容器里的沙子称作面粉，将其他容器中的沙子称作大米、饭、食盐、牛奶，等等。将这些配料准备好以后，卡尔和儿子开始分配角色，如果儿子选择了当作厨师，就会问他烹调什么东西。然后进行进一步指导。

卡尔吩咐儿子，教他什么该放在这个盘子里，什么该放在那个盘子里。例如，他让儿子必须去花园采摘做汤用的蔬菜，如果告诉几遍，儿子还是采摘错了，那么卡尔就会把他"降职"，并把"降职"的原因告诉儿子。这时儿子只能作为一个厨房里的帮工了。

"我们经常在一起演一种戏。这可以让他对生活中的许多情况产生正确的认识。"卡尔·威特说。

现代教育思想认为玩具不仅可以满足幼儿好玩的天性，而且是培养幼儿良好的智能和健康心理的重要帮手。利用各种玩具模拟各种情景，不仅能让孩子在游戏中变得心灵手巧，也让孩子在游戏过程中学会坚持，懂得尊重、谦让。

在孩子生活中家长就可以利用一些日常物品充当玩具，"每样东西都可以当作玩具"。卡尔·威特也说过，围绕这些玩具设置一些生活游戏，或者让孩子自己根据玩具来想象一些生活游戏，并用玩具来完成游戏。

例如，又漂亮又可爱的洋娃娃玩具，如果孩子只是单纯地抱着玩，那么时间长了就会感觉到生厌，也不会启发孩子任何智能。这个时候，家长不妨引导孩子模拟一个"晨起"的生活游戏。

让孩子自己动手给洋娃娃洗脸、穿衣服、梳头发、扎小辫，还可以教孩子学会用针线给洋娃娃缝制衣服，这样孩子就不再是单纯地摆弄玩具，而是变成了学习生活中的小技能，小技巧。

通过这个游戏，不仅孩子的小手开始变得能干，懂得了自己的事情自己做，也让孩子深深地体会到了母亲每天为自己所做的事情是多么的辛苦，一种感恩的心理也会逐步形成。

家长应多多采用一些具有教育意义和引导价值深远的游戏，把玩玩具与学习、品德教育结合起来，让游戏中的每件玩具都变"活"。这样不仅让孩子玩的天性得到了满足，也让孩子的学习兴趣和品德教育得到了的培养和启迪。

二、游戏让孩子更聪明

小雅很喜欢洗手，可不懂如何把手洗干净，每次都是把衣服弄得湿漉漉。可是妈妈并没有阻止孩子的行为，而是看到孩子自愿洗手的劲头，就顺势抓住时机，自编了洗手儿歌："小小手儿伸出来，水宝宝和我做朋友，先搓手心一二三，再搓手背一二三，我的小手洗干净。"

每次陪孩子洗手时妈妈都会重复地念这首儿歌，并且边念边告诉孩子，洗手前先把袖子拉上一点点，水龙头开得小一点，先搓手心，再搓手背。通过形象的洗手游戏，加之妈妈每天的重复，小雅很快就掌握了基本的洗手方法，自己会洗手了。

小雅不会用肥皂，妈妈就让宝宝开始了一个新的游戏，于是肥皂就成了她的新玩具。妈妈在小雅的手脏乎乎的地方来来回回地擦上肥皂，小雅看到肥皂和水用手搓产生了许多泡泡，就开始觉得兴奋，玩了起来。在玩中她发现肥皂泡越搓越多，泡泡渐渐由白变黑，被水冲走了。

于是小雅就又在这玩肥皂泡泡的游戏中渐渐学会使用了肥皂。

在孩子的成长中，游戏就像维生素一样不可或缺。孩子在游戏中既能收获生理上的健康，也能收获情感上的快乐，还能收获社交中的合作意识。让孩子在游戏中培养智力，陶冶情操，是家长们应该积极倡导的理念才对。

△ 做游戏小主人

家长在孩子游戏过程中要提供给孩子一个自由、轻松的空间，不要对他们的"破坏"横加指责，更不能干预孩子的玩法，让他们自由发挥。让孩子在心里和物质环境中做游戏的主人。

游戏之后，让孩子学会自己整理自己的玩具，让他们把玩具放回原处。家长可以采用儿童的语言对孩子进行交流，"车子该进车库了"、"布娃娃得睡觉啦"等等。这样孩子会明白其中的意思，也不会产生反感，时间久了，就会养成小主人的习惯。

孩子最人的缺点就是自制力差，所以家长让孩子玩也可以，但也要在时间和玩什么上进行控制。比如，有些孩子沉迷于网络游戏。家长就要对孩子进行积极引导，多编一些有益于身心健康发展、智力发展，符合儿童身心特点的游戏，这种游戏才能促进孩子健康成长。

△ 户外活动少不了

蓝天、白云、小鸟……这些大自然赋予给人类的美好景色，也应该让孩子感受得到。现代的家庭，就像是密闭在一个固定的空间里，孩子更是像笼中的鸟，每天只看得到有限的景色。于是很多人说现在的孩子就是温室的花朵，经不起风吹雨打。

家长应该给孩子接近大自然的机会，多和孩子出去走走，多举行一些户外活动，让孩子呼吸大自然纯净空气的同时，也陶冶一下他们的情操，视野会变得更开阔。这比总是把孩子圈在房间里更能获得丰富的知识。

第24招 时时处处教孩子知识

许多父母感叹自己的工作太忙，没有教孩子的时间。但教育专家认为，评价孩子的教育是否成功，不能由专人施教决定，如果父母们能将教育融入生活，时时处处都具有教育孩子的意识，孩子一样能获得知识，飞快地进步。

一、生活中，时时处处有知识

知识有时就像个环境，孩子就像生长其间的植物，环境里的土壤营养是否充足，水分和阳光是否适当，都会影响到孩子这株"植物"的"精神生命"和"物质生命"。因此，丰富孩子的知识，就等于丰富孩子的环境。

知识，时时处处都有，家长要学会随时随地地挖掘，只有这样，才可以提供给孩子一个好的大环境。

有一次，屋外哗啦啦下着雨，儿子打着雨伞站在雨中，将伞飞快地旋转着，甩得雨花四处乱溅。妈妈没有批评他，而是躲到伞下，和他一起玩起来。

"儿子，你为什么要转伞呀？"

"好玩。"儿子开心地回答。

"怎么个好玩法？"

"好多雨点被我甩出去了，你看。"

"噢，它是怎么甩出去的。"

儿子大概不明白妈妈的意思，并没有回答妈妈。于是，妈妈接着启发他："它朝什么方向跑出去的？"这下，儿子认真地边转伞边琢磨起来了。过了一会儿，他指了指伞骨尖端："是从这儿斜着飞出去的。"

"你把伞停下来，看它又是怎么跑的？""当然是直的往下掉。""这说明了什么？"儿子想了想，终于说："转和不转，方向不一样。"

看着儿子兴趣正浓，妈妈又和他一起聆听雨声，教起孩子学习说象声词来了，妈妈说一句"吧嗒吧嗒"，儿子说一句"滴答滴答"。接着妈妈又和他一起打着伞步行，观察雨点跌落到池塘里、石板上的情景，静听打在芭蕉叶上的声音……

这位母亲，懂得如何利用生活中的点点滴滴来教孩子知识。只要每位家长都像这位母亲一样细心，相信孩子的知识储备会越来越丰富。

一个孩子如何丰富自己的知识，不仅依靠书本，其实生活也是一个好的课堂，而且是更广阔的课堂。只要家长在这个生活课堂里做好细心、用心，孩子会在这个课堂里学习到丰富的内容。

二、随时随地教孩子知识

有一句话说得好，"活到老，学到老"，这句话道出了知识的普遍性和丰富性，也暗示着家长们，其实知识是随时随地都有的，无论哪一方面都是知识的来源，因此，家长就可以随时随地教孩子知识。

一次德国科学家魏格纳病了，躺在床上无所事事，偶然看到墙上贴着一张世界地图，就仔细地反复观察，发现南美洲东海岸和非洲西海岸大致可以吻合，巴西东端凸出部分与非洲西端凹进的几内亚湾正好可以拼起来。

后来他又发现某种恐龙化石在大西洋两边的美洲、非洲都有出土，恐龙无法跨越大洋。另外在美国和欧洲还发现了同一种蚯蚓。由此看来，过去世界上的大陆应该是连成一片的，由于地壳运动才分成五大洲。他终于创立了著名的大陆漂移学说。

伽利略在17岁时，有一天去比萨大教堂集会，只见他把头抬得高高的，呆呆地望着天花板，一动不动。别人以为他听牧师讲道听得出了神，其实，他根本没听进一句话。那么他在做什么呢？

原来他对天花板上的一盏吊灯的摆动发生了兴趣。经过观察，他发现吊灯摆动的幅度虽然慢慢减小了，但摆动的周期还是不变，即摆动周期与振幅无关。他带着这个问题观察了许多不同标准、不同形状的钟摆，得到了证实，从而发现了钟摆摆动等时性原理。

这些伟大的科学家的成就，没有一个不是来自于随时随地对生活的观察。他

们知道，知识是时时处处都存在的，关键是自己有没有一双独特的慧眼。

教育孩子也一样，其实知识是非常普遍的，家长要学会随时随地地教孩子用眼睛去发现，然后再用心引导孩子，这样孩子的知识就会逐渐增加起来，视野也会变得越来越宽阔。

三、知识给孩子插上想象的翅膀

孩子的联想力有赖于广泛的知识积累。人们在进行思维时，会调动头脑中的知识储存，头脑中储存的知识越多，其联想和想象就越丰富，越开阔，越深刻；反之，知识越贫乏，其联想和想象就越狭窄和肤浅，有时甚至完全失真。

由此可见，丰富的知识积累让孩子的联想更丰富。

家长要知道教育孩子其实有很多素材，那些不起眼的小环境也有知识可学，也有智力因素可挖。生活处处有知识，要让孩子经常做思维体操，引导孩子回答像什么，回答想到什么，以此来锻炼孩子的联想力。

只要时时刻刻让孩子知识丰富起来，孩子的联想力才能扩大。孩子才会在看到"天"，他会想到"大"，看到"秋"，他会想到"秘"……有联想才有比较，有比较才有鉴别，但是孩子的比较鉴别能力都是来源于孩子对事物的表象知识，因此，时时处处教孩子知识是重中之重。

第五章

耐心培养孩子的自信

　　每一个做父母的都希望孩子拥有自信，因为自信可以使孩子更加快乐，使孩子做任何事情时都充满信心，从而确保孩子学会更好地学习、娱乐、爱和沟通。

　　人的自信并非遗传而来，而是后天培养的结果。孩子的自信培养不能急于求成，需要家长足够的耐心。

　　随着孩子年龄的增长，孩子的自信也会时高时低。在孩子陷入困境时，他们会变得脆弱和易受伤害，并导致其自信水平降低，家长应当给孩子们提供更大的帮助，而非批评和打击。

　　耐心培养孩子的自信，点滴关心孩子、赞扬孩子，别让孩子因为一次错误就自我否定，而是让孩子在一次次尝试中建立起持久的自信。

第25招 发现和放大孩子的闪光点

每个孩子都有值得肯定的地方，这就是他们的闪光点。有的因为勤奋，有的因为善良，有的因为爱劳动，有的因为外貌漂亮……

家长们要用放大镜去发现每个孩子的闪光点，并用世界上最美的语言去赞赏孩子的这些美好。在不断受到肯定的环境中长大的孩子会更自信，自信的孩子更能走向成功。

一、客观综合评价孩子的优缺点

家庭教育是培养有个性、有自信的孩子，一个好的家庭教育者必须能够发现孩子的一个个特别之处，孩子所拥有的闪光点。中国青少年研究中心副主任、研究员孙云晓教授曾说过："成功父母与失败父母的区别是，前者将孩子对的东西挑出来，把他的优点挑出来，而不明智的父母，一眼就看到孩子的缺点。"

很多家长都把学习看作是孩子优秀与否的关键，分数更是唯一的评价标准，孩子的分数高，就是一个优秀的孩子，分数低孩子就一无是处。家长应该全面考察孩子，不能单纯以学习成绩为标准。

小杰是个让妈妈很头疼的孩子，不好好努力学习，还总是调皮捣蛋。妈妈每天接他回家的时候，总是能听到一系列"罪状"：打人、骂人、抢小朋友玩具、扯女孩子辫子等等，惹得小朋友们都不喜欢他。

就在小杰妈妈也承认他为"坏"孩子时，一天，老师改变了妈妈的想法。

在一次活动结束后，孩子们忙着整理自己的玩具。不知道是哪个粗心的小朋友把一块积木掉在地上，好多小朋友走过去都没有发现，最后有一个小朋友在回位的时候发现了那块积木，他对着那块积木看了看，老师以为他会捡起来，结果那个孩子却是来踩那块积木玩的。

正当老师向那块积木走去的时候，没想到平时很调皮的小杰居然迅速走过去，弯腰把积木捡了起来并送回了物品筐里。孩子的表情是那么顺其自然，没有一点矫揉造作，没有一点虚情假意，只是像在完成一件极为普通的事情一样。

因为这件事，老师特意把小杰表扬了一番，让全班小朋友为他鼓掌，给他"贴星星"时，老师告诉他，她很开心小杰这样做，还抱了抱小杰。

妈妈听到后，陷入了深深地沉思，她改变了自己对孩子的评价，也开始注重发掘孩子闪光的一面。自那之后，昔日的"调皮大王"变得可爱起来。

有时候家长真的需要从心底真正地反思自己，让自己认识到，每一个孩子都有闪光点，作为孩子的第一任老师更要注重从细节处发现孩子这些闪光点并将其放大，而不是紧紧抓住孩子的缺点不放。

一个优秀的孩子有很多面，也许每一面都可以让一个孩子变得优秀。家长不能简单地盯住学习这一面镜子，而应对孩子进行立体的、全方位的综合评价。

即使是学习本身，也应该综合分析，不能只认准分数，比如，孩子的学习认真程度，各门课程情况，字迹是否工整，课外知识是否丰富等，都应该考虑进去，在这些方面，家长总会发现孩子具有的与众不同的闪光的一面。

因此，家长不可以对孩子"只攻其一点，不及其余"。

二、拿放大镜看孩子的优点

家长们要善于发现孩子的闪光点，并根据孩子的特点，因材施教，当孩子有进步时，要及时给予鼓励和表扬，使孩子认识到自己存在的价值，增强自信心。

一直以来，我国家庭教育都是建立在"纠错"基础之上的，对孩子的缺点异常敏感，这种教育容易让孩子失去个性，变成一个按照家长要求来雕刻自己的形象，没有鲜明的棱角，个性不突出。

为了让孩子们健康快乐地成长，家长应该从这种旧观念里走出来，多多发扬"扬长"教育模式，也就是多拿放大镜来发现和观看孩子优点。

超超、小琪在花园里一起商量着要建一个"动物园"，搭建熊猫馆。两个孩子边商量，边兴致勃勃地开始搭建起来，玩得不亦乐乎。超超负责运送材料，还时不时地给小琪提些建议："熊猫馆的门要留大些，熊猫的身体圆圆胖胖的，否则进不去；门外还要再种些竹子，大熊猫最爱吃竹子了。"

超超跑来跑去，忙得不亦乐乎。可是由于他的身体较胖，动作不灵活，一不小心，碰倒了小琪好不容易搭起来的熊猫馆。小琪立刻大叫起来："你怎么这么笨，什么都做不好，还总添乱。我不和你玩了。"

超超听了她的话，一阵委屈涌上心头，眼里含满了泪水。他垂头丧气地穿上鞋子，默默地走到妈妈身边，问："妈妈，我是不是很笨？我什么都干不好。"妈妈这时立刻向他伸出大拇指，笑着对孩子说："超超才不笨呢，我刚才都听见了，你给小琪提的那些建议都非常棒，真有小小设计师的模样呢。而且你在运送积木时，跑来跑去那么累，但是你没喊过一声苦，一看就是一个真正的小男子汉。谁要是有你这个搭档，真是太幸福了。只要你做事的时候再小心一点，不要那么大意，你肯定会做得更好。"

听了妈妈的话，超超脸上重新露出了自信的笑容，又跑过去和小琪玩了，小琪也红着脸说："超超，刚才是我不好，我们俩重新搭吧！"。

父母们都是望子成龙、望女成凤，希望自己的孩子比别人的孩子做得好，能够出人头地。因此，对孩子的要求也是随着提高，每当孩子取得成绩兴奋地跑向家长时候，父母们总是一句话："不许骄傲！"对孩子的成绩似乎熟视无睹一样。

如果家长对孩子说一句："你真棒，但是不可以骄傲，妈妈相信你下次也一样可以取得好成绩。"两种回答，两种效果，既让孩子得到了满足，也让孩子明白了注意事项。

相反，孩子出现了一点错误，家长总是扯出一系列的毛病来加以指责。这样做就像蹩脚的工匠，不可能造出完美的瓷器。父母们这样做，也培养不出优秀的孩子。

其实每个孩子都有他们的闪光点，家长们应不断地拿着放大镜在孩子身上寻找有价值的行为，多学会用赞扬的方式，增强孩子的自信心。有时，哪怕是沙里淘金，哪怕是微小的一点闪耀，家长都需要放大几倍来看，对孩子露出一个充满信心的微笑，让孩子在自信中成长。

第26招 赞美孩子的每一点进步

孩子的成长是一个漫长的过程，成功要一步一步地实现，而不是一蹴而就。因此，对于孩子在跋涉的过程中出现的每一点进步，家长都应格外敏感并及时地给予赞美。

戴尔·卡耐基曾说过："当我们想改变别人的时候，为什么不用赞美代替责备呢？纵使只有一点点进步，我们也应该赞美他，只有这样才能激励他，不断地改进他。"

一、鼓励孩子点滴的进步

有一部电影开头，男孩的旁白是这样的：我叫杰瑞，今年8岁，我一点也不笨，我每科成绩都拿甲等，但是我的妈妈却很少称赞我，还常常骂我为什么不再拿更高一点的分数。

很多孩子都是处在这种尴尬中，无论他们做得多好，在家长那里都得不到认可，家长总是告诉他们"不断进步，不断进步，不断进步"，可是每一次孩子取得进步他们却没有给予赞美。

每一个孩子都具有天生向上的本能和把事情做好的自信。赞美孩子的每一点进步，会让孩子更充满前进的信心和勇气。

小军是班级里有名的小书法家。小时候，妈妈给小军买来字帖，但从来不强迫小军练习，小军高兴了就拿出来写两页。但只要小军一写，妈妈就会立即走过来，显示出欣赏的表情："这字是怎么写的？很好啊！你什么时候学的呀？怎么比上次提高得这么快？"不管写得好不好，小军总能得到妈妈这样的赞美。

写完后，妈妈还总要在小军写的字上画圆圈，帮助小军修改指正。她常对儿子说："只要今天比昨天强就好。"在小军感觉到每一次的进步时，就有了更加努力练习书法的劲头。

妈妈还喜欢收藏小军的作品。从小军刚开始学用毛笔写字的时候，妈妈就开始"收藏"，无论是那些写在废包装纸上，或是写在废信封上的歪歪扭扭的字，还是现在很规整的书法作品，妈妈都像"宝贝"一样收藏起来。

这更让小军有了被珍视和关注的感觉，后来慢慢地真的爱上了书法。就这样妈妈把小军拉到了书法这个门里。

赞美也是从一点一滴开始，今天孩子的考试成绩从40分提高到了50分，学会了自己缝补衣服，自己找到了一个错别字……这些看起来芝麻绿豆的小事，如果家长能够重视起来，并及时地给孩子赞美，那么明天孩子的成绩可能就是从50分提高到了60分，学会了做更多家务，错别字慢慢就消失了。

当家长对孩子的每一点进步都表示赞美的时候，话语虽然简单，但孩子却可以心领神会，并激起自信，长久下去就可以看到非常显著的效果。例如一句："宝贝，妈妈非常高兴，你今天把脱下的袜子自己洗干净了。"就这一句赞美之词，会提醒孩子一连多日都记住自己洗好袜子。

告诉孩子"比上次强就好"，只要在努力，哪怕这次只有一点进步也是一份巨大的收获。

二、抓住每一个进步点

孩子的自信从何而来？它建立在别人的欣赏之上，尤其是来自于家长的欣赏。抓住孩子每一个进步点，及时地赞美孩子，就是给孩子最美的欣赏。

作为家长，抓住孩子每一个进步点就是肯定孩子做的每一次努力，这比结果更重要。不要因为自己的孩子不聪明而气馁，而应该为孩子的不努力而担心。也许，有的时候孩子取得的结果是错误的，但是其间所付出的努力还是值得肯定的。抓不住这个进步点，家长就只能让孩子更消沉下去。

一个6岁的男孩叫杰克，一天，他把大块小块的木板搬到花园里，还拿了爸爸修理房子的工具，费了很多力气和时间，终于在花园里给自己最爱的狗狗搭建了一所房子。

搭好之后，孩子高兴地跑向妈妈，说："快来看啊，妈妈，我给咱们家狗狗搭建了一所小房子，怎么样？"

妈妈看过去，这所房子真的是太普通了，还有一块木板翘起来了，真的是似是而非。但妈妈转念想到，这毕竟是孩子的心血，于是笑着对杰克说："不错，我们家小杰克可以帮助狗狗建房子了，懂得爱护小动物真值得表扬，不过我觉得如果你再修整一下，房子一定更漂亮。"

在妈妈的赞美声中，孩子又跑向房子，把那块翘起来的木板用钉子稳住，还给房子粉刷了油漆。全部整理好后，杰克再一次跑向妈妈，对妈妈说："我粉刷了油漆，妈妈你觉得漂亮吗？"

妈妈这时看到了孩子的小手已经被涂料染得五颜六色，看到孩子这样的积极性，妈妈连连称赞房子漂亮。杰克笑了。

有时，成功只是比失败多努力了那么一点点，只要孩子懂得勤奋，进步一点点，家长就要为孩子的这点进步竖起大拇指。

其实，年龄小的孩子能做好一些"简单"的事情已经很不容易了。要知道骄人的成绩都是从这些"简单"的行为累计起来的。因此，家长要注重发现和探索孩子的每一个进步点，只要有助于增强孩子做事的积极性，家长就要慷慨地给予赞美。

这种赞美能够培养孩子积极的心态，对孩子继续发扬优点和改正缺点都是必不可少的。

三、不讳言孩子的失败

没有谁能事事成功，也不是任何事一次就能做好。孩子只是孩子，没有生活的阅历与经验，处在人生中摸索的阶段，家长更没有权利要求他事事做到完美。

就像家长自己一样，孩子也需要从磕磕绊绊中走过，失败也是必经的路。家长不要讳言孩子的失败，失败并不可耻，告诉孩子如何面对失败，如何从失败中走出来，这才是家长需要做的。

幼儿园里，老师要求小朋友用左右手拍球30次。小梅动作欠协调，拍到20多次的时候，球滚掉了，小梅两眼直望着老师，又着急又害怕，眼泪就要流出来。

怎样给她打分呢？打"×"？标志着失败，若打"☆"，又不符合事实，失去了游戏的真实与趣味，对其他孩子不公平。能否打出一个既不打击孩子自信又不有失公平的记号呢？突然老师灵机一动，想出了一个好主意。

老师走到小梅身边，在她耳边悄悄地说："你拍得很好，只差几个球，离

'☆'只缺一条边。"老师又走到黑板前在小梅名字后面打了一个缺一条边的"☆"。这时小梅破涕为笑，承认自己与其他人相比是差了一点点。

但是小梅在这以后的活动中更充满自信，第二次拍球终于成功，老师不仅给她打了一个"☆"，还在第一个缺条边的"☆"上添了一条边，因为小梅不怕受挫，仍然继续努力。

这位老师很聪明，缺条边的"☆"虽然也表示不成功，但不是结果，仅是一个过程，暗示孩子离成功仅一步之差而已，但是这样做的结果却给孩子带来无限希望，增强了孩子成功的欲望。家长在孩子失败问题上也应该向这位老师学习。

赞美孩子的每一点进步，就是不讳言孩子的失败。当孩子为"失败"而沮丧时，父母不应以怜悯的态度对待孩子，或者在孩子面前唉声叹气，甚至劈头盖脸地责骂孩子。

正确的方法是让孩子明白，失败、错误没什么大不了的，人人都可能碰到，只要去做了，哪怕只做到0.01，也比0要大。只要懂得从失败中吸取教训，继续努力，然后再取得好成绩，这就是好样的。

第27招 让孩子告诉自己"我能行"

让孩子自己相信自己，是一个重要的个性品质。因为自信心是一个人在事业上取得成功的必要条件。让孩子告诉自己"我能行"，就是让孩子对自己的未来充满信心和希望，而又不断进取的品质。

"不是每颗种子都能长出庄稼。而我是种下去就能丰收的那种人。"2004年雅典奥运会男子跳水三米板冠军彭勃曾这样对自己说。正是因为他对自己的信心，他才能站在领奖台上。孩子也一样，家长要让孩子时刻告诉自己"我能行"。

一、让孩子对自己有积极的认识

孩子很多时候对自己没有一个正确的认识，因为他们正处于一个需要别人引导、帮助和认可的时期，他们对自己的潜能、长处和不足往往没有什么认识和把握。也往往由于这种自我认识上的不足，在遇到困难和挫折的时候就容易气馁和堕落，家长一定要帮助他们形成一个积极的自我认识。

华华现在开始学习10以内的加减法了，前面较小数字的加减比较简单，可是到了现在稍微大一点数字的加减运算时，她就显得很没有信心。因为可以用的算术式越来越多，她学习起来的难度也一点点加大了。

每次做题目的时候，华华总喜欢拿个手指头算来算去，但每次又算不对，不是多一个就是少一个，妈妈看见华华的样子之后就走过去辅导她，问她："10可以分成几和几呀？我相信你能把它做出来的，你一定能行的。"

华华在那拿着铅笔很紧张和着急的样子，望着妈妈。可能是她不敢确认自己的答案到底对不对，于是妈妈就又用鼓励的语气对她说："你相信自己，肯定行的，不要害怕出错，如果错了，改掉就行了。不是吗？"

这时她才怯怯地回答说："2和8"，妈妈笑着拍着她的小脑瓜说："是呀，你这不是做出来了吗？为什么还要用手指头算呢？"这时华华点头说道："是的，我会做的。"

以后每次做作业的时候，华华自信多了，并且每次做完作业给妈妈批改的时候，如果全都对了，她就会在一旁对妈妈说："妈妈，我会的，是不是呀？"妈妈这时也会笑着对她说："是的，你会的，只要你相信自己。"

是呀，对于自己的孩子，只有你对他充满信心，他才会对自己有信心，如果家长对他们都没有信心，那么他们自己更不会拥有信心，所以家长一定要一直对他们说："你能行。"这样孩子可以从中感受到成功的喜悦，那么，他们的自信就会在这些鼓励的话语中得到提高。

孩子若在某些方面失败了，家长要帮助他们分析失败原因，鼓励他们尝试，让他们意识到更为广阔空间的存在，不断激发孩子的潜能，帮助他们建立一种积极的自我暗示。只有通过父母一句句的"你能行"，才能换来孩子对自己说的一句句"我能行"。

二、让孩子相信自己能行

童年的每一步都是人生一台戏的开始，家长们要珍惜孩子的童年生活，珍惜他们的梦想，鼓励孩子多尝试，多经历，让他们相信自己的梦总有实现的一天，也要让他们意识到梦想背后的挫折和汗水。

让孩子相信自己的力量，才能爆发出更大的力量来。

1982年斯第芬·卡拉翰横跨大西洋时，他的游艇触礁沉没。他偏离了航线，独自在救生筏中漂流。这时物资奇缺，生还几率极小。但76天后，他被三个打鱼的人解救的时候，虽然比一开始瘦了许多，但仍活着。

他成为历史上在游艇遇难中，独自在救生筏中生存时间最长的一个人。他的生存记录十分精彩。

他曾十分痛苦：他曾看着自己花了一个多星期，拖着疲惫的身体修补的救生筏被扎破漏气，而不得不再去充气，累得疲惫不堪；他曾筋疲力尽……放弃这时成为唯一理智的选择。事实上，很多人在这种情况下不是放弃了，就是发疯了。

但卡拉翰最惊人之处就在于在所有希望都破灭时，他仍能坚持活下去。他亲自装了个太阳能净水器把海水变为淡水。

"我告诉自己我能对付，"卡拉翰写道，"比起其他有相同经历的人，我已经很幸运了。我一遍又一遍地对自己重复这句话，直到我获得坚持的力量……"

卡拉翰的生存密码是什么呢？就是相信自己"我能行"。相信自己能行，才能将人的一切潜能都调动起来，把各部分的功能推到一个最佳的状态；相信自己能行，才能对自己的境况有一个清楚的认识，并会想方设法将这种状况变得不再糟糕或者更好。

孩子也是一样。比如，很多孩子都有考试"怯场"的情况。虽然考试对孩子来说已经不是陌生的事情了，孩子自己也觉得把课本上的内容都已经记得滚瓜烂熟，但是为什么一看到试卷，孩子的大脑就会产生空白状态，所有知识都像跑了一样呢？

大部分原因就是不相信自己，这是缺乏自信的表现。解决这个问题，就要让孩子学会时刻告诉自己："我能行！"相信自己能行，才能在关键时刻完全发挥出实力，甚至超常发挥，创造奇迹。

家长要灌输孩子这方面的知识，可以利用一些名人榜样的力量对孩子进行引导，让孩子形成任何时候都相信自己，从而达到教育的效果。

第28招 让孩子动手，体验成功

日常生活中，家长们总是认为孩子还小，什么事情都是包办，这对孩子的成长是非常不利的，等于剥夺了孩子的生存发展能力。

让孩子自己动手，孩子就有机会接触更多新鲜有趣的事物，这样可以提升孩子的兴趣。而且在这过程中孩子自己操作，自己思考，不仅培养了孩子的创造力，也让孩子自己在完成一件事情时体验到成功的滋味。

一、动手——让孩子更细心

在孩子渐渐成长的过程中，逐步暴露出一些小毛病，这些小毛病让家长很头疼。比如，孩子上学后，马马虎虎，丢三落四，不是忘了带课本，就是忘了带作业；考试时，不能认真审题，丢掉很多不该丢的分数。

其实，这些问题，都同孩子动手能力的欠缺有密切的关系。手是人的重要感觉器官，通过它，可以刺激人大脑的积极活动，所谓"心灵手巧"也就是这意思。

一些家长从小就不让孩子进行任何家务劳动，认为他们只要学习好就可以了。殊不知，任何体现出来的问题都不只是单一的方面有缺陷造成的，很可能是几种因素的混合作用，造成孩子不细心的一个因素，就是动手能力与逻辑推理能力的关系。

静静是个很优秀的女孩子，学习成绩从来不用家长操心，很轻松就可以名列前茅，因此她的目标就是北大或者清华。爸爸妈妈也是无微不至地关心着静静，努力为她提供一切有利于学习的条件。

妈妈从未让静静做过家务，甚至连内衣、袜子都是妈妈洗。每天晚上爸爸要把水果切成适合的小块，插上牙签，再拿去给静静吃；刷牙时，还提前为静静准备好漱口水，把牙膏挤好……爸妈这样做就是希望静静能把全部精力都集中在学习上，不被别的事情分心。

然而，到了中学时，静静渐渐暴露出了一个小毛病，就是不仔细。考试时，常会因为马虎而丢分，不是忘记了一个小数点，就是忘了放括号，因为马虎每次考试都白白丢掉10分到20分。可是爸爸妈妈不认为这是什么大问题：女孩子大大咧咧点好，太仔细了难免斤斤计较，小肚鸡肠，现代的优秀女孩子，当然要大气一点。

然而快到高考时，随着压力的增加，这种现象更是普遍，静静和父母才认识到严重性。

但是静静和爸爸妈妈发现自己的问题太晚了，没有时间来纠正，最终，她没能如愿进入北大或者清华。

正是父母这种无微不至的关怀反而伤害了孩子。虽然出于疼爱，但是后果却让人心寒。所以家长们一定要把孩子的动手能力放在心上，不要认为只要让孩子好好学习就可以了，一个没有动手能力的孩子，其学习是不会优秀的，即使考分高，也是一个高分低能的孩子。

一般来说，动手能力和逻辑推理能力有着密切的关系。动手能力差的孩子，不细心的现象就会更严重。由于孩子动手能力差，孩子的手眼协调性就会不好，加之知识还没熟到不假思索就能写对的地步，很难不犯错误。

孩子的动手能力是对大脑最好的刺激。在孩子3岁前，父母应该教他握笔、写字、做手工、拿筷子等，这些简单的动手操作可以将新的刺激不断地输入大脑，使大脑的使用度频繁，脑就越用越灵。心灵才会手巧，孩子自然就会细心多了。

二、动手——增加孩子的信心

"自己动手，丰衣足食"，不要让孩子失去动手的机会。有时父母们会因为孩子动作太笨、太慢，而代替孩子去做。这样容易让孩子养成依赖心理，产生很大的惰性。

小宇很喜欢航模，爸爸很支持他的这项爱好，爸爸认为制作航模可以锻炼孩子的动手能力和动脑能力。最近，小宇在商场看中一套航模装备，虽然价格很

贵，但是爸爸还是很爽快地买下了。

最初几天，小宇可是被这个新东西迷住了，每天放学回家后扔下书包就忙着组装这些装备。可是，没过几天，孩子的积极性就减少了一半。因为小宇在组装过程中遇到了困难，有一部分怎么也装不好，小宇开始没了精神，打起了退堂鼓。

这天深夜，爸爸看到小宇房间的灯还亮着，便推门走了进去，看见小宇还蹲在地上忙着组装航模，爸爸问道："怎么了，那部分还是装不好啊？"小宇无奈地点点头说："对呀，怎么都弄不好，怎么办？"

爸爸看到孩子焦急的模样，便心疼地说道："还是我来帮你装吧。"小宇听到爸爸的这句话如释重负，松了一口气说道："太棒了，这个航模真的很麻烦，终于不用组装它们了。"

就这样，爸爸收拾起散落在一地的航模配件，第二天早晨把组装好的航模给了小宇。

自那后，小宇不会做什么就总是缠着爸爸帮他做，慢慢地积极性越来越差。

孩子在学习生活中，总会遇到来自自身和外部的重重困难或障碍，每当这时，家长应该给孩子信心，鼓励他们，让他们坚持下去，在最终获得成功的刹那让孩子体会付出的快乐，也让孩子更有信心继续做更多的挑战。

如果这位爸爸这样对孩子说："爸爸相信你能组装好，只要坚持下去，最后会更有收获的。"这样孩子在以后做事情的过程中会变得更自信和勇敢。

在家里，家长要多让孩子动手，挑选一些孩子能够完成的任务，否则会挫伤孩子的信心。当孩子发现动手的乐趣和自身的潜力时，孩子会更愿意参加这样的动手操作活动，也会变得更自信。

三、让孩子做一个动手操作者

教导孩子动手操作是一件很复杂的事情，培养孩子从小动手操作的好习惯是非常重要的。教育家陶行知先生说过："教学就是一件事，不是三件事。我们要在做上教，在做上学。"做，就是要让父母们教孩子动手操作，去体验生活，体验知识，体验社会。

△ **模仿性操作实践**

开始阶段，孩子对身边的一切事物都有着好奇心。他们总想着帮助家长做些事情，认为这是一件光荣的事情，也会时常摆放出"小大人"的样子，说"我自己来，我会"、"妈妈放手，我能"等。这种情况下，父母们就应该放手，让孩子自己来。

让孩子学着家长、模仿家长做事情。父母们可以在一旁观察、鼓励，或适时地加以协助。比如，家长做饭时候，可以把孩子叫进厨房，让孩子跟着一起打鸡蛋、摘菜，让孩子观察家长如何使用各种家电设备等，时间长了，孩子不仅学会了做一般家务，还学会了一项生存技能。

△ "变废为宝"的操作实践

这个世界上没有废品，都是放错了地方的宝贝。生活中也有很多被当作废弃物的东西，不妨让孩子尝试着"变废为宝"。比如，让孩子把易拉罐做成一个可爱的笔筒，或者用大塑料雪碧瓶制作花篮，以及用玻璃片做万花筒等。

这不仅让孩子感受到了双手的魅力，也让孩子懂得了生活中很多废弃物都是可开发、可利用的。

"变废为宝"，当孩子看到经过自己的双手，重新获得的宝贝，孩子会产生"成就感"，这种"成就感"让孩子变得更有兴趣和信心去做事情。

△ 讲名人动手制作的故事

许多成功人士之所以取得那么辉煌的成绩，很大部分原因就是喜欢动手操作。帮助孩子搜集故事材料，循序渐进地灌输孩子动手操作的好处，从而培养动手创造的良好习惯。

例如，诺贝尔，著名的科学家、发明家和企业家，一直从事炸药的研究、制作、生产、销售工作。他勤奋阅读各种书籍，寻找制造火药的方法。后来，备齐原料后，在家里一遍一遍地进行试验、改进，终于找出了最佳的混合比例，使火药的威力显著增强。

米丘林3岁时就跟随父亲在果园劳动，8岁学会移花接木、果树嫁接，他一生为人类创造300多种果树的新品种……

多给孩子讲这些科学家小时候动手动脑、后来发明创造的故事，鼓励他们多读发明创造类的故事书，培养孩子动手进行发明创造的好习惯。

第29招 树立目标，让孩子成功

对于孩子来讲，树立目标是取得好成绩、好生活习惯很关键的一环。有了目标，努力便有了方向，学习就有了奔头，每天所学所做也就有了衡量的尺度。

有这样一句谚语："一个确定的目标是成功的一半。"一个人只有确定了目标，才有一个奋斗的方向，才不会乱花渐欲迷人眼，在执行中迷失自己。一个善于自我激励的孩子必然要有自己美丽的目标，他会朝着自己的这份美丽不断前进。

一、目标是孩子前进的动力

父母帮助孩子设置一个合理、明确的目标，激发孩子的斗志，让孩子为了这个目标去努力，帮助他们取得成功。

人的一生可以分为好几个成长阶段，每一个阶段都应该有目标相伴，而这个目标的设定首先来自于成长初期。让孩子在孩童时期就养成设定目标的好习惯，那么他就会在人生的其他阶段自己选定合适的目标进行设定，新目标一次次地出现，努力的尽头也会越来越足，人生就容易取得成功。

明明读书，爸爸妈妈并没有给他什么压力，也不硬性要求他达到考试的前几名，但是明明的成绩一直很好。原因就是爸爸妈妈总是不断给孩子设定目标。

可以说中考是人生的第一搏，如果考上一所好高中，好大学的目标也就接近了很多。因此爸爸妈妈认为，初中阶段就至关重要，一定要帮助孩子把握住这个阶段。

记得明明在初中一年级上学期，爸爸就找到明明和他谈心，帮助他分析了学习上的优势、劣势，学习目标规划得很仔细。爸爸和他商量设定期末考试进年级组前10名的目标，因为他期中考试的各科成绩并不低，感到这个目标完全可以达到。

果真，明明没有让爸爸妈妈失望，期末全区5科统考，他考出了498分的好成绩，名次也上升到全年级组第5名，大大超过了当初设定的目标。

明明尝到了设定目标的甜头，于是开始自己给自己树立目标。他通过不断设定目标来提升自己、激励自己，取得了很好的效果。

明明的成长告诉我们，要想学习成绩好，设定目标很重要。学习有了目标，就像登山时看见了登顶一样，向上攀登就有了劲头，也知道了自己距离山顶的距离。为了登顶就需要不断努力向上，踏踏实实地一步一步奋力攀登。

家长需要通过目标来不断刺激孩子，就像孩子在学走路的时候一样。大人们往往先给孩子设定一个目标距离，等小孩摇摇晃晃地快达到目标时，大人又把距离拉大，小孩子再一次接近目标时，大人又再一次把距离拉大，直到孩子学会了自己慢慢走路为止。

其实这就是目标的作用，给孩子希望，让孩子跟随着希望前进，孩子才能最终取得成功。

拿破仑就是一个目标实践家，他总有自己大大小小的目标。据说在他率军入侵其他国家，翻越阿尔卑斯山时，他俯瞰着远近的山峦，激昂地对士兵说："我们已经把整个欧洲踩在脚下了！"

树立目标，让人更懂得奋进，让孩子更加知道努力。

二、设立目标的技巧

家长帮助孩子设立目标固然重要，但是如何设立出好目标却是一门学问。

很多家长说："我给孩子设立目标了，让他前进10名，但是他就是做不到，我能怎么办？"其实设立一个既可以让孩子有学习动力，又不让孩子觉得有压力的目标的确是很难，但是其中还是有很多小技巧让家长学习的。

这天是考试的第一天，早上考的科目是语文，小军胸有成竹地走进了考场。为了备战这次考试，小军在之前的一个月内几乎没有睡过一次安稳觉，每天都熬夜复习到深夜，因为爸爸妈妈给自己订好了目标，必须在这次考试中前进班级前5名。

可是当自己坐在教室的椅子上的时候，小军便觉得恐慌起来，手心不断冒汗，握着钢笔的手也是一直不听使唤地在抖个不停。眼看着时间一秒一秒，滴滴答答地走过，小军更是急得什么都记不起来，脑子一片空白。

其实小军是一个非常努力和勤奋的孩子，中考的时候也是凭借着全校的第3名考到了重点高中。但是这所高中是一个人才济济的地方，每次开家长会，老师总是对家长们说："班级前5名就可以上名牌大学。"于是这也变成了所有家长对孩子的要求。

小军是一个自尊心比较强的孩子，不服输，所以每次妈妈对他说考进班级前5名的时候，他也是自己暗下决心："不可以让妈妈失望，一定考进名牌大学。"但是小军的英语不好，他给自己制订了目标，就是每天做20篇短文阅读，虽然目标确定了，但是这样的题海战术实施起来真的很难。

每天到三更半夜，小军还坐在课桌前读着英语，尽管脑子很混乱，还是坚持着，时间长了，成绩没有提高，身体也拖垮了。于是，考试那天他真的坚持不住了……

对于孩子来讲，确立学习目标是取得好成绩的一个要点。但是目标必须是根据孩子的身心发展特点和孩子的学习现状为根基来设立，家长不能一厢情愿地给孩子提出不切实际的目标。否则不但不利于孩子成绩的提高，反而让孩子身心俱疲。

一般来说，家长应该这样来为孩子设定目标。

1. 大目标要明确，引导孩子为目标努力

每个孩子都有自己最大的梦想，比如想当一名警察，想做一名教师，想成为一名科学家，等等。虽然这些梦想与现实有着一定的距离，但却是孩子内心里最大的目标。聪明的父母不要嘲笑孩子的这些梦想，而是应该鼓励孩子说出来，同时引导孩子向着自己的这些大目标去努力。

父母要让孩子把这个目标写下来加以明确，并为孩子制定行动的计划，去做一些相关目标的事情，这样才能把目标变成现实。比如，孩子想做一名科学家，父母就要教育孩子好好学习科学知识，平时可以多买些科学知识读本让孩子进行阅读，也可以多带孩子参观一下博物馆，增加他们的兴趣。

当然，并不一定是要树立当科学家、政治家之类的远大目标才有意义。实际上，目标没有高低贵贱之分，不管孩子的目标是什么，只要父母善于引导都是好目标。

2．设立"小目标"，既要有一定难度，又具有挑战性

设立一个合适的目标，让孩子"跳一跳，够得着"，既要有一定难度，又具有挑战性。如果孩子不需要"跳"起来就够得着，那就失去了目标的设置意义。但如果"跳"起来也够不着，那就挫伤了孩子获得成功的信心，反而让孩子感到沮丧。

茜茜是今年刚转入学校的新学生，由于还处于适应阶段，学习成绩一直很不好，全班63人，考第56名左右。爸爸为了激发她的学习动力，就对她说："期中考试你要能够考进15名以内，我就送你一台电脑。"

等到茜茜把成绩摆在爸爸面前时，他非常生气，无奈地对老师说："哎！这孩子，连电脑都起不了作用，以后不管她了。"这个时候老师建议："我们不如把目标定得低一点，40名，您看怎么样？"

茜茜爸爸连忙摇头："40名太靠后了，还不到全班的一半，为什么还要给她奖励呢？"

其实，家长给孩子设立的"够得着"的小目标，本身就是一种奖励，而且这种情况下的奖励不会让孩子产生"副作用"。但是，若家长给孩子设立不合乎常情的目标，那么孩子一定会受其伤害。

父母帮助孩子设立自己的目标，对孩子的能力和现实条件首先要有一个正确认识，切忌急于求成。这个目标不要太低，也不要太高，应该和孩子一起决定，是孩子通过努力可以实现的，这样孩子才有更大的积极性。

第30招 不说伤害孩子的话

从孩子降临到世界上，家长就对孩子充满无限疼爱。爱孩子，要尊重地爱，要避免那些无意的伤害和那些对孩子的语言伤害。

然而当孩子把家长弄得筋疲力尽的时候，家长或多或少会对孩子说些过头的话。家长可能觉得这没什么大不了，是管教孩子的一种方式，但可能在孩子心中留下深深的伤痕。

一、孩子犯错误，不说伤害的话

一个人最重要的是尊严。当家长动怒的时候，往往口无遮拦。因为是对自己的孩子，觉得有资格批评和责骂，所以经常说出伤害孩子的话来。其实孩子也有尊严，家长这样做就忽略了孩子的基本权利，这样的父母是不合格的。

军军是个问题学生，不但学习成绩不好，而且总是喜欢欺负同学，军军的爸妈三天两头就被老师叫到办公室。可是，面对父母的打骂，军军却没有任何改正的痕迹，依然我行我素、调皮捣蛋。这样下去，不用说考大学，甚至孩子会走向歪路。

这天，军军的妈妈又被老师请到了学校，原因是军军和一个男同学由于玩球发生了口角，军军动手打伤了这位男同学。这位男同学住在医院里，爸爸去医院又是赔礼道歉，又是说好话，还支付了一大笔医药费才算过去。

回到家后，气愤极了的爸爸把军军一顿痛打，对他说："早知道你这副德行，还不如不生你。生你也没有什么用，整天就知道惹是生非！"

军军咬着嘴唇，恶狠狠地对爸爸喊道："是啊，养我是没用，你就知道这样骂我！"说完便跑出了家门……

孩子犯了错误，爸爸生气是可以理解的，但是这种损伤孩子人格的话，只能加重孩子的逆反心理，更容易继续惹是生非。当孩子犯错误的时候，不能用过激的、带有讽刺性的语言来批评孩子。

家长不妨尝试着尊重孩子，平心静气地和孩子交谈，引导孩子知道什么是错误的行为，无论哪个孩子看到自己犯了错误家长还这样尊重他们，他们都会觉得愧疚并且改正的。

二、孩子遇到挫折，不说伤害的话

每个孩子在成长的过程中都不可避免地会遇到挫折，遇到困难时，孩子总是会痛苦、伤心。有的父母在孩子遇到挫折时，会努力走到孩子的心中，倾听孩子的心声，和孩子一起去承受，他们一次次把孩子从困境中解救出来。

小美喜欢画画，可是不知道为什么画得并不是很好，但这丝毫没有影响小美对美术的热爱。妈妈也觉得孩子多学点东西没什么坏处，所以对于小美的画画也很支持，经常帮助买些水彩笔和画纸什么的。

小美很懂事，学习很努力，也没有因为学画画耽误学习。

一次，学校举行绘画比赛，小美也把自己的作品拿出来去参加比赛。尽管知道自己画得不好，但是她觉得只要自己的作品能够被同学们看到就足够了，这就很开心和满足。

比赛结果很快出来了，小美自然没有得到任何奖项。虽然心里没抱什么获奖希望，可还是免不了有点失落。小美本想准备回家后和妈妈倾诉一下自己的不开心，谁知道，回家后妈妈第一句话就是问小美："没有得奖吧？我知道就是这样，真不知道你每天在画什么。你看看人家静静，才没学画画几个月，就取得了二等奖……"

原来，小美的妈妈在路上遇到了静静的妈妈，听到静静妈妈在夸奖静静获奖，小美的妈妈很不自在，觉得没面子，所以回来后就把气扔给了小美。小美不但没有得到安慰，反而受到了妈妈的冷落和批评，闷闷地回到了自己的房间哭了起来。

当孩子失败或者失意的时候，不要用很尖刻的话语来刺激孩子。这样只会让孩子产生反感，甚至产生自卑心理，他们会觉得自己什么都做不好，自信心会逐渐丢失。

孩子在这个时候，需要的是理解和关爱，多给他们鼓励，告诉他们"没事，相信你下次会做好"，或者送给他们一个温暖的笑容和拥抱，这些都比语言伤害效果好。这样才可以让孩子从失落中振作起来，从错误中吸取教训，不再犯类似的错误。

三、和孩子交流时，不说伤害的话

和孩子交流是一件重要的事情，家长每天都在和孩子交流，但是很多家长却不会和孩子交流。他们觉得孩子必须按照自己的意愿去行事，因为在他们眼中孩子永远是一个什么都不懂的小孩子而已。

家长不给孩子们随心所欲经历失败的机会，用命令的口吻催促孩子走别人都在走的所谓"万无一失"的路。那么，其结果又怎样呢？当孩子们按照父母的命令和训诫，以百倍的努力考入大学以后，孩子开始为自我存在和自我认同这样的问题苦恼，他们丢失了自我，变得懦弱、胆怯。

小琪一直梦想着和自己的父母去北京旅游，可是父母的工作都很忙，平时很难抽出时间。虽然小琪已经对爸妈提过很多次，爸妈也承诺会去，但是一直没有兑现诺言。

到了"十一"长假了，小琪拉着妈妈的衣服又哀求道："妈妈，我们去北京玩几天吧。"

妈妈立即说道："不行，我要加班！"

小琪继续央求着妈妈："好妈妈，咱们玩两天就回来，再说你和爸爸已经答应过我好几次了，难道你们大人也骗人？"

站在一边的爸爸听到这话，有点火了："不去上班，谁养活你？你的衣服哪来的？你的玩具哪来的？就知道玩玩玩！"

小琪看着爸爸怒气冲冲的样子，再也没敢说什么，灰溜溜地跑进了房间……

家长和孩子进行交流时，有时总是喜欢居高临下，用权威的语言来强迫和威胁孩子按照自己的想法做事情，这种教育方式真的很危险。这种权威语言对孩子来说也是一种语言伤害。

在这个不断变化的社会中，孩子最需要比较客观地审视自我、明确自我。这就意味着，家长在和孩子进行交流时，不能说伤害孩子的话，应该给孩子平等沟通和交流的机会。

不急不火培养孩子独立自主的性格

　　独立自主对孩子的生活、学习质量以及成年后事业的成功和家庭生活的美满都具有非常重要的影响，它是健康人格的表现之一。我们看到成功人士之所以取得成功，很大程度上是因为他们在幼年时期就具备了良好的独立自主能力。

　　但独立自主意识和能力不是一朝一夕就能培养出来的，它需要父母坚持不懈地努力，切不可急于求成，对孩子的发展做出过高的、不合理的要求。也不能因为孩子一时没有达到家长的要求，就横加斥责。珍惜孩子这种自我独立性意向，尊重孩子，循序渐进地进行独立自主教育。

第31招 让孩子做力所能及的事情

对孩子能否成功的"恐惧"是导致家长对子女"过度保护"的主要原因。但孩子的独立性是怎么培养的呢？是在实践当中培养起来的。如果父母总是一手包办，孩子的独立性则无从建立。凡是孩子自己能做的就应该让他自己做，不要代替他，这是一个教育原则。

一、放手让孩子去体验生活

不能自立的孩子无法在社会上生存，因为他连自己都照顾不好，更何况照顾别人呢？然而，人际关系就是在这种照顾中建立起来的。所以，真正的家庭教育并不是给孩子以援助，而是传授孩子独立生存的本领。

父母们对孩子真正的爱，也不仅仅是提供给他们丰足的物质条件，更重要的是放手让孩子自己去尝试，让他们在尝试中学会生存。

威尔逊要到山里去参加为期两天的野营。学校向他们介绍了营地情况，为他们准备工作提出了建议。

在走以前，妈妈检查了威尔逊的行李，发现他没有带足够的衣服，因为山里要比平原冷得多，显然威尔逊忽视了这一点。妈妈还发现他也没有带手电，这是野营时经常要用的东西，但是妈妈并没有给他更多的提示。

威尔逊高高兴兴地走了。过了两天，等他回来时，妈妈问："怎么样，这次玩得开心吗？"威尔逊说："我的衣服带得太少，而且由于我没带手电筒，每天晚上都要向别人借手电筒，才能够走出去，这两件事搞得我有些狼狈。"

妈妈说："为什么衣服带少了呢？"

"我认为那里的天气与这里一样，所以只带了这里平常穿的衣服，没有想到

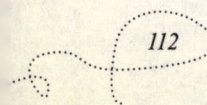

山里会那么冷！下次再去，我就知道该如何做了。"

"如果下次你去佛罗里达，也带同样的衣服吗？"

"不会的，因为佛罗里达很热。"

"是的，你应该先了解一下当地的天气情况，再作决定，对吗？"

"是的。"

"那手电筒是怎么一回事呢？就没有想到它吗？"

"我想到要带手电筒，老师也告诉我们了，可我忙来忙去，最后把手电筒给忘了。我想，我下次野营时应该先列一个单子，就像爸爸出差前列单子一样，这样就不会忘掉东西了。"

儿童心理学研究表明：幼儿期心理活动的主动性明显增加，喜欢自己去尝试体验。父母可以因势利导，把握孩子这个时期的心理特点，在保证孩子安全的前提下，放手让孩子去做力所能及的事情。

就像这位母亲，给孩子自己尝试的机会。这样让孩子"吃一堑"，才能让孩子"长一智"。

在现实生活中，总有一些父母怕累着孩子、怕孩子做不好，因而不让孩子做一些力所能及的事；还有一些父母认为，吃饭、穿脱衣服等生活技能是不用训练的，因为小孩长大自然就会……

其实这些观念都是不正确的。从儿童发展的观点来看，不给予孩子锻炼的机会，就等于剥夺了孩子自理能力发展的机会，久而久之，孩子也就丧失了独立能力。所以我们要本着"大人放手，孩子动手"的原则，让孩子做一些力所能及的事情。

二、要学会指导，不要包办

让孩了做力所能及的事情，孩子可以获得成就感，也可以锻炼独立能力。父母除了放手让孩子去做、去尝试之外，还要在孩子做、尝试的过程中进行指导，而不是担心孩子做不好，还得自己重新做，就干脆自己包办。

小倩是个懂事又能干的孩子，上个星期天，小倩听到外婆对妈妈说："你们房间里的窗台上有些灰尘，去擦擦吧！"还没等妈妈反应过来，在一旁玩耍的小倩就抢着说："我去，我去"。

小倩边说边放下手中的玩具，跑进了洗手间，踮着脚拿起一块毛巾就要去擦，这时妈妈对她说："宝贝，还记得妈妈平常用来擦席子的毛巾吗？那才是擦脏物用的，你拿的是我们用来洗脸的毛巾，对吗？"小倩听到后，点点头，跑去换了毛巾。

小倩又拿了脸盆装了一些水。毛巾太大，可是她的小手太小，怎么拧得干呢？这时妈妈又笑着对她说："把毛巾对折一下，是不是就变小了，这样宝贝就可以拧干了。你试试？"只见她学着妈妈的样子，折起毛巾，双手开始从毛巾的这头，一段一段慢慢地拧到那头。

小倩拿着毛巾跑进了房间，她把毛巾放到了一边。接着把她床上的枕头、小被子搬到了沙发上，然后开始从席子的左边擦到右边，从席子的这头擦到那头。妈妈看到她那认真劲，笑了。

外婆也竖起了大拇指，对她说："太棒了，小倩！你真能干！"她兴奋地说："我下次还要擦！"

这次事件中，妈妈鼓励并帮助小倩把精力集中在解决问题上，结果，小倩学会了做这些力所能及的小家务，使她觉得自己是一个能干的、懂事的孩子。

在中国的父母眼里，外国孩子的自理能力总是很强。事实上，的确如此。

比如，美国培养孩子的出发点，是把孩子培养成富有开拓精神、能够自食其力的人。美国人在孩子刚出生时，就让孩子与父母分床、分室而居，以此锻炼孩子的独立性。孩子逐渐长大，父母就让他们认识劳动的价值，让孩子自己动手修理、装配摩托车，到外边参加劳动。即使是富家子弟，也要自谋生路。

这些给孩子动手的机会，让孩子学会了自立。相反，中国的父母很多时候都是对孩子百依百顺，怕孩子吃一点苦，总是包办孩子的一切，用对孩子的爱，来证明自己是多么称职。而恰恰是这种爱，很多时候扼杀了孩子的独立性、自信心，甚至是孩子未来的成功。

三、让孩子做自己能完成的事情

当家长开始感觉到孩子不那么听话了的时候，心理学上称之为孩子成长发展过程中的转折期，也称"反抗期"。之所以反抗，很重要的原因是家长限制了孩子独立自主能力的表现，适当的教育则可以使孩子减少反抗表现，发展独立能力。

孩子的独立性是在实践中逐步培养起来的。我国著名教育家陈鹤琴先生提出

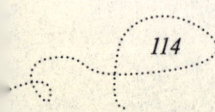

"凡是儿童自己能做的事，让他们自己去做"的教育原则。只要是孩子的力量所能及的事情，都让孩子自己去做，这样可以还给孩子一片更自由和广阔的天空。

洛克菲勒，美国实业家、超级资本家，美孚石油公司创办人。他白手起家，一步一步地建立起他那庞大的石油帝国。

洛克菲勒很小就开始给父亲做"雇工"挣零花钱，平时清晨他便到田里干农活，有时还帮着母亲挤牛奶。为此，他专门有一个用于记账的小本子，将自己的工作按每小时0.37美元记入账，然后再与父亲结算。

他做这件事情的时候很认真，因为他感到既神圣又有无穷的乐趣。洛克菲勒的第二代、第三代乃至第四代，都严格按照此方法教育孩子，而且还要定期检查他们做事的效果，否则，谁也别想得到一分钱的零花钱。

洛克菲勒的家族让孩子做自己能够完成的事情，而不是让孩子伸手穿衣、张口吃饭，这不是苛刻孩子，也不是吝啬，这其实是一种很好的磨炼。

孩子长到两岁左右便有了强烈的"我自己"的独立愿望，想自己吃饭、自己穿脱衣服、自己收拾玩具等等。家长可因势利导，开始培养孩子日常生活的初步自理能力和习惯。但是让孩子做事情也有一个度，不是所有的事情都可以让孩子去做。

比如，因为让9岁儿子独自坐纽约地铁，并提倡要少管孩子，多给孩子些自由，Skenazy女士被评为"美国最差妈妈"，受到了来自世界各地的指责，引发了一场关于"家长过度保护症"的讨论。

专家倡导，要留给孩子足够的空间是值得提倡，但必须是以使孩子健康成长为目的。例如在北京这样上下班地铁和公交车都很拥挤的大城市，则不宜让小孩自己乘地铁。因此建议家长先从安全系数高、风险小的身边小事开始培养孩子的独立意识，比如自己的衣服自己洗、收拾房间、管理自己的零用钱、买礼物等。

让孩子适当参与家务劳动是培养孩子的独立生活能力、增强责任感的首选活动。

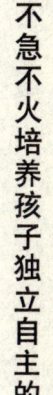

第六章　不急不火培养孩子独立自主的性格

第32招 给孩子选择的权利

　　培养孩子独立性就是培养孩子自己做主，遇事有主见的品格。当孩子有了自主意识，如果父母们还是束缚孩子，凡事都安排好或者包办孩子的一切，这样就会让孩子失去自己选择的机会。

　　人们常说："生命的价值在于选择。"如果孩子选择的权利都被父母剥夺，那么这个孩子一定是个不快乐的孩子，也会变成一个懦弱、胆小、没有自信的孩子。

一、尊重孩子的选择

　　做父母的应该尊重孩子，把孩子当作家庭中平等的一员来对待，尊重他在家庭中的地位。不要认为是小孩子就忽视他的意见和建议，这样只会让孩子觉得自己没有发言权，长久下去，孩子就变成了一个被动接受者，没有主见，等于给孩子的人生设置了大障碍。

　　相反，如果父母们尊重孩子的见解，甚至当父母不同意时，也以一种商量的口吻表示对孩子尊重，那么孩子会学会对自己的选择负责，从而更加为自己的选择进行奋斗和珍惜每一次选择的机会。

　　朱启南是雅典奥运会男子十米气步枪的冠军。父母都是农民出身，没读过书，因此他们最大的愿望就是让孩子读书，走出"农门"。为了让孩子有更好的条件读书，他们决定到广州做生意。

　　尽管他们做生意的利润不是很高，很多交易还是按"一分一厘"来算的，但为了孩子的前途，他们心甘情愿。

　　1999年的一天，他们夫妻俩突然接到电话，说让他们"回去商量一件事情"，这件事情改变了夫妻俩原先的打算，也改变了朱启南的一生。

回到温州，他们才知道，朱启南背着他们偷偷在体校学了一年多的射击。让儿子学射击，这和夫妻俩对孩子最初的愿望是背道而驰的，他们很犹豫。可体校教练觉得朱启南在这方面很有潜质，朱启南也说他很希望从事射击，并表示一定会好好干。

最后，他们尊重了孩子的选择。因为他们认为，应该让孩子自己选择今后要走的道路。

朱启南的父母不是按自己的人生理想、价值观念和行为方式来塑造孩子的，而是考虑了孩子本身的素质、兴趣，尊重孩子自己的选择，这才有了后来的奥运冠军。

孩子终归要离开父母，开拓更广阔的发展空间。为了培养有主见、有责任心的孩子，请家长们不要按自己的人生理想、价值观念和行为方式来塑造自己的孩子，而是考虑孩子本身的素质、兴趣，给孩子选择的权利。

二、让孩子自己作出决定

在日常生活中，我们常常会遇到这样的孩子，一旦遇到需要他们表态或作出某种选择时，他们便会显得犹豫不决，优柔寡断。归根到底，这种懦弱性格与幼儿时期不良的家庭教育有着密不可分的联系。

在一些家庭中，有的父母认为"小孩子懂什么，自己选择还不是都选错"，有的认为"孩子是我的，我想让他怎么样，他就得怎么样"，因而所有选择都是家长自己决定。本想放开手让孩子学会独立，却全都是自己说了算，孩子没有任何自由选择的机会。

妈妈刚打扫完卫生，屋子里的东西摆放得井井有条。可没过多久，佳佳就把娃娃、积木、彩笔等一股脑全掏了出来，乱七八糟地堆放在客厅的地板上。妈妈本想阻止她，可转念一想：外面下着雨，孩子没法出去，如果在家里玩的愿望也不能得到满足，孩子一定会觉得很失望、很无聊。因此任孩子玩了起来。

可没过多久，佳佳的兴趣就开始转移了，玩起了电子游戏。为了帮助孩子养成良好的习惯，妈妈以商量的语气说："佳佳，玩具玩完了，就收拾起来吧？"

"不，我正玩游戏呢，你帮我收拾一下吧。"佳佳心不在焉地回答。

"自己的玩具应该自己收拾。"妈妈说。可佳佳似乎把这话当成了耳旁风，无动于衷。

"快！自己收拾去！"这次妈妈有些生气了，态度也有点强硬。哪知小家伙根本不吃这一套，小嘴一撅，大声地说："不！我偏不！妈妈收拾！"软硬兼施都没能奏效，怎么办？这时妈妈有了一个好主意。

妈妈将正确的和错误的做法都列举出来，并且指出每种做法可能引发的后果，让佳佳自己做出选择。

"佳佳，现在妈妈不勉强你，你可以有两种选择：第一种是自己收拾玩具，那么以后你想玩的时候还可以拿到客厅里玩；第二种是妈妈收拾玩具，但这样做的后果就是以后你不准在客厅里玩玩具。你自己选择吧！"

佳佳很认真地想了一会儿，说："还是我自己收拾好了。"

很多时候，家长都会遇到这样的情况。如果家长总是认为自己心理成熟、阅历丰富，强迫孩子做家长认为对的事情，结果只会适得其反。如果巧妙地把主动权交到孩子的手里，孩子会觉得不必被动地听从家长的安排，或许孩子会更感兴趣。

要让孩子自己作决定，并且真正地自己作决定，给孩子自主思考的机会，这样，孩子才能成长为一个独立、有主见的人。

第33招 尊重孩子的隐私

孩子不愿被他人知晓的事情，即孩子的隐私。如果父母们为了解孩子而侵犯了孩子的隐私，这只会对孩子的健康成长造成阻碍，削弱孩子与家长的亲密关系。如果家长又不善于补救，其结果必定是孩子对父母反感，不信任。

一旦双方形成隔阂，家长再对孩子进行有效教育就困难了。

一、允许孩子有秘密

每个人心中都有不愿意告诉他人的秘密，孩子也不例外。处在青春期的少男少女们基本都拥有自己一个心爱的笔记本，还喜欢用锁把它们锁起来，这表示他们自己的内心世界正在加强着防范。这是独立意识和自尊意识萌芽的体现。

隐私就像是一个花瓶，本身的易碎性就像是孩子的敏感性，家长要十分小心呵护这份敏感，只有用心尊重和沟通才能守护好花瓶的完美。

周末，小雨痛快地玩了一天。在她兴高采烈地回到家时，却发现自己的书包被翻过了。此刻，小雨头脑中闪出的第一印象就是书包里的笔记本。

果然不出所料，日记被妈妈看过了，妈妈还在笔记本内夹了一张小纸条，表示了自己的歉意。可是小雨仍然很生气，她自言自语道："道歉有什么用，日记本里记的全是我心中的秘密，是我从来不肯泄漏的事情，这回全被妈妈知道了。妈妈居然偷翻我的书包……"

小雨想到这些就又羞又愤，既紧张又生气，心里就像打翻了五味瓶，什么滋味都有，眼泪也不自觉地夺眶而出。

小雨快速地打开门，找到妈妈大声问道："你为什么偷看我的日记？这是我的隐私，你知道吗？"可是，妈妈却不屑地说："小孩子有什么隐私，我把你生

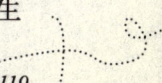

下来，就没有权利看看你的日记本吗？"

小雨哭着跑开了。

从此以后，小雨很少说话。几乎一回家就把房门关上，自己待在房间里，更不愿意和父母沟通了。她把日记本放在了好朋友的家里，让朋友保管，自己再也没有写过新的日记。

世界著名教育家斯特娜夫人说："自尊心是一个人品德的基础。若失去了自尊心，一个人的品德就会瓦解。"自尊心，每个人都有。孩子，作为一个独立的个体，同样也具有自己敏感的自尊心。

孩子的隐私就是自尊心上的重要一环，如果这个环节没有处理好，整个自尊心的建立就会轰然倒塌。尊重孩子的妈妈才能培养出懂得自尊的孩子，家长要允许孩子有秘密。

儿童期的孩子有秘密，说明这孩子有丰富的内心世界，智商高，主意多。这样的孩子往往是"孩子头"，常常会编造出一些"小秘密"，以吸引同龄的伙伴。

少年期的孩子有秘密，说明他正从幼稚走向成熟，善思考，有自己独特的见解，自尊心也在增强。

进入青春期，孩子对成人的封闭性、对伙伴的开放性更显得突出。这些"小大人"似的孩子，内心世界更是丰富多彩，他们的隐私尤其需要得到尊重。

可见，每个阶段的孩子都有每个阶段的隐私，这些都是正常的心理特征。大人无需大惊小怪，尊重他们的这些隐私才是最重要的。

二、用沟通来了解孩子的隐私

随着孩子的长大，成人对孩子的担心，慢慢转变为不放心和不信任。于是一些父母偷听电话、偷看日记、私拆信件，甚至用"跟踪"的办法干涉孩子的生活。这些也让孩子们很苦恼。

许多孩子常常向"知心姐姐""状告"父母："妈妈爸爸老偷看我的日记或私拆同学给我的信，我十分气愤，可又不知道怎么办。"

还有很多孩子会在自己房间的门上贴上这样的纸条："请勿打扰。有事请先敲三下，允许，方可进入。"

这些都是孩子与父母们沟通不畅的表现。

四年级的一个小男孩愁眉苦脸地与自己的小伙伴聊天，说道："妈妈偷看我的日记对不对？"

小伙伴问他："你怎么知道妈妈偷看你的日记了？"

男孩说："我就知道妈妈老偷看我的日记，可我一直没有证据。"

小伙伴给这个男孩出了一个主意：

一天，这个男孩写了一篇日记："妈妈，今天早上我看到您有白头发了，您这都是为我操劳的，妈妈，您一定要爱护自己，为了表达我对您的爱，我把您的白头发珍藏在日记本里。我也会更加努力学习，长大后报答您。"

当天晚上，妈妈又去"偷看"儿子的日记，看到孩子的这些话非常感动。但是看到最后一句"我把您的白头发珍藏在日记本里"，她找了半天也没看到白头发，以为是自己弄丢了，就从头上拔了一根白发，夹在儿子的日记本里。

第二天，儿子打开日记本，看到了白头发，就对妈妈说："妈，您又偷看我的日记了！"妈妈说："我没看，那根白头发不是好好地在里面夹着吗？"儿子笑了："您的'狐狸尾巴'露出来了吧？我根本就没放白头发，那根白发是您放的。"

听了这样的故事，家长们可能会觉得这男孩子很可爱，他的妈妈更可爱。但是，这些"可爱"的妈妈一旦成为中学生的妈妈，就变成了"可恨"的妈妈了。随着孩子独立意识的增强，孩子的隐私也变得越来越敏感，他们不允许任何人去触及他们的秘密。

这并不是说对于孩子的隐私家长们可以不过问。孩子的隐私父母们当然要过问，但要明确指导思想，讲究方法。应该先尊重孩子的隐私权，再让孩子自觉自愿地和你谈他的隐私。隐私的特点是具有一定的相对性，可以转化，不信任你时是隐私，信任你了就可以不是隐私。

家长要争取孩子的信任，通过多与孩子沟通，使孩子主动、自愿地披露心中的隐私才是上策。

三、培养孩子明辨是非的能力

当孩子进入青春期后，尽管自主意识增强了，但正确的人生观尚未最终形成，由于是非观念不强、自制与自控的能力比较差，孩子在处理诸如学业、情感、人际关系等诸多问题时，还不可能把握好尺度。

家长在细心观察孩子思想动态的同时，要根据孩子的性格、爱好和特征，有针对性地采取相应的措施，培养孩子明辨是非的能力，引导孩子在学习和生活中检查、论证自己的思维过程和内心隐私的正确程度，以规范自己的行为。

有一天，儿子跟父亲说："爸，我看上一个女生，她长得漂亮，又很聪明，而且还很善良有爱心，我能跟她结婚吗？"

父亲说："好啊，你能看上她，她看上你了吗？"

儿子自豪地说："她也看上我了。"

"那很好，你能被一个女生看中，说明你很有魅力；你能看中一个女生，说明你的眼界开阔了，如果你将来想在县里发展，你就跟她继续交往下去；如果你想在市里发展，你就应该在市里去解决这个问题；如果你想到省里发展，你应该到省里解决这个问题；如果你想到上海发展，你应该到上海解决这个问题；如果你想在世界发展，你应该出国解决这个问题。"

儿子听了后说："那我还是等等再说吧。"

这位父亲，在处理儿子的异性交往问题上就非常智慧，只有像这样正确对待孩子的隐私，让孩子从中明白什么是正确的行为，什么是错误的行为，才能使孩子真正地放弃错误的思想意识，重回到正确的思想轨道上来，父母们也才能赢得孩子的尊重和爱戴。

其实父母们在日常生活中可以与孩子一起多讨论理想、事业、道德、人生观、价值观等问题，也可以通过讲故事、做游戏等途径对孩子加以培养，引导孩子自己悟出是非对错，提高孩子按规范要求调整自己行为的能力。

有了这种明辨是非的能力，一些隐私中的危险倾向，都有可能自我解决。

除此，保护个人隐私是适应社会生活的一个方面，保护隐私就是保护自己。当孩子的隐私意识逐渐增强时，父母应当高兴才对。

第34招 不干涉孩子之间的交往

孩子终究是要长大的，孩子大了，交往的复杂性也是自然的事情。尽管孩子的有些交往不一定正确，但这些交往毕竟是孩子成长的表现，也是孩子成长过程中的正常现象。

所以，父母们不要看到孩子与异性交往就觉得是在早恋，或者与调皮的孩子交往就觉得自己的孩子会变坏。孩子之间的交往，父母们还是不干涉为好。只要在生活中，父母密切注意孩子在态度和行为上的细微变化就可以了。

一、不过度干涉孩子的交友行为

孩子有交往的需要。与人交往，是人与生俱来的一种本能，也是人生存的需要。从出生开始，孩子作为一个社会的人，就有了与他人交往的需要。妈妈与宝宝肌肤间的触摸、爱抚，眼神、手势的交流，使宝宝开始认识并喜欢上周围的人，感受到与人交往是一种乐趣。

随着年龄的增长、身体发育的不断完善，孩子渴望更广阔的天空，不再局限于与父母之间的交往，他们需要更多地结交朋友。他们开始走出家门，走向社会。

小易是个听话的孩子，学习成绩好，还是班级里的班长，更是大人们眼中的乖孩子典范。小易有个好朋友叫牛牛，是老师眼中的"问题学生"，也是老师的"眼中钉"。因为牛牛不但学习成绩差，还特别爱调皮捣蛋，总是喜欢在课堂上和老师作对。

一天，小易和牛牛一起去公园玩，很晚才回家。妈妈询问其原因，才知道他和牛牛去玩了。妈妈不高兴地对小易说："你怎么能和牛牛混在一起呢？"

小易很疑惑，问道："我怎么就不可以和牛牛在一起玩呢？牛牛对我可好了，总是帮助我。"

妈妈回答："你知道什么叫'近朱者赤，近墨者黑'吗？你整天和牛牛这样的坏孩子待在一起，说不定就会被他的坏习惯影响，慢慢也变成像他那样的坏孩子了，你知道吗？"

孩子的心是纯真善良的，对于结交朋友他们总是怀着真挚的感情。但是父母们总是会对他们说"某某是坏孩子，不能和他们玩"，只准许他们与"好孩子"交往。这种过分干涉孩子交往的做法一是会遭到孩子的反感，二是会让孩子变成形单影只的独行侠，影响孩子的交际能力。

有的家长这时就会问：难道对于孩子的交往就放纵不管吗？这样的态度也不是正确的。因为孩子的交往技能由于社会经验的不足，有时不够应付复杂的人际关系，这就需要家长在适当的时候帮助孩子获得交往的技巧。

这个"引导"可以是家长在与孩子的日常生活交往中，以自己的言行潜移默化地进行；也可以是在某个具体的事例后，给孩子一定的方法；更可以是利用孩子交往的问题，用合适的方式与孩子一同商量怎么解决同伴间的矛盾，使每一次孩子之间的交往都成为孩子成长的经验。

二、引导孩子与异性的交往

随着孩子渐渐地长大，孩子之间的异性交往也成了家长们关注的问题。一些家长遇到此类问题时，不知如何处理才更妥当。孩子之间的异性交往变得异常敏感。

芳芳上初中后，知识面和眼界逐步变得开阔，与妈妈的交流也不再只是谈吃、谈玩了。她们经常会在谈话中涉及一些个人的情感问题，并且妈妈总会和她一起发表对事情的看法。妈妈开始意识到孩子在渐渐长大，于是打算放开手让孩子自己做主。

芳芳的电话让芳芳接，芳芳的信件让芳芳自己去取，芳芳认为该告诉自己的就听，不告诉自己的妈妈也从不勉强。就连给芳芳收拾房间，芳芳的日记本就放在桌上妈妈都不会去看一眼。

一天，爸爸不在家，芳芳神秘地对妈妈说："妈妈，到我房间去，我有话对你说。"一边说，一边拉着妈妈进了自己的房间。妈妈坐在椅子上，笑着说：

"你说什么，这么神秘，说吧！"芳芳红着脸，眼睛盯着妈妈的脸小声说："你不可以告诉爸爸。"

妈妈心想，可能是真有事。但还是故意放松表情，说："什么大不了的事，我替你保密就是了。"女儿坚持说："不准对爸爸说。"妈妈看到女儿那么坚持不让爸爸知道，就一字一顿地说："我保证，不告诉你爸爸。"

这时芳芳才鼓起勇气说："我们班有一名男同学，他送了我一份礼物……"芳芳的脸一下子红了，妈妈用眼神鼓励她说下去，芳芳用飞快的速度说："里面夹了一张纸条，说他喜欢我。"

妈妈觉得事情很严重，沉默了一会儿问："后来呢？"芳芳说："他每天都等着我一起上学和放学。""你喜欢他吗？"妈妈问："说不准，反正比他好的同学多了。"芳芳回答说。

"那你打算怎么办呢？"妈妈问。芳芳说："正因为不知道怎么办才问你。"妈妈沉思了一会说："孩子，你的同学喜欢你是他的权利，你是否喜欢他也是你的权利，都没有错。但是，你们现在还在读书，应该以求学为主。以后读大学，走向社会，优秀的男孩更多。你现在还是除同学间正常交往之外，尽量回避非正常交往。所以，男孩再找你，你尽量回避他，只要你下定决心，时间久了，他也会明白你的意思而不再主动找你的。"

两个星期过去了，芳芳又悄悄对妈妈说："那个男孩再也没有等我一起上学和放学了。"

这是一位会沟通、会引导孩子的妈妈，她没有对孩子的异性交往问题严加指责，更没有辱骂和棍棒伺候孩子。

相反，她是用自己日常不干涉孩子的行为告诉孩子她相信她，时间长了，孩子自然信得过妈妈，也愿意把妈妈当作像同龄朋友一样的朋友，更愿意倾听妈妈的意见。孩子的早恋问题自然得到解决。

事实上，喜欢和异性接触是孩子心理发展的正常表现，家长也大可不必对此惊慌失措。孩子们异性间的正常交往，家长更不能误认为是"早恋"。

从某种意义上说，孩子多一些异性伙伴，有利于丰富他们的情感世界。只要家长在大量的生活细节中下工夫，以支持者、合作者、引导者的身份，给孩子一个积极健康的环境，帮助孩子们树立正确的交往意识即可。

三、不干涉孩子之间的打闹

孩子之间的交往为今后进入成人社会作了准备，家长应该重视孩子的交往教育。但重视不等于干涉。如果家长对孩子之间平常的小吵小闹也干涉，总是担心自己的孩子吃亏，甚至教唆自己的孩子报复，家长自己还大打出手……在这种教育观点下，孩子很容易变成一个"占便宜没够、吃亏难受"的人，这样的人无疑不被社会所接受。

小宇是个沉默的孩子，在学校不太喜欢与人交流，但是他的学习成绩却非常好，很多女孩子都在暗地里叫他"酷哥"。

虎子是个调皮捣蛋鬼，他总是说小宇故意装作冷酷的样子，就是为了吸引女孩子，一直想找机会"收拾"一下这个"酷哥"。

这天，正好班级大扫除，虎子和几个男孩子在旁边故意偷懒，被老师抓个正着。老师边指着正在扫地的小宇边说："你们几个总是故意偷懒，向人家小宇学习学习。"老师紧接着又对几个人批评道："看看你们，整天像个'大少爷'，就不能好好地干点活，为班级服务一下吗？"

听完老师的训斥，虎子更是恼火，凭什么拿自己和那个讨厌的小宇比较？

放学后，虎子在路上遇到了小宇，便故意挡住他的路，和小宇争执起来。虎子凭借自己的大块头，一把把小宇推倒在地上，弄得小宇衣服全是土。但是小宇却没有还手。虎子一溜烟地跑了。

回到家，妈妈见到儿子衣服脏兮兮的，焦急地问道："你的衣服怎么啦？和别人吵架了？"小宇回答道："没事，刚被虎子推倒了。"

妈妈却是一副很气愤的样子，说："他打了你，你就不知道还手啊？"

现代的社会是个竞争的社会，家长也开始"与时俱进"，不再让孩子养成"谦让"的品格了，而且在不断灌输孩子"老实只会挨欺负"的思想。

家长要知道，在这样的思想影响下，只会使孩子的打斗升级，很可能将同学之间无意的小摩擦转变成有意的报复，除此，孩子还会感性地认为家长总是站在自己这边的，即使自己不对，打了也无所谓，孩子会肆无忌惮起来。

家长应该灌输孩子平等交往的概念，教孩子学会躲避危险和寻求帮助。不要让孩子去欺负别人，但学会自我保护是必需的。家长不可能保护孩子的一生，让他在和别人的推搡中学会社交，掌握与人相处的本领，这才是孩子宝贵的财富。

第35招 从小培养孩子学会理财

许多父母在社会上努力打拼，为的就是能给孩子更好的生活条件。他们对孩子宠爱有加，孩子要什么就给什么。殊不知，这种做法最终只会使孩子变本加厉，内心的欲望不断膨胀。

培养孩子健康的金钱观和理财能力，让孩子学习如何使用与管理金钱是一件极其重要的事情，这对孩子健康人格和良好素质的形成都有重要意义。

一、让孩子自己去体验生活

很多父母都认为，自己应该努力赚钱留给孩子，这样才可以让他们后顾无忧。事实上，这样只会后患无穷。家长如不注意培养孩子的自理能力，多给孩子留一分钱，孩子就多一份软弱。

聪明的父母都知道，教给孩子自己生存的能力远比留给孩子万贯家产要宝贵得多。比尔·盖茨就公开表示过："我不会将自己所有的财产留给自己的继承人，因为这样对他们没有一点好处。"

巴菲特的财富和智慧让人羡慕和崇拜，但是巴菲特的成功并非偶然，这要归结于他从小对数字和金钱敏感，懂得自己开辟生活。

沃伦·巴菲特从小就会寻找生存和生财之道。

小巴菲特从小就当起了卖报家，每天早晚送两次报纸，一天只工作2小时左右，一个月就能赚175美元。送了3年报后，攒了2 000多美元。当时黄金每盎司35美元，以2009年11月初1110美元的金价推算，1945年秋天巴菲特攒的2 000美元相当于现在的6万多美元，相当于人民币40多万元。

5岁时，巴菲特就在家中摆地摊兜售口香糖。

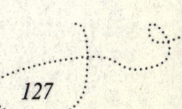

6岁时，巴菲特用25美分买了6个可乐，然后他绕着湖边，以5美分一个出售，最后挣得5美分的利润；

11岁时，巴菲特便跃身股海，购买了平生第一张股票……

巴菲特的财富一直在不断增长。到2009年，尽管股市行情非常糟糕，但是，巴菲特的个人财富已超过370亿美元，仅比世界首富比尔·盖茨少30亿。

对于孩子来讲，越早学习理财，就会越早具备理财能力以及掌握获取财富的技能，从而在竞争越来越激烈的现代社会中，更易、更快、更早地获得成功。

让孩子学会理财，首先就要让孩子体会赚钱的辛苦，让他们明白钱来之不易，只有付出辛勤汗水才能换取后来的享乐。思想上摆正，孩子的消费观才能正确。经济学家也指出，在孩子刚接触到金钱的时候，父母就应该让孩子多了解金钱的意义，教育孩子从小学会理财。

二、让孩子花钱有计划

现在的孩子不缺钱花，有爷爷奶奶给的，也有外公外婆给的，拿到的钱多，花的也多，没有计划性。家长应该帮助孩子养成合理消费的概念，让孩子知道自己的钱花到哪里去了。

大年初五的晚上，妈妈把9岁的儿子小凯叫到饭桌边，一起盘点压岁钱。

上小学前，小凯对压岁钱没什么概念，都是由家长处理。等小凯长大一点，妈妈就开始要求小凯自己"拿"压岁钱。在小凯上小学二年级时，妈妈干脆放下了"财政大权"，让小凯在家长的指引下合理使用压岁钱。

今年小凯的压岁钱有6 200元，妈妈留下1 300元，把剩余的4 900元锁到了小凯书桌的抽屉里，钥匙由小凯自己保管。留下的1 300元，一笔是小凯过年期间用于购买学习用具、玩具的500元，一笔是给长辈买营养品的400元，一笔是去看望小伙伴时买礼物花的400元。因为是家长先垫付，所以从压岁钱中扣除。

妈妈还布置了任务，让小凯在大年初六的上午把对压岁钱的使用计划做好。

小凯按时交上详细的计划，说将花多少钱用于购买课外书、花多少钱用于购买模型玩具、花多少钱用于同学的生日聚会等。妈妈先是跟孩子总结上一年的压岁钱使用情况，她指出在上一年，小凯自己支配的压岁钱有4 000多元，但计划里只有花钱没有存钱，今年收到的压岁钱多了，应该补充上储蓄这一计划。

此外，妈妈还建议小凯设立一个"爱心基金"，当学校有捐款活动，或是想帮助其他同学的时候，就从爱心基金里支出。小凯欣然接受，缩减玩具和生日聚会的支出，设立了一个600元的"爱心基金"。

培养孩子制定金钱计划的习惯。由于孩子年纪小，或不知如何制定计划，刚开始时，父母可帮助孩子将所需的花费记录下来，然后逐日观察孩子的支出项目，慢慢养成有规划花钱的习惯。

等到制定几次计划后，慢慢放手让孩子自己去尝试。父母只是对孩子的计划进行监督、检查即可。这样做的好处是，父母们可借此检视孩子的消费倾向，若发现有偏差，可适时纠正。也可以让孩子对消费有一个合理规划。教育孩子制定计划是让孩子学会做预算、节约和自己做出消费决定的重要教育手段。

三、教育孩子"富裕病"染不得

现在的孩子们普遍存在着错误的金钱观和不合理的消费行为。"富裕病"一词也应运而生。"富裕病"就是指那些由于父母供给太多，造成孩子过度沉溺于物质，生活缺乏目标等状态。这一状况现在正在趋向于低龄化。

随着物质生活水平的提高，家长们都认为生活富裕了，不能再让孩子受苦了，所以不断满足孩子各种无休止的欲望。结果，孩子好逸恶劳，吃要高档、穿要名牌、玩要与众不同，结果是苦了父母，害了孩子。

由于家长本身所受教育程度不同，家长本身的观念和素质不同，导致他们对孩子的理财教育上也出现了偏差，而这种偏差又直接灌输给了孩子，造成孩子高消费、攀比消费等不良习惯。

比如，不少父母存在这样的思维：以金钱来衡量一切，将孩子考试的成绩与奖金挂钩，反之则罚，从下月零花钱中扣除。这种奖赏太具有功利性，容易导致孩子一心想去获得奖品，而忽视了学习的真正意义。这样不仅降低了孩子学习知识的兴趣，也让孩子形成过多物质追求的观念，对他们将来成长过程中的开拓和发展都不利。

家长要在帮孩子树立正确的金钱观、如何认识和提高孩子的财商、引导孩子节约钱和存钱、指导孩子正确消费上做好榜样，不断提高自己的消费和理财理念。只有这样，孩子才会脱离"富裕病"，懂得如何花钱、储蓄。

第36招 让孩子坚持自己的意见

在生活中，家长常常碰到这样的现象：在给孩子辅导作业时，孩子对于自己的答案总是不确定，家长问一句"是这样解答吗"，孩子立即表现出动摇，思路常常被旁边的人所左右，他们总是不敢坚持自己的观点，摇摆不定。

面对这样的问题，家长不能忽视。应该帮助孩子学会坚持自己的主见。

一、给孩子自己做主的机会

主见就是对事情有自己确定的主意。有的孩子明明自己是正确的，也常常怀疑自己的答案或观点，总得看看听听别人的做法或想法，核对一番后自己才放心。这种现象表明，孩子缺乏"主见"，本质上说就是缺乏思维的独立性，缺乏深入思考或者主动思考的良好习惯。

如果孩子既乖巧听话，遇到事情又能坚持自己正确的看法，不人云亦云，这在竞争的社会里，将有利于孩子的健康发展。那么怎样培养有主见的孩子呢？家长首先要在日常生活中多给孩子做主的机会。

瑶瑶是班级里的小组长，学习成绩很棒，各方面也很优秀。瑶瑶深知自己作为组长的重任，任何事情都得走在前面。老师也常常夸奖瑶瑶是个"以身作则"的好孩子。

这天，学校里组织义务献血，老师召集班级里的小组长开了一个班会，做干部思想工作。瑶瑶知道作为组长的她当然要首先做出榜样，这样才能积极号召大家义务献血。

回到家后，瑶瑶就把这件事情告诉了妈妈，希望妈妈也能够支持她。瑶瑶刚把话说完，妈妈立即当头一棒："不行，小孩子献什么血，你知道献血后你得吃多少营养品才能补回来吗？"

瑶瑶立即向妈妈解释道："老师说了，正常人献一点血是不会影响身体健康的。"

妈妈立即反驳道："你知道什么啊？你还在长身体的时候，不可以献血，绝对不允许你这么做啊！"

瑶瑶继续缠着妈妈："我是小组长，得起带头作用，我不能拖大家后腿。"

妈妈的态度依然没有转变："这样的事情拖后腿怎么了，只要你学习成绩好就得了。你就对老师说你贫血，不能献血。你就听我的，按我说的做！"

瑶瑶无可奈何地回到了自己的房间。

生活中这样的例子很多，家长总是对孩子说"按我说的做"、"让你做什么，你就做什么"等等，家长认为孩子是一个不成熟的个体，而自己"吃过的盐比孩子吃过的饭还多"，所以希望孩子按照自己的想法去行事。这样造成的结果：孩子每次遇到事情总会想着征求别人的意见，没有别人的支持，自己就不敢自做主张。

长久下去，孩子就变成了一个没有主见的孩子。这种行为转移到学习上就是机械模仿的成分较多。他们对学习也往往是不敢交流和质疑，更谈不上什么创新了。

所以，表面上看来这些芝麻绿豆的小事似乎不会马上造成什么损失，但积累久了，如果这种趋势得不到及时的引导与纠正，就会造成严重的后果，影响到孩子未来独立解决问题的能力。

可见，家长要在日常生活中多注意培养孩子成为一个有"主见"的人，多提供给孩子自己做主的机会，让他们体会能够坚持自己想法而执著奋斗所带来的好处，充分认识到"无主见"对人的影响及危害性，从而提高孩子的"主见"意识。

二、鼓励孩子勇于接受挑战

孩子平时比较听话，家长确实该欣赏孩子的这种循规蹈矩，但家长应该更希望自己的孩子能有个性，敢闯、敢做、敢为。

如果大人们说了什么，甚至从书上、报刊上以及在影视节目中看到什么，孩子都认为这是真的、是对的，那么孩子在以后的人生路上也是不敢越雷池一步，

平庸地过完一辈子。培养孩子做一个有主见的人极为重要，家长还要多鼓励孩子勇于挑战。

晚上，爸爸从冰箱里取出一块冰，这块冰比一个一号电池还大。爸爸说："孩子，你能把这块冰捏15分钟吗？"

孩子说："太冷了，我不敢。"爸爸接着说："那么多冬泳的人，你说他们不冷吗？要勇于挑战自己，来试试！"孩子这时突然来了信心，说："怎么不行，我们来打个赌吧！如果我捏到了15分钟，那你就得给我买书。"爸爸笑着答应了。

爸爸拿着秒表，喊了一声"预备，起"，孩子就把冰往手里一放，开始捏冰了。第1分钟，感觉还可以；第2分钟，就觉得刺骨的疼痛，孩子急忙拿起一本漫画书，转移自己的注意力。

到了第3分钟，骨头疼得钻心，像有千万根冰在上面跳舞似的，孩子就用大声读书的方法来克服；到了第4分钟，孩子感觉骨头都要被冰冻僵、冻裂了，这时他使劲咬住嘴唇，心里想着"一定要忍住，忍住。"……

当爸爸跟孩子说"15分钟到了"的时候，孩子高兴得跳了起来，一把抱住爸爸，喊着："万岁！万岁！我赢了！我赢了！"这时爸爸急忙打开自来水给孩子冲手。

孩子一边冲，一边对爸爸说："爸爸你真倒霉啊！"爸爸却说："我一点儿也不倒霉，你有这么强的意志力，我们只有高兴的份儿！"

在家庭里，家长要舍得孩子，放手让孩子去尝试一些新鲜的东西，让他们自己去解决遇到的问题，鼓励他们勇于挑战自己不敢做的，而不是消极地等待。

美国知名篮球教练伍登曾让加州大学洛杉矶分校在9年内赢得了8次全国总冠军，他的成功来源于积极地挑战自我。有人问他："为什么你看事物的角度总是不同于一般人？"伍登微笑着说："因为我看到的是我'内心的风景'。"

事实上，这就是伍登用挑战自我的力量，激发出了生命的潜能。父母要鼓励孩子挑战自我，让孩子敢于相信自己的能力，这样，孩子就会越来越胆大，做任何事情都敢于表达自己的意见和主张，成为一个有主见的人。

三、教孩子学会说"不"

培养孩子变成一个独立自主的人，教孩子学会说"不"也是一个方面。父母要培养孩子当遇到不正确的要求或者对别人的做法有质疑时，能够分辨是非，坚持自己，敢于说"不"，不应该人云亦云，胆小怯懦。

父母应该时常用但丁的名言"走自己的路，让别人说去吧"来鼓励和支持孩子坚持自己的想法。告诉孩子每个人都不可能是完人，难免会有各种各样的缺点和毛病，只要敢于坚持自己认为正确的，就是一种磨炼。

多多4岁多了，相貌俊秀，性情腼腆、温顺，用他外公外婆的话说他是一个老实大哥，在爷爷奶奶的眼里他是一个懂道理的乖孩子，教师的评价是：乖巧、胆小，不合群。

多多非常喜欢儿童乐园里的摇摇椅，但每次他正玩得高兴，有小朋友上来要玩，他就主动让给别的小朋友玩。他从没有和别的小孩争过什么东西，哪怕是他自己的东西，只要是别人的手一搭上来，他不做一丝的挣扎和努力，很简单地就直接放弃了。

有一次邻居家小朋友到多多家玩时，看中了他那个电动的小汽车，便直接走到他面前，很自然地拿了就走，留下多多一人呆呆地、可怜兮兮地站在那儿。于是妈妈就告诉多多："那你去玩你的小火车吧"，可是没多久，小朋友又对小火车起了贪念，于是又走了过来，多多一见，紧张地待在原地都不会动了。

小朋友不费吹灰之力就从他手中夺过火车玩了起来，多多被挤在墙角，显示出怯怯的表情，一双惊恐的眼睛看着妈妈，既不敢自行走开，又不敢把小朋友推开。

孩子是最单纯的，当他了解到自己的一句话或者一个举动可能会给其他小朋友带来不快乐时，心里就会不是滋味。这个时候父母要做的，就是给孩子解释清楚，孩子的言行在另一个小朋友心中会产生什么感觉。教会孩子如何在与人分享的基础上，过渡到拒绝上。

比如，当别的孩子过来要他的东西玩，大人可以这样教孩子：你要玩吗？那你也把你的玩具给我玩。

家长要经常鼓励孩子要学会分析，当遇到不合理的要求时，教孩子说"不"，这可以锻炼孩子拒绝的勇气，也可以让孩子坚持自己的意见和看法，有利于培养孩子坚持自己的主见的品格。

细心培养孩子坚强乐观的人生态度

　　有的父母抱怨："我的孩子太不自觉了，从不主动、自觉地学习。"有的父母抱怨："我的孩子，那次考试失败后，就把自己关在房间里不出来，真不知道怎么办？"还有的父母抱怨："这孩子怎么这么消极，没有一点冲劲！"……可见，很多孩子都缺乏坚强的意志和乐观的态度。

　　一个人所具有的品格，跟随着他一生的发展，和他的生活、工作乃至身体健康都有直接的关系。坚强、乐观无疑是这些品格中最出彩的地方。

　　孩子身上充满着希望，是一个正在发展的个体，无论是学习上还是生活上，他们都会遇到很多困难，因此，细心培养孩子坚强、乐观的品格是非常有必要的。

第37招 父母的开朗影响孩子

孩子在适应家庭环境的过程中，常以父母为最直接的模仿对象，形成自己的心理定式和性格特征。他们对父母的态度特别敏感，父母的言行举止足以影响孩子的情绪、意志和行为，久而久之化为孩子的性格。

所以，父母若有一个开朗的性格，那么孩子也会在潜移默化中变得情绪稳定、乐观。

研究表明，在一个民主、和睦、文明的家庭环境里，孩子也会性格开朗、感情丰富、自尊自信。而这种温馨、有安全感的家庭氛围都是需要父母们去为孩子营造的。

一、开朗的父母感染孩子

父母在家庭中占有重要的地位，他们对子女发展有着巨大影响力。一位开朗的母亲可以让孩子变得快乐，一位悲观的母亲也可以让孩子变得忧郁和懦弱。很多时候父母的心理健康状况对孩子的影响非常大。

小米是个活泼的孩子，学习成绩也一直非常优秀，这都得力于他有一位乐观开朗的母亲。

小米的母亲是一名工人，20世纪90年代中期下岗后，一直靠做钟点工、缝纫工来维持家用，每月最多可赚得400元钱。小米的父亲则一直在外打工，每月的工资也只有几百元。此外，小米还有一个弟弟，靠这点微薄的工资来养活两个孩子，日子确实过得辛苦。

小米母亲指着家里的电器说，这些大部分是朋友借给他们用的。尽管辛勤劳作，每月仍入不敷出，但母亲的脸上一直挂着灿烂的笑容："穷就穷呗，只要孩子争气就行了。受我的影响，孩子倒是也很活泼、积极，学习生活从来没有要我操心过。"

已经考上重点大学的小米说："妈妈常常工作到很晚才回到家，但每次回家都会先给我和弟弟一个最美丽的笑容。平日里，有空闲时间的时候，妈妈也会和我们一起打打牌、唱唱歌，这都让我和弟弟感觉很幸福。所以每当遇到困难的时候，我就会想到妈妈那灿烂的笑容，就觉得什么困难都难不倒我了……"

父母在教育孩子的过程中，首先自己就要乐观、开朗。研究证实，父母开朗，孩子也会更快乐。

父母的言行举止对孩子有直接的示范作用。一对工作压力大、情绪低落、经常在家发脾气的父母，他们的孩子无论男女都有会产生焦虑、压抑的心情。男孩子会逐渐学习到父亲的行为方式，内化成为他自己的行为模式。在遇到类似的压力后，会以相同的方式表现出来。女孩则观察到母亲的表现，学会了更多的惊恐、抑郁。

在现在竞争激烈的环境下，父母们面临着巨大的压力，家庭、工作、生活等等。很多父母回家后第一句话总是"真累啊"，然后没心情理会孩子说的一切。虽然这种压力可以理解，但父母还是要尽量避免在孩子面前表现出来。

因为当孩子看到辛苦的父母时，孩子也会变得恐惧，不愿意承受压力。

父母们应该以身作则，在面对困境、挫折的时候，仍然保持自信的笑容，这样孩子也会受父母的影响，在面对困难时，乐观地去面对。比如，碰到加班的时候，不妨对孩子说："妈妈要去加班，这表明妈妈工作很忙。"孩子就会认为父母是公司的核心人员，觉得妈妈很能干，也会以妈妈为榜样更努力地学习。

二、开朗的父母让孩子更成功

父母在家庭中扮演重要角色——养家糊口、保护孩子、操持家务，维持着家庭正常运转。由于这种角色上的责任，父母需要更加重视自己的一言一行，给孩子树立好榜样。

从孩子呱呱坠地，就有很多不可预见性。也许他天生残疾，也许他并不聪明，也许他胆小怕生……但是有一句话说得好，"没有失败的孩子，只有失败的教育"，每位家长都必须坚信自己的孩子能成才，家长首先有一个乐观的心态，才会加倍地付出，孩子才能更成功。

老卡尔·威特和妻子正在为新降生的生命兴高采烈的时候，他们发现儿子一生下来就四肢抽搐，呼吸急促，这明显是先天不足。随着时间的流转，他们期待着孩子的转变，可是到了婴儿时期的卡尔反应仍然相当迟钝，显得极为痴呆。这让老卡尔·威特夫妻都很焦急。

但老卡尔·威特并没有绝望，而是用一颗积极、乐观的心态来面对这些。他在给堂弟的信中写道："我的儿子得之不易，怎么会不爱他呢？我要用我的方法去爱他，必将他培养成非凡的人。"

老卡尔·威特精心地策划了一个教育方案，一心想通过自己的责任和智慧把小卡尔·威特教育成为非凡的人。这个决议引来了邻居们的怀疑，甚至认为他在做无用功，根本不相信他的话，就连他的许多亲友都不相信。

但在卡尔·威特的精心教育下，小卡尔·威特从儿童时起就展现了不平常的学习能力。3岁半能认字；6岁学外语；8岁能熟练运用德语、法语、意大利语、拉丁语、英语和希腊语6国语言，通晓化学、动物学、植物学和物理学，而且对数学尤为擅长；9岁考进了莱比锡大学；10岁进入哥廷根大学；13岁出版了《三角术》一书；14岁被授予哲学博士学位；16岁获得法学博士学位，并被任命为柏林大学的法学教授；23岁出版《但丁的误解》一书，成为研究但丁的权威；后来一生都在德国的著名大学里教学，于1883年逝世，辉煌的一生中别人的赞美声从未停止过。

试想，如果老卡尔·威特本身是一个消极的人，那么他就不会对孩子继续进行教育，很可能将孩子当作一个智障孩子来对待，小卡尔·威特也终究不会取得那么大的成功。

孩子都是通过与父母的交流，学习到更多的责任、义务。一个内心积极健康的父母对于孩子的社会适应能力具有重要的作用，这种社会适应能力有助于孩子成功。

因为家长的乐观可以帮助孩子建立安全感，这样就会让孩子学会在一次竞赛失败时爬起来继续奋斗，让孩子学会在被小伙伴误解时主动去解释，让孩子学会在成绩下滑时仍保持"天生我材必有用"的乐观心态。具备了坚强乐观的品格，孩子的人生才会更美好。

三、开朗的父母让孩子更自信

快乐的父母就像太阳，永远散发出美丽的笑容照耀着孩子，让孩子时时刻刻感受到光明和温暖。这些快乐和勇敢也会感染孩子，是孩子最好的教科书。

《家有儿女》欢乐情景剧热播，收视率全线飘红。

本剧故事发生在一个重新组合的家庭中，主人公夏东海和刘梅都非常关心孩子的成长和教育问题，期望"整合"两人的爱心和智慧，培养出优秀的后代。由此引出一个个令人捧腹又发人深省的故事。

宋丹丹扮演的刘梅是一位快乐的母亲。因为再婚，她遇到了一般独生子女的母亲无法遇到的问题。她在3个孩子的成长过程中，慢慢学习如何教育。

现实中的宋丹丹依然如此，和英达离婚后她仍然保持着自己快乐的心态，并将这种快乐时时传送给自己的儿子。她认为，儿子可以不上哈佛，可以不拿多高的年薪，也可以去做一个超市的收银员，娶一个卖苹果的姑娘，但前提是，他一定要过得快乐，要善良，要乐于助人。

"即使儿子上了哈佛，有百万年薪，可如果是一个心理阴暗、没有朋友的人，那么生活就没有什么意义了。"

现在，宋丹丹自豪地说，自己已经完成了对儿子的教育工程。"在孩子青少年时期，让他健康快乐地长大，并且已经培养他建立了诚实善良的人格。现在儿子已经16岁，有1.8米高了，我对他在国外读书很放心，因为他非常自立。"

缺乏自信心的孩子很难成就大事。从小培养孩子的自信，是家长们重要的教育目标。但是很多父母不知道，自己的乐观、开朗的性格也可以培养孩子的自信心。

因为家长的乐观会潜移默化影响孩子。当孩子看到自己的父母在对待自己的事业时，永远是自信的笑容，孩子会觉得自己也应该像家长一样永远自信满满地对待学习。当家长给予孩子的永远是信任的眼神和开朗的笑声，孩子就能在妈妈的乐观中感受快乐，孩子自然就会变得自信起来。

父母对孩子的影响是巨大的，父母要认识到自己在养育孩子过程中的特殊作用，并时时保持主动地位，扬利除弊。

第38招 不给孩子太大压力

课后作业堆积如山，放学以后不再有看动画片的时间，周末还要参加课外补习，这些使得现在的孩子们感觉不到童年的幸福。在他们幼小的心灵深处，似乎已经烙上只有好成绩才是唯一重要事情的印记。

一、在起跑线上不要给孩子太大压力

面临着巨大的就业竞争压力，父母们认为孩子只有强中更强才能在社会上占据一席之地。于是，许多家长津津乐道于"别让孩子输在起跑线上"，各种补习班、特长班蜂拥而上。

但是家长们却忘了人生是一场马拉松，而不是一场百米赛跑，重要的是细水长流。在起跑线上就给孩子施加太大的压力，只会让孩子在后面的路上产生疲倦和厌烦，效果并不理想。

在现在应试教育的体系中，孩子本来就有压力，如果家长再毫无厌倦地让孩子去参加各种各样的班，就可能产生更大压力，10个孩子里面可能有1个能够承受，其他的9个就承受不了了，孩子就会产生厌学情绪。

某小学一年级搞一个主题活动，班主任问孩子有什么愿望？突然有一个6岁的孩子对老师说："老师，我最大的愿望是退休。"老师很不理解，想着小孩子怎么会有这样的愿望？

直到有一天老师进行家访时，才理解了孩子的话。

原来孩子和父母以及孩子的爷爷奶奶共同生活，年轻的父母很重视教育，为了不让孩子输在早期教育上，在孩子上幼儿园的时候就给孩子报了11个班，诸如画画、毛笔之类的学习班。

在孩子上小学后，孩子学习压力很大。因为孩子很聪明，对学校老师教的知识学得快、作业也做得快，剩下很多课外时间。这些时间，父母每天除了允许他看一会动画片外，还要让他练钢琴1个小时，练完琴才能睡觉，孩子每天真的很辛苦。

孩子看到爷爷奶奶生活得很轻松，每天吃完饭去散散步、遛遛狗，回来读读报纸、看看电视，困了就去房间睡觉，觉得他们很自由，于是就很羡慕爷爷奶奶的生活。

有一天他问奶奶："奶奶，我什么时候可以像你一样想睡觉就睡觉，想出去玩就玩啊？"奶奶笑着说："傻孩子，你还小，着什么急呀，等你到了像爷爷奶奶一样退休的时候就能过这种生活了。"孩子就想，退休该多好，于是他的最大愿望就成了退休。

传统教育中的孩子是被管理者，家长如果搞包办压制，孩子只会变得更为脆弱，更觉得没有自由。家长要转变教育观念，善于"发现"孩子的兴趣和特长，根据孩子爱好适当选择学习班，在信任的基础上，给孩子充分的成长空间，让孩子在快乐和自由中长大。

有时候，家长要做的其实就是让开一点，别挡住了孩子自我成长的阳光。

二、不要逼迫孩子学习

据调查，在儿童心理门诊中，大约有60%的儿童是因为"学习困难"而就诊的。学习困难是由于各种不良因素造成的，学习成绩不佳。在这个时候，父母们往往又表现出急躁和催促的状态，逼迫孩子学习，结果更是雪上加霜。

玲玲今年高三了，面对即将到来的高考，母亲比她更是着急和上火。妈妈一直希望玲玲能够考上一所重点大学，但是现实是玲玲的成绩并不是很理想，班主任也建议玲玲报考专科学校。

妈妈知道这件事情后，很是恼火，因为她是一个要强的女人，在自己的工作上从来都是不服输的人，听到老师这样的话语，所以显得特别激动："我非要让我的女儿考上重点大学不可，敢瞧不起我的孩子！"

从此，妈妈对玲玲的学习要求更加严格，不断对孩子说："为了妈妈，你一定要考上重点，让你们老师看看！"她再次压缩玲玲的休息时间，起初玲玲被弄得连吃饭都打瞌睡，上课时更是困得不行。

后来时间久了，玲玲反而睡不着了，整晚上失眠，还经常问妈妈："我要是考不上重点怎么办？"这时，妈妈总会说："为了妈妈，你就坚持一下，一定要挺住！"

玲玲只好咬牙坚持着。终于到了高考的时间，失眠和紧张早已把她压得喘不过气来，加上本来的学习基础就不好，玲玲高考失败了。

家长任何时候都要记住，学习是孩子自己的事情，家长需要做的只是给孩子提供好的环境，而不是压力。没有一个孩子可以背负着巨大的压力前行，即使有，那这个孩子的人生也不是快乐和自由的。

不要逼迫孩子学习，更不要要求孩子一下子就变成优等生。家长只要学会为孩子确定合适的目标，让孩子一步步地完成"既定目标"逐步前进即可，"拔苗助长"只会摧毁孩子稚嫩的身体和心灵，让孩子产生叛逆心理。

三、教孩子学会放松自己

孩子和成年人一样，也会有紧张、困惑等心理压力，但他们往往无法找到正确的自我调节方法，更不愿意主动去寻找家长的帮助。这就需要家长们要有意识、积极主动地去关心孩子、理解孩子，帮助孩子减轻心理压力。

小强最喜欢下棋，每到不开心的时候，就会和爸爸下棋，在巨型棋盘内下象棋，这让小强能够放松自己并变得开心起来。这都是因为爸爸每次在小强不开心的时候，总是陪小强下棋的缘故。

在一次学校组织的数学竞赛中，小强获得了倒数第一名。

事后，小强情绪非常低落，难过极了。因为他把这次竞赛看得很重，之前还做了很多准备。但是结果让他很失望。

过了一周后，爸爸见他仍然闷闷不乐，心想着有必要帮助他摆脱那种失意的情绪。

"儿子，你还在为那次竞赛难过吗？"爸爸问他。

"我真是太笨了，居然得了倒数第一名，太丢脸了。"儿子难过地说。

"傻孩子，先别想了，来和爸爸下盘棋。"下着下着，爸爸语重心长地对小强说："人生如下棋，生活、学习总会碰到不好的事情，但就像是一个棋局，总有解开的时候。再说，老师选择你去参加竞赛就证明你已经比其他的孩子优秀，只是'天外有天，人外有人'，只要你在以后的学习中知道取长补短，爸爸相信你下一次竞赛一定可以取得好成绩的。"

小强似乎在眨眼间懂得了一个真理，顿时从失意的情绪中走了出来。

如果每位家长都可以在孩子失意的时候，送给孩子关心和理解，那么所有孩子的心情就没有灰暗的时候，每个孩子都是快乐成长的孩子。

其实下棋只是一个心理自助游戏，它可以帮助孩子从自主性心理中学会"自我对话"，不断给自己信心，从而舒缓压力、调适身心。类似这样让孩子放松的方法还有很多。

比如，家长其实可以多让孩子拥有自己的时间。不要让学乐器、学电脑等占据孩子大量的课余时间，否则只会使孩子感到精神紧张。家长不妨合理安排孩子的课余生活，让他们有充足的时间独处、做自己喜欢的事情，这样孩子的身心自然会放松很多，压力也就会减少。

这些都不失是一种让孩子放松的好方法。要记住：孩子只有心情愉悦，才会有更好的精神状态投入到学习中。

第39招 教孩子学会宽容

现在的孩子大多以自我为中心，当他们在交往过程中遇到小的矛盾和冲突时，首先想到的就是自己。这些在父母娇惯下的孩子根本不懂得宽容。

孩子的宽容心是一种非常珍贵的感情，教孩子学会宽容，等于教给孩子一个处理人际关系的良方。

一、父母的豁达激励孩子更宽容

家长始终是孩子的榜样，一个拥有豁达心的父母，孩子也会懂得宽容。家长宽容、大度、遇事不斤斤计较，与邻里、同事之间融洽相处，孩子就会学着妈妈的样子处理同学之间的关系，也会变得宽容、乐于与人相处。

有一位母亲，让她的孩子跟团去旅游。由于那天去游玩的孩子较多，工作人员一时疏忽，将她的孩子留在了车站处。等工作人员意识到少了一个孩子时，立即开始了寻找工作。终于在车站附近的广场处找到了孩子。

由于剩下孤零零的自己，孩子非常害怕，呆呆地站在广场，哭得非常伤心。当工作人员看到满脸流淌着泪水的小朋友时，脸上显出深深的歉意，马上把孩子抱在怀里安慰起来。没过多久，孩子的妈妈来了。工作人员脸上的表情更是不自然起来，一遍一遍重复着"对不起"三个字，以为马上就会遭到责怪和埋怨。

令人惊讶的是，当这位妈妈看见了自己哭得惨兮兮的孩子时，并没有说什么，只是蹲下来安慰自己的女儿，并且很理性地告诉她："已经没事了，那个姐姐因为找不到你而非常紧张，并且十分难过，她不是故意的。现在，你应该亲亲那个姐姐的脸，安慰她一下。"

这个时候，孩子踮起脚尖，轻松地亲吻蹲在她身旁的工作人员的脸，并柔声告诉她："不要害怕，已经没事了。"

工作人员的眼泪在这时也夺眶而出。

宽容感动人的心，妈妈的豁达更能激励孩子的宽容，成就孩子的未来。

做父母的，既可以将自己的孩子培养成心胸似海的人，也可以把孩子培养成心胸狭窄的人。为了教会孩子宽容，家长首先就要在孩子面前自身表现出宽容的态度来。

比如，家长不要对某些人和事物有偏见，更不能把这些偏见在孩子面前表露出来，因为这会让孩子在潜意识里也受到这种偏见的影响，而对这些人和事物有偏激的看法。

也最好不要在孩子面前以自己的眼光议论其他小朋友的缺点，这样容易让孩子对其他小朋友过于挑剔。相反，父母要尽可能表扬其他小朋友的优点，让孩子明白每个人都是有优点的，不要使自己的孩子产生一种以自我为中心的思想。

为了培养孩子宽容的习惯，家长一定要在孩子面前谨言慎行。

二、让孩子明白善待他人等于善待自己

孩子学会善待他人，也就学会了宽容他人。因为只有有一颗宽容的心去原谅他人的过错，你才能学会善待他人。家长要让孩子明白，善待他人也就是善待自己。对他人多一份理解和宽容，也就是多给自己一份快乐和尊重。

有一个孩子，他不知道回声是怎么回事。有一次，他独自站在旷野，大声叫道："喂！喂！"附近小山立即反射出他的回声："喂！喂！"他又叫："你是谁？"回声答道："你是谁？"他又尖声大叫："你是笨蛋！"立刻又从山上传来"你是笨蛋"的回答声。孩子十分愤怒，对小山骂起来，然而，小山仍旧毫不客气地回敬他。

孩子气冲冲地回家对母亲诉说，母亲对他说："孩子呀，那是你做得不对。如果你恭恭敬敬对它说话，它就会和和气气地对待你。在生活里也一样，不论男女老幼，如果你对人好，人便对你好；如果我们自己粗鲁，也绝不会得到别人的友善相待。"

第二天，孩子又跑到那里喊道："我喜欢你！"小山立刻也回敬他："我喜欢你！"这次孩子笑了。

这位母亲是位聪明的母亲，她在传授孩子一种高尚的品格。因为只有孩子学

会了善待他人，那么很自然地孩子也就会在日常生活行为中懂得容忍他人了。

现在的孩子很多都是"不吃一点亏"，他打你一下，你就一定要还他一下。甚至有的家长还帮助孩子一起来参加这种"战斗"，容不得自己孩子受一点委屈。其实这是助长孩子打架、争强好胜的坏作风。孩子长久下去，脾气会变得暴躁，人际关系受到重大影响。

家长应该教会孩子学会善待别人，"赠人玫瑰，手有余香。"有了一颗友善、宽容的心才能有更多的朋友，才能时时刻刻都受到同学和朋友的拥戴，才能够很快地适应各种不同的环境，才能够融洽地与人合作。

宽容让孩子充分挖掘自己的潜能，从而赢得更大的一片广阔天地。

三、学会原谅孩子的过错

孩子有时就像是一个"闯祸鬼"，不是今天不小心打碎了隔壁家的玻璃，就是明天把别的小朋友的铅笔弄坏，家长总是在他们身后帮助他们收拾残局。

有的家长可以原谅孩子的过错并且耐心教导孩子怎么样做才是对的，但也有的家长每次在孩子闯祸时都暴跳如雷，拳脚相加，但孩子下一次依然重复着同样的错误。

有时家长应该学会原谅孩子的错误，只有家长对孩子的错误进行宽容处理，孩子才会用同样的方式宽容处理自己遇到的事情。

小汤姆想喝果汁，但是自己却够不到，妈妈又不在家。于是他冒出了一个想法，找来一个小板凳自己去橱柜上面拿。

果汁就在橱柜上，小汤姆踩在板凳上，用手尝试着去够。但因为个子太小，怎么也够不到。他歪歪斜斜地翘起了脚跟，左手扶住墙，右手猛地用力伸出去，这次终于碰到了果汁的瓶子，结果却没有拿稳，整瓶果汁全倒在地上了。

小汤姆害怕了，心想着妈妈回来后一定会挨打。意外的是，当妈妈回来后看到满地的果汁并没有生气，却说："漂亮的小河啊，我从来没有见过。"

看到小汤姆脸上紧张的情绪得到缓解，妈妈接着说："虽然漂亮，但是小河在这里流会弄脏地板的，我们还是一起把它收起来吧。你愿意和妈妈一起干吗？"

小汤姆笑着点点头说："愿意！"于是妈妈边教小汤姆收拾果汁，边重新放了一瓶果汁，告诉小汤姆如何才能拿到果汁瓶。

心理学家说："当一个错误已经发生时，你发再大的脾气也都是于事无补。"当孩子犯错误时，责骂孩子，也只能是让小孩子更害怕、更惊恐，家长的暴脾气只能造就一个胆小的孩子而已，除此，没有一点好处。

如果孩子不小心犯了诸如打破杯子这样的小错误，家长不再用惩罚或责备的方式来教育孩子，而是告诉孩子，其实妈妈有时也会犯这样的无心之错，只要下次小心就可以避免。相信孩子以后犯错误的机会会越来越少。

从原谅孩子的错误开始，用宽容的心去引导孩子认识自己的错误，不但可以给孩子勇敢面对、勇敢承担的勇气，更重要的是让孩子知道，解决问题的办法除了批评、惩罚以外还有宽容。孩子在家长身上学到了宽容，在与别人的相处中就懂得如何宽容别人。

第40招 帮孩子减弱嫉妒心

小孩子有嫉妒心理吗？很多家长觉得这么小的孩子不会有嫉妒心理。

其实很多情况都能使孩子产生嫉妒。虽然说孩子的嫉妒心是一种可以理解的正常情绪反映，但并不意味着家长可以采取听之任之、放任不管的态度。

因为经常的嫉妒反映情绪，会演变成人格的一部分。如果孩子嫉妒心过强的话，会产生很多不良情绪，对孩子心理健康极为不利。

一、帮助孩子正确评价自己

常见当孩子看到别的小朋友手上的玩具比自己的好玩时，就想占为己有，还想方设法去取得，眼神也往往从羡慕转变为嫉妒。

科学证明，嫉妒作为一种心理活动，产生是很早的。生活中只要家长留心观察，也可以发现孩子很多嫉妒的表现，只是家长没有把这些表现作为一种嫉妒心理来对待罢了。

嫉妒心重的孩子，往往是不能正确评价自己的孩子。这些孩子与别的孩子进行比较时，要不就是将自己的长处与别人的短处比，结果妄自尊大；要不就是将自己的短处与别人的长处比，越比越没有底气，越来越自卑。

家长要学会帮助孩子客观地、实事求是地认识自己、评价自己，清醒地了解自己的优势与不足，教会孩子取长补短，这都是可以帮助孩子减弱嫉妒心的方法。

小梅有一套童话丛书，她的同学小明便向她借，她马上说，自己也没买到。回家后，她对妈妈说起了这件事，妈妈问她为什么撒谎，小梅却毫无愧色地说："他什么都比我强。小明的爸爸比我爸爸的钱多，他家的房子比咱家大，英语老师也更喜欢他。我不想让他赶上我！"

面对女儿如此之强的嫉妒心理，小梅的妈妈不知所措。为了帮助自己的孩子减弱嫉妒心，小梅妈妈故意安排小梅与小明共度一次周末。结果两个孩子在聊天时，小梅了解到：小明一个月只有一两天可以见到忙碌的爸爸；小明没有在家养小动物的权利；小明经常被妈妈逼迫着学钢琴，没有看动画片的时间……

小梅终于意识到自己的生活中也有令小明艳羡不已的一面，小梅终于打破了嫉妒之壳，站了出来，笑容灿烂地与小明牵起了手。

一般来说，随着孩子年龄逐渐增大，孩子与周围伙伴攀比的可能性就越大，这个时候父母要适当地指出孩子的长处和短处，帮助孩子正确认识自己，使孩子明白人人都是有优点和缺点的，没有完美的人，只是每个孩子的幸运和快乐不一样罢了。

家长可以教育孩子经常问自己："我各方面表现如何？有什么优点？有什么缺点？我和上个月比较起来退步了还是进步了？那位小朋友身上有哪些值得我学习的地方？"等等，这样的自问可以让孩子在思考中看到别人的长处，也能够帮助孩子正确、客观地进行自我评价，从而将优秀的孩子树立为榜样，而不是作为嫉妒的对象，嫉妒心也就自然消失了。

二、让孩子有一个正确的竞争意识

从孩子自身的发展角度来看，四五岁是孩子开始摆脱对动作的依赖，形成思维逐渐占主体地位的时候。这个时候，他们会对自己已经努力却无法达到的目标充满不甘心，因此很自然地就会对那些"幸运儿"产生心理排斥，强烈的妒意就冒出来了。

家长应该引导孩子用自己的努力和实际能力去和别人比较，而不是采用一些非光鲜的手段去获得竞争的胜利。比如，有些孩子嫉妒别人有比自己漂亮的本子，那么他就会偷偷地将别的小朋友的本子偷走然后扔掉。

告诉孩子这些做法都是错误和可耻的行为，如何让孩子的好胜心转化为动力这才是家长需要思考的问题。

天天和小宇原本是一对要好的朋友。两家是邻居，两个孩子从小在一个幼儿园读书，每天一起上学、放学，因此整天形影不离，有喜欢的玩具也一同分享。但最近天天的妈妈发现，女儿对小宇有些反感，总是故意地疏远小宇。

天天不再和小宇一同上下学，小宇过来找天天玩，天天也是不理不睬。妈妈

问天天是什么原因让她们疏远，天天却不肯说。

在一次偶然的机会中，妈妈发现了原因。一天，天天和爸妈在一起看电视，这个时候电视上的主持人正在祝贺一个小学生当上了学习小组长，天天却撇撇嘴一脸不服气："这有什么了不起！"伸手拿起遥控器换台。

天天的妈妈忽然领悟，原来小宇当上了学习小组长，而天天却落选了，多年的好朋友出现了不平等现象。于是天天因为小宇比自己学习成绩好而嫉妒小宇，不愿与小宇交往，并且对学习小组长的职位非常反感。

天天虽然有意疏远小宇，却密切关注着小宇的一举一动，唯恐小宇再在某方面超过自己，前几天小宇迟到被老师批评，天天却因此高兴了一个晚上。

孩子已经会根据事物的鲜明形象与自己进行思维联系，这是他们能够体验心理的基础。当孩子受到身边差异性的形象刺激，就可能直接产生嫉妒的心理。引起孩子嫉妒的因素极为单纯，他们所嫉妒的对象一般也都是他们直接看到的人，通常是他们一起玩的朋友、兄弟姐妹等。

因此，如果家长不帮助孩子树立正确的竞争意识，那么将会影响孩子与亲近的人的关系。那家长到底怎么做呢？

首先，家长要教育孩子把注意力集中在"怎样超过自己嫉妒的人"上，告诉孩子贬低别人并不能抬高自己，要让孩子用积极的努力来缩小实际差距，最终化解内心的不平衡。

其次，家长自身就不可以通过贬低别的孩子来满足自己孩子的优越感，这样只会让孩子因为看不到别人的长处而不知道积极进取并自甘堕落下去。

三、鼓励孩子说出来，不用过激语言刺激孩子

当孩子发现自己的才能、名誉、地位或待遇、享受等方面不如别人，就会产生一种情绪状态，这种情绪很复杂，羞愧、愤怒、怨恨等兼而有之，这就是嫉妒心。

虽然孩子的嫉妒心有时可能会带给孩子一定的学习动力或刺激作用，但从总体上说，嫉妒心理毕竟是一种负面的情绪体验。当自己的孩子有了嫉妒心的时候，家长应该耐心疏导孩子的这种情绪，让孩子尽情宣泄出来，而不是用过激的语言刺激孩子。

听说美美要参加歌唱比赛，妈妈非常开心。马上带着孩子去商场买了一套漂亮的衣服，美美还信誓旦旦地对妈妈说："我一定要超过小梅，分数比她高。"

美美是第一次参加歌唱比赛，不免有些紧张，当她走到舞台上时，看见观众席上黑压压的一片，立即手心冒汗，本来熟记于心的歌词在这个时候却不知道溜到哪里去了。唱出来的声音也因为紧张夹杂着颤抖。

虽然评委们给了美美一定的照顾分，但还是与奖杯无缘。美美非常沮丧，垂头丧气地走回了家，希望妈妈可以安慰安慰她。可是一进门，妈妈就冲她喊着："怎么那么不争气，有什么好紧张的。"

美美很小声地说："因为，因为人太多了，都看着我，我就害怕……"

"所以就取得这分数？你看看小梅，人家怎么就不害怕呢，唱得多好。你就知道害怕，还说超过小梅呢？我看你是过八百年也赶不上人家！"

美美委屈地哭了，从那以后，美美更胆小怕事了，连上课回答问题也是尽量回避。见到小梅也是横眼冷对、怒气冲冲。

"嫉妒者比任何不幸的人更为痛苦，因为别人的幸福和他自己的不幸，都将使他痛苦万分。"嫉妒本身就会让孩子在心理上产生一种痛苦的体验，这种消极的情绪反应如果不能得到及时宣泄，持续久了就会对人的身心健康十分不利，能引起多种心理问题与疾病。

很多家长认为这种孩子之间的比较可以刺激自己的孩子发奋，事实上，如果这种比较用得过度泛滥，就会让自己的孩子产生强烈的自卑，认为自己就是什么都不如别人。尤其是在孩子失败后，如果家长用这种比较的语言刺激孩子，孩子的自信心会被彻底击垮，从而放弃努力。

假如家长发现孩子有妒意，父母并不可以斥之为"可耻的想法"予以打压，更不可以说类似"你就是不如人家"这样的话，因为这样只会加深孩子内心的矛盾与扭曲。

相反，家长应该鼓励孩子说出内心的想法来，这才是疏解孩子内心压力的最佳途径。比如，孩子的嫉妒对象是小伙伴，父母应当鼓励他当着对方的面说出自己的羡慕和不甘心。"我很羡慕你有钢琴。我觉得我在电子琴上练习，永远也赶不上你。"说出自己的真实想法后，孩子很可能会得到呼应和帮助。

对方可能会说："你到我家来吧，我还可以教你弹，我们一起学习。"对方也可能会说："弹琴一点儿意思也没有，我还羡慕你可以看动画片呢。"无论是哪一种答案，都能极大地缓解孩子的妒意和压力，不会令孩子自责"我有问题"，从而心理健康地长大。

第41招 鼓励孩子走出去

如今的家庭里独生子女的情况比较多，孩子与同龄人相处的机会是比较少的。这样的家庭环境导致孩子们越来越缺乏沟通，容易使孩子陷入自己的小世界中，而不能很好地融入班级集体。

对于这样的孩子，家长要付出更多的时间与耐心，鼓励他们走出自己，让他们广交朋友，才能慢慢适应集体，融入社会。

一、鼓励孩子多交朋友

让孩子和同龄人多交流是很重要的事情，其实孩子是非常渴望被其他小朋友认可与接受的，并且他们会在与小朋友相处的过程中得到欢笑与快乐。

家长都明白朋友对于生命的意义和价值，其实小孩子也是一样的。现在很多独生子女不善于交朋友，身为家长应该用正确的方法积极地鼓励孩子多交朋友。

明明居住的小区有很多小朋友，明明爸爸总是会想方设法地让孩子走出去，多和小区里的小朋友们去玩耍和交流。

明明爸爸经常向儿子描述外面美好的景象，譬如绿绿的草地、欢快的小朋友、各种各样的游戏……这些，都能勾起明明的兴趣和打消明明对陌生孩子的恐惧和戒备心理。当明明和孩子们见面后，明明爸爸又通常坐在一边，不会陪着孩子玩，他告诉明明："爸爸很累，想休息了，你自己玩吧。"

这时的明明出于无奈，只好硬着头皮主动找小朋友玩去了，很快他就可以融入其中，并玩得很开心。如果跟小朋友有了什么矛盾，明明爸爸也不管，而是告诉他这是明明自己的事情，让他自己去化解，不然游戏就不能进行了。

于是明明就会自己主动想办法，比如跟小朋友谈条件，你把你的小卡车贡献出来，那我就把玩具枪拿出来，两个小朋友皆大欢喜——无形之中，原本自私的孩子也学会了分享。

等到周末的时候，明明的爸爸和妈妈还会让明明带领着他自己的一群小朋友来家里做客，让他们自由地做游戏，只要教他们必要的安全守则，除此，夫妻俩不会去干涉。明明的爸爸和妈妈还会一起做一顿美味佳肴让孩子们享用。

小朋友们在与明明的玩耍中觉得非常快乐，他们更愿意和明明玩了。

父母们应该为孩子创造交友的条件，让孩子学会主动走出自己的小世界，投入到朋友圈中。

在孩子们相处的过程中，给予他们正确的引导和支持，接纳孩子的朋友、热情招待孩子的朋友。这样可以提高孩子在同学、朋友中的形象，也可以增加其他孩子对自己孩子的好感，从而更愿意与孩子保持良好的朋友关系，这样孩子就不会感到孤独和寂寞，人际关系也因此建立起来。

有些父母虽然允许孩子交朋友，但是规矩很多，而且过分干涉。孩子有了新朋友，就横竖打听，稍不称心，就不准孩子跟人家来往。聪明的父母应该帮助孩子交朋友。

如果担心孩子交朋友受到不良影响，事先可以提醒孩子，在外面交朋友，应该注意些什么，告诉孩子什么样的朋友才是真正的朋友。父母只做善意的提醒和建议，而不加以干涉。

二、鼓励孩子参加集体活动

谈及教育问题时，一些家长对孩子参加学校组织的集体活动有些反感，片面地认为，学习的唯一场所就是课堂。

事实上，活动也是课堂，而且是更开放、活跃、亮丽的课堂。一次精彩的活动，往往可以充分调动孩子的积极性，让孩子在活动中收获知识、充分展现自我。一次成功的活动，就是一节精彩的课。家长应该鼓励孩子多多参加集体活动。

秋高气爽，无垠的天空、清澈的海水、柔软的沙滩，妈妈带着琳琳来参加"清凉沙滩派对"活动。平日的琳琳很不善于表达自己，总是喜欢独来独往，但在这次活动中妈妈惊奇地发现了她在活动中的不凡表现。

派对中琳琳可以和许多小朋友接触，与他们一起做游戏。开始的时候，琳琳还是躲藏在妈妈身后，不敢和小朋友们玩耍。但在工作人员紧张而有序地安排下，妈妈带着琳琳分别参与了击鼓传球、沙滩大接力、沙漠之水、沙滩气球、夏威夷热舞等活动。

几轮下来，琳琳就被这种快乐的氛围感染了，其他小朋友也是不断地邀请她去做游戏，慢慢开始和小朋友们融合起来。在这个派对活动中，每个孩子都有机会彰显自己的才能，琳琳也表现得很大方，不惧怕生面孔，反而在众目睽睽之下给大家唱起了歌，越发表现得活泼可爱。

中午吃饭时间，琳琳神神秘秘地说："妈妈，和你商量个事。"妈妈说："什么事？"琳琳说："刚和我一起做游戏的小朋友，她没有苹果吃，我想把我的苹果给他一个，行吗？"妈妈听到后，立即笑着说："行呀，我的女儿长大了，懂得去关心别人了，快给她送去吧。"

这次集体活动结束后，妈妈觉得对琳琳的成长有很大益处，琳琳开始变得开朗起来了。

集体活动中蕴涵着培养孩子智力、情感和习惯的丰富资源，包含着发展良好品性、健康身心、正确审美情趣的财富。家长应支持孩子积极参与集体活动，抓住学习和历练的机会，展示才能、张扬个性，这样不但可以培育孩子的想象力和创造性思维，还可以发展孩子的人际交往智商，生活更加快乐。

三、教孩子一些交往小技巧

每个孩子都是喜欢与自己差不多大的孩子在一起玩，也希望从朋友那里得到鼓励和支持，只是有时候孩子的这种交往要求不小心被某些原因给阻碍了。也许是因为孩子不懂得怎么去和小朋友接触，也许是因为怕生，也许是因为害羞等等。

家长平时要注意观察孩子的举动，探究孩子不喜欢与人交往的原因，然后对症下药，才可以让孩子走出自己，过得快乐。

飞飞从小就是个乖巧的孩子，在家里十分懂事，和爸爸妈妈相处融洽，上了幼儿园之后，老师也说他像个小大人，说话做事一本正经。可是没过多久，妈妈就发现飞飞性格变了，三天两头发脾气，无论和谁说话，语气都很"硬"，从不考虑别人的感受，想说就说，想做就做。

在幼儿园里，飞飞和谁打交道都不会长久，无论是和文静、脾气好的女孩子在一起，还是和同样爱吵爱闹的男孩子，常常一开始双方玩得高高兴兴，说不定什么时候就会风云突变，最后都是一个不欢而散的结局。

慢慢地，其他孩子都不想和他做玩伴了，飞飞被大家孤立起来，没趣地站在一旁发呆，慢慢地自己也变得越来越沉默。为此，爸爸妈妈和飞飞说过很多次，要他好好和大家和睦相处，飞飞总是满脸委屈："我没做错什么，可他们老是不和我玩。"

这里的飞飞就是一个不会与别人交往的孩子，这个时候家长要教会孩子一些交往的小技巧，帮助孩子获得同学之间的友谊。

比如，要教会孩子体察他人的情绪，顾及他人感受。因此，在和同学交往中，告诉孩子不要无故打断他人的讲话，在别人讲话时要认真倾听，不可以心不在焉等。家长可以在生活当中培养孩子观察他人表情、语气、语调，从中捕捉对方是高兴还是反感的体验，从中体会别人的情绪变化，学会察言观色。

教孩子一些小技巧，就可以让孩子获得大快乐，家长何乐而不为呢？

第42招 帮助孩子战胜困难

每个孩子都会遇到这样或者那样的困难，对于孩子来说，只有经历了困难，才会知道如何面对困难，才会在困难中吸取经验变得更坚强。困难对于孩子来说并不都是坏事。

有的家长在孩子面对困难时，给予适当引导和帮助，帮助孩子勇敢地战胜了困难；相反，有的家长在这时对孩子置之不理，孩子手足无措，更加紧张，更别提如何战胜困难了。

家长要学会帮助孩子战胜困难，也是一门艺术。

一、让孩子感觉到家长的爱

父母深深的爱，就像是一盏明灯，在孩子感觉到灰暗时，给予光明；父母深深的爱，就像是一把火，在孩子感到沮丧时，给孩子激情；父母深深的爱，就像是大海，无论孩子遇到什么困难，都能容纳孩子的痛苦。

每个父母都必须懂得：爱是家庭教育的基础。尤其是当孩子遇到困难时，让孩子感到父母深深的爱尤为重要。当孩子遇到困难时，父母一个动作、一个眼神，或是一两句鼓励的话，都能使孩子的心平静下来，这说明父母的爱是让孩子有勇气去战胜困难的一剂良药。

微微上学时，一度成绩不太理想，期末考试甚至数学要补考。但妈妈从不责怪他"笨"，而是耐心地帮他分析原因，不失时机地鼓励他、夸奖他。

他最怕做应用题，最初，六道题仅能做对两道，然而，妈妈却大声地夸奖他："不简单，这么难的应用题你都会做！妈妈小时候还没有你聪明哩！"在妈妈的鼓励下，微微不再惧怕应用题，因为他从来不担心自己做错时会被挨骂，成绩也逐步提升了。

因为孩子小，所以很多时候自信心的建立都来源于家长的信任。做家长的说孩子行，孩子就会行，他一时不行的也会慢慢变得行了；如果家长说孩子不行，行的孩子也会真的慢慢地变得不行了。

家长的爱本身就是一股力量，帮助孩子建立自信承受挫折的力量。让孩子感到家长深深的爱，孩子会欣慰自己在遇到困难时不是一个人在承受，家长首先在精神上赐予了孩子勇气和胆量。

富豪李嘉诚回忆自己的父亲时说："难忘的是父亲的拥抱。我至今还清楚地记得，稳健而富有涵养的父亲，与我亲密接触时，常常会忍不住紧紧拥抱我，并把我举得很高；父亲还时常对我说，'你是父亲的骄傲，有你这样一个儿子我是多么自豪'。父亲把他满腔的爱心都倾注在我身上，并培养我成为一个自信的、有主见的人。"

如果父母的爱时时刻刻流淌在孩子的心中，孩子自然会在生活中觉得快乐和满足。在遇到困难和挫折时，也敢于挑战困难，从而健康地成长。

二、培养孩子坚强的意志力

在孩子成长的道路上存在着一个非常温柔的陷阱，这是那些过分庇护孩子的父母亲手挖掘的。掉进陷阱里的孩子，由于被剥夺了遇到困难和解决困难的机会，从而也失去了自己在摸爬滚打中成长的机会。

父母需要爱护自己的孩子，但是爱要讲究方法。孩子的意志发展水平本身就很低，往往不能很好地控制自己的行为，容易在困难面前畏缩退让，半途而废。如果面对任何问题父母都是包办代替，孩子会逐步丧失自立的能力。当遇到困难时，孩子也只会束手就擒，没有挑战和拼搏精神。

一位父亲很为自己的孩子苦恼。因为儿子已经十五六岁了，却没有一点男子气概。于是父亲带着孩子去请求专家帮助。

专家说："把孩子留在这里吧，我在三个月内一定把他训练成男子汉。但是三个月之内，你不可以来见他。"

三个月后，父亲来接孩子。专家安排孩子和一个跆拳道教练进行一场比赛，以展示三个月来孩子训练的成果。

教练一出手，孩子就被打倒在地。他站起来继续迎接挑战，但马上又被教练打倒在地，他就又站了起来……就这样来回折腾了很多次。

专家问父亲："你觉得孩子表现得怎么样，够男子汉气概吗？"

父亲沮丧地说："训练了三个月，还是那么不经打，被人一下子就打倒了，真是替他丢脸啊！"

专家说："真遗憾，你只是看到了比赛的胜负，却没有看到孩子在比赛过程中表现出来的顽强的意志力。他屡败屡战，并没有丧失勇气，这是多么难得的一种精神啊，相信以后他在遇到困难时，绝不会轻言放弃的。"

很多家长只重视培养孩子的观察力、想象力、创造力、记忆力等显性能力，却忽视了意志力、自信心等潜在能力的培养，而这些恰是提高显性能力的必要保证。尤其是孩子的意志力，在学习和智力活动中起着重要作用。

家长要有意识地为孩子创造一些失败的机会，磨炼孩子的意志力，这样可以促使孩子在学习中克服困难，排除干扰，向既定目标前进。作为家长，要着眼于培养孩子这种百折不挠的精神。

生活的道路不可能是一帆风顺的，只有意志坚强的人才能取得人生的成功，让孩子具有跌倒了又站起来的勇气就等于帮助孩子克服了很多人生道路上的困难。

三、不把孩子当成弱者来看待

现在很多家长觉得孩子在学习上遇到难题就爱退缩。比如某一门课程成绩不好的话，就再也不愿意去学习这一门课程，很容易失去信心。这样下去，学习成绩自然不能进步，而且下降很快。

孩子为何出现这样的状况呢？答案就是怕苦，怕困难，做事经常半途而废。

家长要想帮助孩子走出这一困境，就要在生活中让孩子尝试着独立完成任务，不要总把孩子当成一名弱者来看待。总认为他们小，他们需要被保护，这样永远不能让孩子走出困境。

林林是个顽皮的孩子，但也许就是因为他的顽皮，他凡事都表现得很坚强。每次摔倒了，从来不哭，自己爬起来继续走。

一天，林林看到门前有一棵树，心里想着："我要是能坐在上面，就可以看到整个村庄，那多漂亮啊！"但是他知道，妈妈是绝对不允许自己这样做的。所以每次看到邻家的大哥哥在树上爬上爬下，他就非常羡慕。

那天，刚好妈妈不在家，林林带着几个小伙伴就来到了树底下，开始爬了起来。可自己总是爬不高，爬到一定距离就从树上滑了下来。

这时爸爸看到了林林的举动，居然没有训斥林林，而是把儿子举在树干上，边扶着儿子边给儿子讲起了爬树的要领。爸爸似乎是想刻意锻炼一下孩子，因为爸爸知道，虽然是第一次爬树，可孩子是可以爬上去的，这是锻炼孩子胆量和技巧的好机会。

可是这时妈妈回来了。她看到儿子在树上爬着，爸爸还在旁边，一下子火了，对爸爸训斥道："怎么让孩子爬树，摔着怎么办？"爸爸对着妈妈叹了口气，把林林从树上抱了下来。

林林下来后，小声地对着爸爸说："要不是妈妈，我一定能爬上去。"孩子显得有点失落。

要想让孩子变得坚强，家长千万不可以把孩子当成弱者来看待。只有让孩子自己去勇敢尝试，孩子的手才更有力量，孩子的腿才能更好地站稳，孩子在困难面前才能有一颗不言放弃的心。

记得在一个公交车上，有个人为5岁的孩子让座。孩子的妈妈却笑着说："让她站着吧，她到了可以站立的年龄了。"多么有远见的一位母亲。她懂得要想让孩子在以后的路上不惧怕失败和困难，就必须从小培养孩子坚强的品格。

第43招 引导孩子认识生活

孩子眼中的世界是什么样子的？他们都关注些什么？

孩子的心永远是好奇的，他们对所有能接触到的人、物和现象非常敏感。因此，家长要注重从小引导孩子认识生活，为他们讲解生活中的酸甜苦辣，增加他们对社会环境的认识。

只有这样，孩子才可以提前对生活和社会加深了解，这对孩子以后走向学校和社会的学习有很大益处。

一、多给孩子体验生活的机会

孩子是一个发展中的人，最早，孩子对生活能够做到简单区别：这个人是妈妈，这个人是爸爸；找妈妈抱，不找阿姨抱；这是汤匙，这是玩具，那是床……

但随着孩子逐渐长大，这些简单的生活认识已经不能够满足孩子了，虽然他们的感知能力也在提高，但是终究受制于年龄小和经验的不足。

家长要做的，是如何给孩子提供这些接近生活的机会。

生活本来就是一个过程，一个从有到无，再从无到有的转化过程，很多时候家长要学会放手让孩子尽情去尝试、去体验。孩子会在这些过程中看到如何将不利因素转化为有利的、积极的、合理的因素；会看到事物好的一面，也会看到坏的一面，这都教会孩子趋利避害。

多给孩子接近生活的机会，在接近中引导孩子认识生活。

4岁的女孩看到母亲在厨房刮除鱼鳞时，问道：

"为什么鱼有鱼鳞呢？"

妈妈思考了一下，想寻找一种让孩子很容易了解的说明方式。于是妈妈很灵巧地回答道："这就像我们穿衣服一样，穿上衣服可以防寒、护身，而且这也是一种礼貌。对鱼儿来说呢，鱼在水中也会冷，所以要穿衣服。有的时候呢，鱼在海中游泳时，如果碰到岩石，有了鱼鳞它就不会受伤啦。"

一次，女孩和父亲一起坐车时，又被告知要把窗户关起来，这时，她又问道："为什么车子后面会冒出黑烟呢？"

爸爸说："这就像你一样，要吃饭和喝水，才能够玩和念书。不需要的东西，就会成为小便和大便排出来。车子也是一样，汽油就是它的饭。它也需要经常地吃饭，才能够跑得快。没有用的就成为黑烟和废气，从车子后面排出来。这就像车子的小便一样，所以要你把窗户关起来，就是为了避免吸到废气。"

对于孩子提出的问题，父母不仅要回答，而且要回答得巧妙和科学。不要轻视或嘲笑孩子的问题，这样会使孩子丧失发问的意愿。如果无法让孩子得到满意的答案，这时家长可以非常认真地告诉孩子："我再去查一查。"

这么一来，孩子会因此而受到激励，会想再发问。在这些发问中，孩子对于生活的认识就在提高，日积月累，孩子就会从中领悟到生活中的规律变化，增加了知识，从而学会利用知识。

二、引导孩子认识生活中的挫折

现在独生子女的孩子们，最害怕什么？害怕挫折、苦难。在糖罐里长大的孩子们，都经受不住挫折的磨炼，遇到点困难就会垂头丧气。

家长要在生活中引导孩子，挫折就是人生的一部分，是一个人不可避免的。每个人不是遇到这种厄运，就是遇到那种不幸，不是遇到大坎坷，就是遇到小麻烦。虽然每个人都不喜欢挫折，但逃避是不正确的，告诉孩子在挫折之后勇往直前才是正确的选择。

高考结束后，姗姗认为自己考得还不错，还是比较有希望进入重点大学的，她觉得自己已经很努力了。但当成绩公布时，姗姗没能录取。

虽然是正常发挥，最终，还是因为0.7分与重点大学失之交臂。她伤心极了。

在学校里，老师已经做过她的思想工作。但她想到还要辛苦复读的日子就伤心，总是自己一个人闷在房间里，不见别人，更不与别人交流。说得最多的一句话就是，"真后悔自己数学考试时没有认真审题，要不就不会有这次的失败了。"

妈妈看到姗姗伤心痛苦的样子，心里也非常难过。一天，她终于把女儿从房间里拉了出来，让她陪自己跑步。

妈妈边跑步边和她聊天，告诉她：挫折是很正常的，谁都会遇到挫折，经过这次教训，以后你会更加努力。况且老师也说过，不能进重点并不能说明你不好，只要你再努力一年，相信你一定可以进入自己喜欢的学校。

经过这次聊天，姗姗也进行了反思，加上妈妈的努力，姗姗又开始继续努力学习了。

挫折会给人打击，带来损失和痛苦，但也能让人奋起、成熟。有时候，遇到一些挫折，并不是坏事。家长在日常生活中，可以多让孩子进行一些挫折教育，让孩子学会在挫折中沉淀自己，带着伤疤成长。

家长也可以多给孩子讲一些名人受挫但又奋起的故事，让孩子在故事中体会生活。让孩子的意识中存在生活就是这样的，并不总是一帆风顺的，要学会化挫折为力量。

只要孩子在意识中有了挫折的概念，在以后的生活中遇到挫折时，他们就会不那么惊恐，也会坦然面对，这可以让孩子健康成长。

三、引导孩子认识生活中的苦难

"人有旦夕祸福，月有阴晴圆缺"，苦难总是会在不经意间降临。谁也不能保证一辈子不受一点苦。家长也要从小教会孩子认识生活中的苦难，只有预防工作做得好，才可以避免苦难和勇于迎接苦难。

孩子的世界都是灿烂多彩的，他们不知道这个社会上还有那么多天生残疾的人，也不知道大山里面还有很多孩子上不起学，更不知道平日里习以为常的水在一些西部地区是多么的珍贵。

如果家长注重灌输孩子这些生活中的知识，孩子会在学习的过程中学会感动、分享、同情。这对孩子人格的培养有着很好的促进作用，也会让孩子更珍惜自己的生活，从而坚强乐观地面对一切。

英国著名剧作家萧伯纳因为家中穷困，父母无力为他支付学费，15岁时就辍学走向社会独立谋生。在漂泊动荡的生活中，他对文学产生了浓厚的兴趣，把自己的喜怒哀乐、对美好生活的向往都通过笔下的人物倾诉出来。

但是，他的创作生活开始并不顺利。他曾用四年时间创作了5部长篇小说，却没有一家出版社肯接受。后来转向创作剧评，依然没有太大反响。再后来，他转向戏剧创作，却依然以失败告终。

萧伯纳并没有因此放弃追求，他相信自己一定会成功，所有的打击没有能打倒他，反而让他更坚强。

付出终究有回报，1923年，萧伯纳创作了历史悲剧《圣女贞德》，公演后获得空前成功，被认为是最佳的历史剧。1925年，瑞典皇家学会因为他在文学方面的巨大成就，授予他诺贝尔文学奖，萧伯纳成了享有世界声誉的伟大作家。

有一句话说得好："吃得苦中苦，方为人上人。"很多家长爱子心切，舍不得自己的孩子吃一点点苦，舍不得让孩子放弃优越的环境，舍不得让孩子离开父母的保护，舍不得让孩子自己去奋斗。

于是，很多一直在父母过度的保护和关爱之下成长的孩子经不起一点波折和苦难，事事依赖父母，长大后也难以自立于社会。

家长从小就应该为孩子经受苦难做好思想上的准备。比如，孩子自己能做的事要自己做，让孩子在做的过程中学会如何克服困难，磨炼意志，并学习处理问题的方法。

作为父母，也许都深深地知道这些道理，可就是不忍心让孩子经受磨难。其实，这是完全没有必要的，经历必要的磨难不会让孩子损失掉什么，相反，孩子得到的却是一笔宝贵的财富。

第八章

点滴培养孩子责任心

父母们认为：现在条件好了，我们要为孩子争取一切可能的机会，为他们提供最好的学习条件，给他们最好的生活待遇。孩子们就这样过着衣来伸手、饭来张口、养尊处优的生活。

这些小细节本来应该是孩子自己做的事情，结果全都由家长代劳了，应该孩子自己负的责任全都由家长承担了。于是，孩子们变得只懂得索取而不懂得付出，普遍缺乏责任心。

一个孩子再聪明，有知识、有技巧，但缺乏责任心，也是不健全的。若以纲与目来比喻，知识是目，责任心就是纲，只有在纲准备好的情况下，才能运用目。所谓"纲举目张"就是这个道理。

因此，除了让孩子拥有知识以外，家长还要在生活中点滴培养孩子的责任心。

第44招 教育孩子要守信

家长经常教育孩子要诚实守信。诚实是做人之本，守信是主事之根；诚实是守信的基础，守信是诚实的体现。对一个孩子来说，"守信"是一种道德品质和道德信念，"守信"是孩子必须具备的一种道德责任，也是一种崇高的人格力量。

无论从哪一方面看，"守信"对孩子的健康成长都具有特别重要的意义。那么怎样做才是一个守信的人呢？

一、父母以身作则，做个守信的人

常言道："身教重于言教"，父母要想培养出一个有责任心、守信用的孩子，首先自己就要以身作则，在日常生活中做好守信的表率。

比如，父母若是答应了孩子周末去游乐园玩，那么就该提前把时间安排好，遵守自己的承诺带孩子去玩。如果那天家长有紧急事情需要处理，不能兑现承诺，还应及时向孩子解释，向孩子道歉，并作自我批评，让孩子从内心理解和原谅父母。

父母的行动对孩子来说是无声的语言、有形的榜样。父母以身作则，做个守信的人，那么孩子也会是个遵守诺言的人。

曾子是我国著名的思想家。有一次，他的妻子要出门，儿子也要跟着一起去。妻子觉得孩子跟着很不方便，想让孩子留在家里，于是对儿子说："好儿子，你要是在家里等着，妈妈回来后就杀猪给你炖肉吃。"

儿子听说有肉吃，就答应留在家里。曾子把这一切看在眼里，记在心里。

当曾子的妻子回到家时，看到曾子正在磨刀，就问曾子磨刀做什么。曾子说："杀猪给儿子炖肉吃。"妻子说："那只是说说哄孩子高兴的，怎么能当真呢？"

曾子语重心长地对妻子说："你要知道，欺骗孩子是不对的。如果父母说话不算数，孩子长大后也就学着不讲信用。"于是，曾子与妻子一起把猪杀了，给儿子炖了香喷喷的肉吃。

父母的这种诚信行为直接感染了儿子。一天晚上，儿子刚睡下又突然起来，从枕头下拿起一把竹简向外跑。曾子问他去做什么，儿子回答："我从朋友那里借书简时说好要今天还的。虽然现在很晚了，但再晚也要还给他，我不能言而无信呀！"曾子看着儿子跑出门，会心地笑了。

在日常生活中，父母对待孩子一定要守信，许诺后就不能言而无信，不要说话不算话。因此，家长对孩子许诺之前一定要三思，答应孩子的事情，就一定要做到。

如果父母言而无信，一而再，再而三，孩子就会认为大人们的许诺并不是当真的，孩子会对父母产生不信任感。除此，孩子也会认为说了话可以不算数，慢慢地他们也会这么做。

家长的不诚实、不守信的作假行为，严重侵害着孩子们的心灵，孩子的虚伪之树就这样在爸爸妈妈的影响下一步步长大。

"人无信不立"，为了培养孩子的守信习惯，家长就先从自身做起吧。

二、要求孩子说到做到

在教育孩子守信时，父母的职责是，严格要求孩子说到做到。

父母要教育孩子答应别人的事一定要兑现，如果经过再三努力仍没有做到，就应该诚恳地向对方说明原因，并表示歉意，取得对方的谅解。最重要的是，教育孩子在答应别人之前一定要慎重考虑，想想自己有没有能力做到，量力许诺。如果自己没有能力做到，就不要轻易夸下海口。

这样，孩子在守信方面，就会有章可循，起到一定的规范作用。

一个星期天，妈妈准备带着全家去户外踏青，孩子们都穿好了漂亮的衣服准备出发了。小丽更是一副兴高采烈的样子，一手拿着钓鱼竿，一手提着自己喜欢的零食。

母亲喊道："我们快走吧，一会赶不上车了！"

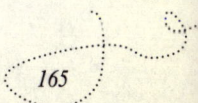

听到妈妈的喊声，小丽立即跑出房间，拉着妈妈的手就走，刚迈出大门，突然又停住了脚步。

"怎么了？"一旁的妈妈看到小丽停住了脚步，不解地问道。

"妈妈，爸爸，今天真真来咱们家。我昨天答应真真，要还漫画书给她的。要不我明天还给她算了。我们走吧！"小丽说。

"不行！不行！真真来了会扑空的，那多不好！"妈妈边说边把小丽的手从自己的大手里松开了。

"那也不要紧呀！回来后我就到真真家去解释一下，顺便再把书还给她，不也可以吗？"小丽说。

"宝贝，妈妈不是常教你要信守诺言的嘛，既然你答应了别人，就不可以随意改变，要守信才是个好孩子。"妈妈语重心长地说。

"我明白了，我要做一个守信用的孩子，不能自食其言是吗？"小丽望着妈妈说。

妈妈望着小丽笑了笑，接着说："是的，我们家的小丽真是个聪明的好孩子！"

就这样，小丽一个人留在了家中。爸爸妈妈在外面吃过中饭也提前匆匆地回来了。一进门，妈妈就高声喊道："亲爱的宝贝，你把书还给真真了吗？"

小丽笑着回答说："我把书还给她了，她还说以后有好看的漫画书会再借给我看的！"

妈妈的行为似乎残酷了一些，但让孩子从中体会到守信的重要性，以后再出现类似情况的时候，孩子一定会主动要求自己说到做到。

家长在对孩子进行守信品质教育时，除了严格要求外，也不妨多借用实例、故事讲给孩子听，这种形式孩子更容易接受。

孩子在这些晓之以理、动之以情的事件中慢慢就培养起了守信的好品格。

第45招 让孩子认识到自己是家里的一员

让孩子认识到自己是家里的一员，就是细心培养孩子的家庭责任感。这对于孩子来说，是十分重要的。只有具备一定的责任感，孩子才能自觉、勤奋地学习，才能懂得孝敬父母，才会做各种有益于社会的事情。

家长必须让孩子从小具有家庭归属感，让他意识到自己在这个家庭中所扮演的角色。只有这样，孩子长大后才能尽自己的义务照顾家庭，完成本职工作，从而成为优秀人才。

一、让孩子做好分内的事

许多孩子是独生子女，他们的家庭责任感较差，"不知道疼人"，只顾自己，不管别人，甚至不关心自己的父母。造成这种现象的原因有很多，但很大一部分是家长自身的溺爱和包办教育造成的。

宝宝抱在奶奶怀里，手里拿着爱吃的糖果，奶奶逗宝宝说："宝宝，把糖果给奶奶咬一口。"宝宝慷慨大方地把糖果送到奶奶嘴边。奶奶做了个咬的样子，慈爱地说："宝宝乖，好宝宝，奶奶不吃。"

后来，又有大人逗宝宝，仍然是不吃宝宝的糖果，还是将宝宝夸奖一番。宝宝于是认为，将喜爱的东西虚假地谦让一番，就可以获得大人的夸奖，而糖果却不会有损失。

终于有一天，宝宝手里拿了一根冰棒，奶奶怕宝宝吃多了凉东西，会吃坏肚子。于是，奶奶破例咬了一口冰棒。宝宝大哭起来，怪奶奶竟然吃了他的东西。奶奶扭过头流出伤心的泪水。

很多家长都片面地认为，对孩子的爱是不求回报的，要无怨无悔地付出。只知道为爱牺牲却不懂得要求回报的"伟大"家长们，结果换来的却是孙子舍不得让奶奶咬一口冰棒。孩子怎么会变成这么小气和自私呢？这真的值得家长认真思考。

每次读完书或玩了玩具，小军总是将这些东西乱丢一气，妈妈就像是孩子的清洁工，总是跟在孩子后面收拾。边收拾，边唠叨，"就知道乱扔，自己却不整理。"

实在受不了妈妈的唠叨，一天，小军决定自己收拾书柜和玩具箱。在认真忙活了一个上午后，他觉得自己的房间整齐很多，看着自己的胜利成果，小军笑了。

可是，下午小伙伴来自己家里借书的时候，小军却翻了个底朝天，才找到想要的书本。看着儿子把家里弄得乱糟糟，妈妈埋怨道："你把图书都混放在书柜里，大大小小的拼图、积木和遥控车一起扔在玩具筐，当然不好找。唉！还是我来吧……"

第二天，小军又开始乱扔图书、玩具，也不再整理了。

现在的孩子基本上是独生子女，父母、爷爷奶奶只有这一个宝贝疙瘩，自然都对其悉心照顾，宠爱有加。孩子养尊处优，俨然一个"小皇帝"。因此，性情冷漠，责任感缺乏，已成为这些孩子的普遍标签。

家长要想改变孩子的这种状况，就应该让孩子在家庭中担任起一定的角色，自己的事情自己做好。每个人都对自己的事情负责，孩子的责任感也就慢慢建立起来了。

权威儿科博士詹姆斯也曾这样告诫家长们："依赖本身就滋生懒惰、精神松懈、懒于独立思考、易为他人左右等弱点。所以说，处处对孩子包办代替，这不是在帮助孩子，而是在坑害孩子。"

二、让孩子帮着做家务事

实践是最好的体验。家长应多给孩子自己动手的机会，孩子感兴趣的、力所能及的家务事尽量让孩子参与完成。一来可以调节其学习紧张的神经，放松一下心情；二来可以培养孩子自觉动脑动手的好习惯。更重要的是，孩子在参与过程中可以感觉自己作为家庭一员很自豪，体会到深深的责任感。

当然，对孩子做得好的应给予表扬，对做得不尽如人意的也不要一味地去责备和批评，以免打击其积极性和信心。这样，让其在体验中有所收获，更加珍惜劳动成果，同时也培养其在以后的生活中更愿意参与这种家庭活动。

今天晚上，我吃完饭后看见妈妈在边洗碗边背书，我对妈妈说："你认真地背书吧，我来洗碗。"妈妈说："好啊，我的宝贝长大了，知道帮助妈妈分担家务了。"我搬来一个小板凳，放到水池旁边，站了上去。

我拿起一个没有洗的碗，用左手紧紧地抓碗，右手拿抹布擦，我先在外圈擦了几下，又在里面擦了几下。接着我把碗放进干净水里准备再清洗一遍，可是我刚把碗放进水里，碗就立刻飘了起来，我只好用力地将它压下去再清洗干净。

看到一个个被我洗干净的碗，我真的很开心，主要是还获得了妈妈的表扬。但同时也感觉到，妈妈每天下班后还要做那么多家务真辛苦。以后我一定要做个懂事的孩子，多多帮助妈妈承担家务。

这是一名小学生的日记。孩子在帮助家里做事情的时候，不仅体会到了妈妈的辛苦，还有了责任感，准备以后继续帮助妈妈做家务。

家长是孩子的第一任老师。在日常生活中，家长可以带孩子做些扫扫地、洗洗碗等力所能及的"家务事"，从中来加强对孩子能力以及归属感的培养。

家长要让孩子明白，做好自己的事情还不够，还应该帮助家里做一些事情，因为他还是家庭的一员，他有责任去协助爸爸妈妈做好家里的事情，以此来为家庭尽一份力。只有这样，才能把孩子培养成一个敢担当、不逃避责任的人。

三、给孩子创造一个民主和谐的家庭氛围

每一个孩子的成长都离不开家庭氛围的熏陶，因此营造平等、温馨、和谐的家庭氛围对孩子的成长是十分重要的。

这就要求父母要做有心人，为孩子创造平等和谐的家庭氛围。特别是家庭成员之间应相互平等。孩子尽管年龄小，但他同样会体会到父母对他的尊重和信任。要知道，从小受到父母尊重、信任的孩子，会更加愿意参加到家庭活动中来。

小宇是个刚上初中的男孩，但他的想法却很成熟，对很多事情，都有自己独特的见解和解决之道。为什么小小年纪的他比同龄的孩子想法成熟呢？这都得益

于爸妈为他创造的良好家庭氛围。

小宇的爸爸妈妈下班回家首先要做饭，这时小宇也放学回来了。小宇和爸爸妈妈说了几句话，就去写作业了。

吃饭时，爸爸妈妈在聊着一天工作中遇到的事情和问题，小宇也不时地询问事情的发展。

人到中年，很多人在事业上遇到了瓶颈。在工作、生活的双重压力下，一时间困惑得找不到方向，爸爸妈妈问小宇怎么想。这时，小宇像个小大人似的说了起来："你们要学会制订人生、事业的规划。例如，要做到这样的成绩，要花多长时间，做哪些方面的努力，在努力的过程中都会遇到哪些麻烦与困难等等。这样有计划、有步骤地去做，就不会迷茫了。"

"你怎么知道这些？"爸爸妈妈惊讶地问。

"在书上看到的，我早就用到学习中了，现在向你们传授经验。"小宇得意洋洋地说。

过了一会儿，小宇的爸爸说："妈妈换工作了，新的上班地点离家比较远，交通也不是特别方便，所以考虑在妈妈的单位附近租一个房子。可这样一来，我们虽然方便了，但你上学就远了，不过坐车还算方便，因为有直达车。"

听了爸爸的话，小宇笑着说："我觉得这样做比较合理。我们可以把现在的房子租出去，我虽然远了，可没有关系，坐车方便也不错，在车上可以看书、听英语，很好啊！"

生活在这样民主和睦的家庭氛围里，任何孩子都愿意积极参与家庭活动，把自己当作家庭的一员来看待。这是因为民主和睦的家庭氛围时刻为孩子提供一个民主的、开放的、畅所欲言的家庭空间，在这个空间里，人人都是主人，孩子不仅有幸福感、安全感，而且还有归属感、自豪感。

这就告诉家长：不论遇到什么事情，只要是家里的事、家庭成员的事，都要主动和孩子说，问一问孩子的想法，虽然他们都还小，但也是家庭的一员，有权利发表自己的看法。这样可以让孩子积极主动，也更深刻地体悟到自己是这个家庭成员之一。

第46招 让孩子做好自己该做的事

当孩子自己在做一件事时，比如给自己倒杯果汁，父母不要认为他做不到。有时，孩子不会做事的唯一原因，是他根本没有机会去试一试。父母应该给孩子在独立中成长的机会，这种机会就是自由。

如果父母以一种积极的、安全的方式满足孩子这种做好自己事情的需求，孩子会在这种自由中培养出责任感和独立能力来。

一、让孩子自己的事情自己做

孩子："在家里，我什么事也不用做，爸爸妈妈都给我做好了！"

家长："孩子懒一点无所谓，大不了我当个'高级保姆'，可要是成绩不好，那就完了，将来不是我当保姆的问题，而是他自己有没有饭碗的大问题。"

专家："家长教育的片面性是造成孩子长大后依赖意识严重、缺乏责任感的根本原因。"

莉莉妈很苦恼，因为8岁的女儿莉莉，每天早晨总是赖在床上不起来，每天早上要叫她很多遍才肯起床。这还不算，莉莉独立性很差，干什么事都要妈妈帮忙。

在叫醒莉莉前，妈妈有很多事情要做。为莉莉接好刷牙用的水，还要把牙膏挤到牙刷上，把早饭端上桌。莉莉吃完早饭后，妈妈赶紧去收拾她的碗筷，然后把莉莉的被子叠好。再然后，妈妈还要帮莉莉背上书包，送她去上学……

一系列复杂的程序下来，虽然很累，但妈妈并没有觉得什么，认为孩子的任务是读书，只要把书读好就行了。但一次，看了中央电视台播放的"神童"魏永康的经历之后，她改变了想法。

自从魏永康出生后，永康妈妈对孩子唯一的要求就是好好学习，其他的事情，从来不让孩子管，妈妈替他做得井井有条。刚开始，这种教育似乎很成功。魏永康13岁时考上了大学，17岁到中科院硕博连读。

然而，母亲溺爱造成的后果在永康的求学阶段终于暴露出来了。永康除了学习成绩好以外，做其他事情都很困难。他不懂得如何照顾自己，更不懂得如何与周围的人交往。读研究生后，因为生活长期不能自理，知识结构不适应中科院的研究模式，最终被学校劝退。

从那以后，对妈妈言听计从的永康开始反叛，他选择了一条与妈妈的希望截然相反的路。

看完这个故事，莉莉妈妈才意识到，自己太勤快，只会害了孩子。从那以后，她开始有意识地改变自己的做法了。

牢记这一点，让孩子自己的事情自己做。有很多事情孩子是可以亲自去做的，他们也愿意自己去做。比如，一个学生在作文中写到："爸妈太爱我了。烧饭怕我烫着，切菜怕我切着手——我可不愿在家成为一个贵公主，可又有什么办法呢？他们都不让我干活。"

下次看到孩子倒果汁时，家长不妨耐心而"懒惰"一些，指点一下是可以的：试试用另一只手托着壶底，这样不容易洒掉……

想想当孩子们会做力所能及的事时，早点放手让他们自己动手，渐渐养成习惯，也节省了父母许多时间与精力。家长们还可以让孩子在做的过程中收获成就感，培养他们的责任心。何乐而不为呢？

二、及时称赞孩子主动做事的行为

孩子同大人一样，都渴望成功。因此，当孩子做自己的事情时，家长要及时称赞孩子"你真聪明"、"你真乖"等等，这些词语可以强化孩子的自我服务行为，让孩子更愿意把自己的事情坚持做下去。

不幸的是，很多家长总是在孩子自己做事情时说"你只要好好学习就可以了，我来弄"、"看你弄得乱七八糟，还是我来吧。"……本应该为孩子创造自己动手的机会，鼓励他们自己去做，结果却是父母抢过来包办代替。

欣欣与美美住在同一个小区，上同一所幼儿园。她们的妈妈都很疼爱她们，但是两人教育孩子的观点不同，做法不同，因此对孩子产生的影响也不同。

一天，幼儿园老师要求孩子回家学习整理床铺，到学校后还要讲述自己的心得。第二天早晨，两个孩子起床后开始自己动手叠起被子来。

因为都是第一次叠被子，所以两个孩子叠得都不怎么好。但是面对孩子自己动手叠的并不整齐的被子，两位母亲的态度却是大相径庭。

欣欣的母亲气冲冲地冲孩子喊道："我就说你不会叠，你偏要逞能，看！叠得乱七八糟，像什么样子！去去去，让我重新给你叠吧。"妈妈不由分说地把欣欣费了九牛二虎之力才叠好的被子打开，重新叠了起来。

欣欣沮丧地走到一边，伤心极了，从此她再也不愿"逞能"了，也不想再尝试做任何没做过的事情，反正妈妈能干，让妈妈去干好了。

美美的妈妈却是欣喜地夸奖孩子："哟！今天美美自己会叠被子了，真能干。来！让妈妈看看。嗯，真不错，如果这个地方再整理一下就更好了。"妈妈一边说着，一边教孩子怎样把被子叠得更整齐。美美受到鼓励，不仅把被子叠得越来越整齐，而且自己做事的兴趣和信心都越来越强了。

孩子年龄小，能力差，在尝试"自己做事情"时往往会搞得一塌糊涂，这时，家长应当耐心指导，做好示范，教会孩子"自己来"的技能，帮助孩子进步、成功。

父母不应当代劳，更不能苛求斥责，否则势必会导致孩子消极、缺乏自信的不良心理，以后孩子再也不敢或者不愿意自己做事情了。

三、帮助孩子按计划做事

很多孩子一起床就喊着："我的袜子怎么找不到了？""我的红领巾呢？"，这些都是孩子做事缺乏计划性的表现。孩子做事缺乏计划性，没有条理，因而总是麻烦不断，自然不愿意自己的事情自己做。

家长如果想帮助孩子做好自己该做的事，就应该帮助孩子养成按计划做事的习惯。

军军做事非常磨蹭，做起作业来更是不急不火。本来很少的作业，他总要拖到很晚，惹得妈妈又气又急。

有一次，妈妈想起一个好办法。她跟军军约定，做作业的时间只有半个小时。然后，妈妈把闹钟上好，同时军军开始做作业。半小时一到，闹钟就响起来，军军还差几道题目没有做完。

军军向妈妈投来求助的眼神，但是，妈妈毫不留情地说："时间到了，你不要做了，睡觉吧。这可是我们的约定。"

第二天，妈妈把军军没做完作业的原因告诉了老师，老师也支持妈妈的方法。这天晚上，妈妈又上好了闹钟，军军一开始就抓紧写作业，唯恐到时间了还做不完。几次尝试之后，军军的作业质量和速度都有了提高，学习效率明显改善。

更重要的是，做其他事情的时候，军军也会有意识地给自己设定一个时限，有计划地去做了。

在日常生活中，家长要向孩子强调计划的重要性。不管做什么，家长都要让孩子做得井井有条。如，玩过的玩具要放回原处；看过的书本要整理在书架上；晚上睡觉前，整理好第二天要穿的衣服等。

父母还可以给孩子第二天制定规划，让孩子积极参与进来，计划制定好后，让孩子严格执行，不能半途而废。

这些都可以帮助孩子有计划地去做事情。孩子只有有条理、有计划地生活，才能更好地成长。

第47招 孩子的过失让孩子自己负责

很多家长培养孩子很盲目，一味只要求孩子学习好、考大学。专家说："好孩子"的真正标准是有自主思想、能为自己的生活负责任。无论是生活中的错误还是本属于自己的责任，孩子都能够承担。

"好孩子"的"练就"，需要父母把生活的主动权让给孩子，使他们自身成为生活的主体，自己担负起成长的责任，感受过程的同时，承担一切的结果：成功的喜悦和失败的沮丧。

一、让孩子自己去说"对不起"

孩子做错事是难免的，这与他们的生活阅历浅有关，成人尚且还在犯错误，更何况孩子？但有的孩子，同样的错误犯很多次，有的孩子错一次，下次就知道怎么做了。为什么会有这样差异？这与大人们在孩子犯错误后给予孩子的不同态度有关。

莉莉和华华是一对好朋友，两人从幼儿园到初中一直在一个班级。两个人感情非常好，总是形影不离。

可是铲子总有碰到锅的时候。一天，这对好姐妹吵架了。原因是，莉莉非常喜欢华华的一本漫画书，所以借过来看，但是不小心把一滴墨水弄在书本上了。华华非常心疼这本书，这是爸爸从国外带回来的。平时自己都珍爱有加，谁知道借给莉莉，她却不珍惜，都没有好好保护。

华华埋怨道："这本书，我平时翻看的时候都舍不得折页，你却把它弄脏了，你赔我吧？"

莉莉很窘迫的样子，感觉很抱歉，低着头对她说："对不起，我不是故意的。"

在气头上的华华接着说："不是故意的有什么用，还不是给弄脏了？"

莉莉感到很委屈，哭着说："已经说对不起了，你还要我怎么样？"说完就跑开了。

华华回到家，妈妈看到她一脸失落的样子，就问了起来。华华把整个事情都告诉了妈妈。妈妈看到华华那么难过，就安慰起来："她也不是故意的，你应该原谅她。更何况是你那么好的朋友！你要是觉得不好意思去道歉，妈妈替你去说对不起总行了吧！"

很多家长总是喜欢帮助孩子承担一切事情和烦恼，还有的父母连孩子的错误都包揽来，替孩子去道歉。如果家长总是越俎代庖，孩子的责任感就永远建立不起来。父母这样的做法对于孩子是百害而无一利的。

其实，当孩子遇到挫折时候，正是培养孩子责任感的最佳机会。家长应该让孩子学会为自己的错误负责，让孩子明白自己的言行对别人产生的影响，进而孩子才会明白责任有多重要，孩子才会避免犯同样的错误。

父母要是在这个时候说："我帮你去说对不起！"孩子心中已经萌芽的责任感也许就会瞬间倒塌，原本该自己负的责任父母承担了，孩子以后遇到类似状况的时候，也只会逃避，反正认为犯什么错都有父母顶着。错误得不到纠正，责任感也无从建立。

二、让孩子自己承担后果

如今的家长不太重视培养孩子的责任心，当孩子犯错误，家长替他们去说"对不起"。当孩子有难处，家长帮他们去解决，父母总想替孩子完成一切事情，希望能为孩子留出更多的时间去学习。

结果却恰恰相反，孩子更是调皮捣蛋。这是因为孩子的责任心没有建立起来，孩子不知道自己的学习承担着父母浓浓的爱，也不知道自己调皮捣蛋给父母带来多少麻烦和困扰。聪明的家长应该学会让孩子自己承担做事的后果，逐渐培养孩子的责任心。

有位11岁的美国男孩踢足球，不小心踢碎了邻居家的玻璃，邻居索赔12.5美元。当时，12.5美元可以买125只鸡蛋。闯了大祸的美国男孩向父亲认错后，父亲并没有帮助他，而是让他对自己的过失负责。

儿子为难地说："我没有钱赔人家。"父亲说："这12.5美元我借给你，一年后还我。"从此，这个美国男孩开始了艰苦的打工生活。经过半年的努力，这个男孩终于挣足了12.5美元，还给了父亲。这位男孩就是后来成为美国总统的里根。

责任心是孩子做人、成人的基础，要培养孩子的责任感，必须让他们养成对自己的行为负责的习惯。培养孩子的责任心就要让孩子学会自己承担后果。

很多家长都这样说："孩子成为我生活的中心，我时间没了，空间没了，娱乐没了，我每天为孩子而活，可孩子却不领情，更不让我省心……"这都是家长过度保护的结果，其实成绩最好的孩子不一定是最勤奋的孩子，最优秀孩子的家长也不是一定最辛苦的家长。

要让孩子对自己生活负责，家长应树立这样一种信念：孩子的今天决定他的未来，未来的结果由孩子承担，应该从今天起就培养孩子自己承担后果的习惯。

父母可以在不影响别人及孩子安全的情况下，尽可能地给孩子较多做决定的空间，并经常赞许孩子的行为，这将有助于孩子从经验中学习，并培养自己事情自己解决的能力。

第48招 让孩子学会为别人着想

父母必须让孩子懂得"爱人者，人也爱之"这个道理。只有学会为他人着想，自己有困难时才能得到别人的帮助。

著名作家冰心曾把人生比作一棵树。人的一生就如一棵树的成长过程，为别人遮挡烈日和风雨，自己也会变得繁茂。在孩子的成长过程中，让孩子学会为别人着想很重要。

一、帮助孩子建立体贴别人的愿望

现在的孩子生活幸福，丰衣足食，这一切都来源于父母的辛苦。但孩子理解父母的付出吗？有的孩子不管大人多忙多累，总要大人陪着做游戏；有的孩子想要的东西如果得不到，就哭闹没完；有的孩子总认为自己是对的，不许家长说半个"不"字……

这些都是孩子不会为别人着想的表现，家长要教会孩子理解父母、理解朋友、理解老师，从而学会理解和体贴更多的人。

有这样一个故事：

一个8岁的女孩问妈妈："为什么你在屋里走动的时候总像怕踩着地雷似的？"妈妈笑着说："咱们家楼下住的是张奶奶，老人岁数大了，走路声音太大的话，老人会受不了的。"女孩撅着小嘴："那为什么咱家楼上那家不这样想？他们总是把地板弄得很响。"

妈妈说："楼上有一个3岁的小弟弟，他要长大，蹦呀跳呀的，需要运动。你小时候也是这样长大的。孩子，要学会为别人着想。"女孩低下头，若有所思。

一天，妈妈去学校门口接女儿放学，孩子从校门出来的时候就一直看着妈妈笑，很开心。妈妈就问她："什么事情这么高兴？"女儿对妈妈说："中午，我在食堂吃饭的时候捡了20块钱，我就把它交给了教务处的老师，还嘱咐老师用广播播出。老师夸我是个拾金不昧的好孩子。"

妈妈笑着，故意问道："你为什么要这么做啊？"女儿说："丢了钱的同学肯定很着急，就赶紧给老师了。"听了女儿的话，妈妈特别欣慰，觉得女儿长大了，会为别人着想了。

这个故事很简单，但妈妈那句话却是不平凡："能为别人着想，是天下第一等学问。"培养孩子为别人着想的习惯，就要让孩子学会理解和体贴别人，要让孩子懂得人与人之间相处需要相互关心和体贴。

同样，父母在为孩子付出时，也要让孩子知道他们也需要孩子的爱，甚至更多的人需要孩子的这种爱，这样做才能激发孩子去体贴关心别人。

二、让孩子学会善解人意

孩子在成长过程中，慢慢学会观察周围各种各样的人和事物，从中学到很多东西。这个学习过程，是家长培养孩子学会善解人意的好时机。

很多孩子往往表现得"自私"、"任性"和"不讲理"。但这些任性心理是孩子发展必经的一个阶段，父母要充分地尊重和理解。如何帮助孩子化解这些"任性"，变"任性"为"善解人意"才是最重要的。

教育家卡尔·威特回忆父亲时讲述了这样的一个故事：

有一次，叔叔邀请卡尔·威特去沿河旅行。那一天，父亲要去参加一个会议，当他们要出发时，母亲的胃病却犯了。为了让他们能安心出门，母亲尽力装着没事的样子，但父亲却觉察出了母亲的异样。

当时卡尔·威特正沉浸在高兴中，根本没注意到母亲的异样。父亲叫威特留下来照料母亲，但威特似乎不怎么情愿。父亲生气地说："你不能把生病的妈妈一个人丢在家里，你必须在家里陪妈妈。"

威特听了大哭，叫道："明明是你不让我去，刚才妈妈不是笑着叫我好好去玩吗？怎么会生病？"父亲质问道："你难道真的看不出妈妈病得有多严重？她装出快乐健康的样子，就是害怕你会担心她，不能安心地出去玩。你真的忍心把这样爱你的妈妈一个人丢在家里吗？"

威特这时才恍然大悟，怪不得妈妈从早上起来就没吃饭，她还说自己没有什么胃口。威特难过地说："爸爸，你说得没错，妈妈确实病了。可是，我真的没有看出来。"

父亲说："卡尔，你不能只在口头上说爱妈妈，而是要在实际行动中表现出来。你要像妈妈爱你一样去爱她，从妈妈的眼神、说话的语气和一些行动中去感受妈妈的需要，去爱她、帮助她。"

父亲的话立即让威特的脑袋里浮现出很多画面：生病时，妈妈整日整夜地照顾自己；有什么不高兴，妈妈会想尽办法安慰他、逗他开心……威特觉得很惭愧，忙跟父亲道歉。

父亲说："懂得改过就是好孩子，现在你打算怎么做呢？"

"我不去旅行了。我在家陪妈妈、照顾她，陪她去看医生、吃药、打针，陪她说话解闷。等您回来时，妈妈的病一定全好了。"威特回答道。

"那我就把妈妈交给你了。"父亲说完就出门了。

就这样，通过日常生活中的小事，并在父亲的教育下，孩子懂得了善解人意。

善解人意的孩子，如果别人有伤心事，孩子不是视而不见，而是设法了解究竟发生了什么事，能主动具有理解别人的愿望。有时别人不愿把烦恼、伤心事告诉孩子，但孩子会从别人的面部表情、言行举止大致猜出别人的心事。具有善解人意的能力对孩子协调社会人际关系有着举足轻重的作用。

父母要在生活中注意教给孩子一些这方面的知识，比如，让孩子多注意观察别人的表情或者多让孩子猜猜父母的心思等，这些都可以帮助孩子理解环境信息，从而帮助孩子在与别人交往过程中能够分析事理，做到审时度势，学会谅解别人。

三、运用"角色互换"，弱化孩子"自我中心"心理

"自我中心"就是我们通常所说的"自私"，是许多独生子女普遍存在的问题。出现这个问题，固然同独生子女没有兄弟姐妹相伴有关。但根本原因在于，家长的教养方式和教育态度不当。

这种现象主要表现在对孩子的关心过度、照顾过度、宠爱过度、迁就过度。这样，使孩子不自觉地加重了自我意识，形成了以自我为中心的心理定势，只顾

自己，不考虑他人。纠正孩子的这种习惯，不是一件容易的事，家长可以通过"角色互换"来耐心、细致地改变孩子的这种心理。

儿子在妈妈眼中一直都是不懂事的小不点儿，因为他毕竟还小，可是那天他的做法让妈妈感觉他懂事了。

一天，孩子爸爸下班后，对孩子妈妈说："孩子的奶奶有点轻微感冒，老人一个人在家不放心，你还是别去值班了，去照顾她吧。"这时一旁玩玩具玩得兴致正弄的儿子，突然扔下玩具，跑到妈妈身边，搂住妈妈的脖子说："妈妈，你说奶奶一个人在家害怕吗？奶奶又感冒了，要是不舒服没有人照顾她，她一个人多孤单啊！"

接着儿子又说："妈妈，你让爸爸把我送回奶奶家吧，我去陪奶奶，这样奶奶就不孤单了，好不好？"

那一刹那，妈妈突然看到了儿子的懂事，一向调皮任性的孩子也会站在别人的角度上想问题了。妈妈真的很感动，鼻子不觉一酸，幸福的泪水在眼眶里打转，紧紧地抱住了儿子。

儿子看到妈妈的泪水，惊慌失措地说："妈妈，你怎么了，等你一个人在家的时候我也在家陪你呀。"

妈妈破涕为笑，说道："妈妈的泪水是高兴的，我发现我的宝宝长大了，是男子汉了，能为别人着想。妈妈高兴！"

教孩子运用"角色互换"，弱化"自我中心"心理。就是教给孩子转换与他人的位置，实际上就是教孩子学会体会别人的需求、感受与悲欢离愁。

如：当家长带着孩子在公园玩了一天，本该回家而孩子还要继续玩其他玩具的时候，家长要告诉孩子自己的感受："爸爸妈妈陪你玩了一天，身体很疲劳，需要休息。"或"玩得太晚家里的爷爷奶奶会着急的。"类似的话会让孩子设身处地为别人着想。

当孩子做了对不住别人的事，家长应要求孩子站在别人的角度想一想："如果你是他，你会是什么感受？"这样就会使孩子为自己的行为感到不安、羞愧。

"角色互换"能很好地起到弱化"自我中心"的作用，帮助孩子从自己角度出发转为能考虑别人的感受和需要，从而学会为别人着想。

第九章

培养孩子创新能力，不能急

　　创新能力是人最有价值的一种能力，孩子创新能力的培养应该引起家长们的重视。可是一部分家长对此并不理解，有的认为孩子只要学会课本知识即可，有的认为让小学生创新还不是时候，有的认为创新能力虚无缥缈，根本无从抓起。

　　殊不知，孩童时期恰恰是培养创新能力的关键期。因此，家长要抓住这个黄金时段，让孩子用心观察身边的每一个事物，多动手、多思考，相信孩子的创新能力会慢慢培养成的。

第49招 培养和尊重孩子的兴趣

"兴趣是最好的老师"，是孩子探求知识、发展思维的巨大动力，也是培养学生创新能力的源头活水。当孩子对某个事物产生兴趣时，不仅能主动参与，还会全神贯注，积极思考，这是创新能力形成的有效途径。

每个孩子都有自己独特的爱好和兴趣，家长应该培养和尊重孩子的这种兴趣。

一、发现孩子独特的兴趣

每个孩子都有自己特殊的兴趣，比如，喜欢画画，或者喜欢唱歌，这就是兴趣的不同。家长不能强求所有的孩子都是同一个兴趣，这是不现实的，也是扼杀孩子独特天性的一种做法。

没有谁比父母更能发掘孩子的兴趣所在，因此家长要在日常生活中努力观察孩子的喜好和特长。

华华从小就非常喜欢小动物，而且非常热衷于研究小动物的生活习性，初中时常常因为观察小动物而弄得浑身是泥。父母对此非常生气，觉得他不务正业，于是就想方设法阻止他去外面玩。父母希望他学钢琴，以便将来中考加分。

开始，华华总是趁着父母不注意偷偷地跑到附近的公园里去看小动物，做自己喜欢的事。有一次，他把一个黑色的蜘蛛带回家，父母看见后大发雷霆，对他严加训斥了一番，说他不应该把这么脏的东西带回家。

爸爸还一脚踩死了蜘蛛，妈妈竟然摔烂了他积累了好几年的装着各种标本的"百宝箱"。那一刻，华华愣住了，回到自己的房间默默坐了一个晚上。

从那以后，他的学习成绩一落千丈，变得沉默寡言，父母为此非常发愁，甚至怀疑他是不是智力上有问题。

当华华爸妈和华华的老师沟通时，华华的生物老师说："华华这孩子特别聪明，如果好好培养，将来一定会是一个非常出色的生物学家。"

华华爸妈听到生物老师的话后陷入了深深的深思，又愧疚又自责。

孩子的兴趣往往具有独特性。人各有各自的兴趣与喜爱，不能勉强，也不应勉强。人们常说"萝卜白菜，各有所爱"，就是说有的人喜欢吃萝卜，有的人喜欢吃白菜，彼此不要勉强。文雅一点的古训有："人各有志。"

家长不可人云亦云地去培养，比如，有的父母强迫坐不住的孩子弹琴，以致孩子只得砸断自己的手指来作为反抗。父母在这一点上的认识首先一定要到位。

家长应该愿意承认孩子，尤其是孩子也有自己独特的兴趣与爱好。孩子兴趣的发展和表现，往往是他天赋和素质的先兆。家长要经常问一问孩子的兴趣是什么，多带着孩子走出去扩展视野。

孩子如果没有机会接触世界上各种奇妙的事物，他们很难对外界发生兴趣，父母也就很难找出孩子的兴趣。

二、在兴趣基础上引导孩子

父母要善于发现孩子的兴趣爱好，并试着引导孩子多在兴趣方面下工夫，尽可能地为孩子创造机会，创造条件，让孩子无忧无虑地在自己喜爱的天地里畅游。这样会激发孩子的最大潜能，创新意识也会跟着萌芽，从而在某一领域取得突出成就。

莉莉非常喜欢画国画，但是她经常会为一些小小的失误而苦恼。比如有时候会在下笔的时候力度掌握不好，滴下一大团墨，而有的时候又因为收笔的时候手不稳，留下一个小尾巴。

一次，莉莉正在画梅花。这时，爸爸的一个同事到她家来拜访，看到莉莉在画画，就很有兴趣地站在旁边看。

"莉莉画得真不错！"爸爸同事一边看，一边夸奖她。

也许是因为受到夸奖太激动了，也许是因为有陌生人在场有点紧张，在最后收笔的时候，莉莉没有握紧笔，在漂亮的枝干上留下了一块大大的墨迹。莉莉觉得非常难为情，感觉自己很丢脸。

这时候，一直在旁边观看的爸爸同事微笑着对莉莉说："这张画只是有一点点墨，完全可以补救一下啊。"

"怎么补救啊？还是重画吧。"莉莉摇摇头说。

"可以补救的。你再想想，除了梅花，还有什么会在树枝上？"

莉莉听了这话，好像突然想起了什么，拿起笔来，在刚才滴墨的地方，描描画画了一番。

等画完了，大家一看，她在树枝上画了一只黑色的小喜鹊，真是绝妙极了！大家都为莉莉鼓起掌来，莉莉也觉得很自豪，激动地对爸爸同事说："谢谢你！"

孩子的兴趣是一种非常宝贵的资源，保护孩子的兴趣是为了更好地合理开发、利用它，它有利于孩子创新意识的培养，也有利于孩子的终身发展。由于孩子年龄小，缺乏稳定性，作为家长仅仅唤起孩子的兴趣是不够的，还要引导他们从兴趣中探索和思考。

家长应增强兴趣快感，培养孩子多实践。兴趣若能给孩子带来快乐，那么孩子一定会更爱这个兴趣，更喜欢多去尝试，尝试中自然就会冒出创新的火花。

当父母将这个火种在孩子心中点燃的时候，就像面对需要点燃的一堆柴草，小小的火种落在上面，风大了就会吹灭，风小了燃不起来，柴草太紧了不透风，太松了又聚不起火，柴草潮湿了还不行，这时候，你要小心呵护这小小的火苗，要"引导"着它一点点燃起来，旺起来，最后成为熊熊烈火。

三、切忌盲目跟风

现代父母都非常希望自己的孩子能够掌握多种技能，多一种技能就好像多了一棵救命稻草。但是很多时候父母并没有考虑孩子的兴趣爱好，而是为孩子安排好一切，有时甚至跟风，看到现在流行什么就让孩子学习什么。

小宇是一个喜欢足球的男孩，在上小学时就迷上了足球，他想报一个学习足球的特长班，但是爸爸坚决反对，说是踢足球也没有什么用，只会耽误学习，还给他报了画画的特长班。现在很多家长都给孩子报了这个班，因为这个考试时候可以加分。

一天，小宇决心要说服爸爸，他希望走自己的路。于是小宇找出各种理由进行辩解。

"不行，不给报！"爸爸不软不硬的声音传来，小宇立即像泄了气的皮球一

第九章 培养孩子创新能力，不能急

样，倒在椅子上。拿起画本，他真想撕碎。"我要踢球！哼！不让我去，我在家里也一样踢。"小宇心里想着，于是在家的门厅里踢起足球来。

这一招果然灵验，妈妈急匆匆地赶来："哎呀，你这个孩子，让你学画画，爸爸不是为你好吗？现在美术在高考上可以加不少分呢……"小宇大声地说着："妈妈你怎么就只知道加分，不知道成功的路不止一条。再说，我的学习也不错啊。更何况我喜欢的是足球！"

可他爸爸却在一旁说："喜欢有什么用，能帮你考上大学吗？"

小宇终于无可奈何了，泪水充满了眼眶，委屈地说："爸妈你们从来都不理解我。我自己真正喜欢什么你们根本不在乎，就知道让我学习、加分，我的近视就是这么一天一天地学出来的。"

小宇的泪水再也止不住了，摘下眼镜，狠狠地扔在床上。爸妈这时似乎被他的话打动了，不再说什么。小宇趁机讲下去："我不喜欢画画，就算我去了也是没兴趣，只是在耗时间而已！但是我喜欢足球，我可以认真去学，还可以加强身体锻炼，能为快节奏学习和生活增加动力。"

爸爸放下手中的活，终于开口了："好吧！允许你练习踢球，做自己喜欢的吧，但是要保证学习成绩不落后！"

小宇终于如愿以偿地去练习足球了，心情豁然开朗，对自己的学习也更加认真起来，因为他想不辜负爸妈的希望。

兴趣是孩子获取知识的最大动力，父母不尊重孩子的兴趣而盲目地为孩子选择"兴趣班"，很有可能扼杀了孩子真正的兴趣，所以，做父母的要尊重孩子的个人兴趣。

如果孩子在父母的安排下一次又一次地被动接受，不仅孩子的兴趣爱好得不到满足，特长得不到发挥，还容易导致孩子厌学并把这种情绪发泄到其他学科，这对孩子的成长是非常有害的。

当然，父母对孩子的兴趣爱好也不能听之任之，要给予适当的引导和帮助。如果孩子因为沉浸在某个兴趣爱好中，影响了正常的学习、生活，父母还是应该给予一定的干预，教会孩子正确对待两者之间的关系，合理安排时间，但要用孩子可以接受的方式，切不可简单粗暴地制止。

因此，父母一旦发现孩子的"兴趣之苗"破土而出，就一定要精心呵护，不要让其因"杂草"淹没而枯萎，更不要因为"跟风"而随意破坏。

第50招 鼓励孩子独立思考

好奇、思考是孩子的天性。孩子具有独立思考的能力，不仅有利于孩子的学习，也为以后的发明创造打下了基础，是将来走向成功的前提。

然而在现实生活中，孩子们独立思考的空间越来越狭窄，他们被迫按照成人要求的内容和方式去做事情。渐渐地，孩子们独立思考的热情减退，能力缺失，自己解决问题的能力就被扼杀了。

因此，父母要从小培养孩子独立思考的能力。

一、留给孩子独立思考的空间

很多父母对孩子都是百般呵护，习惯于给孩子指路，事事替孩子包办，不让孩子做任何事情，这样看似爱孩子，其实是在害孩子。让孩子坐享其成，只会减少孩子独立思考的机会。

当孩子养成了依赖父母的习惯后，就不会去想如何解决问题，一切只等待着父母给自己出主意，想办法，独立思考的能力自然得不到锻炼。这样的孩子长大后，在生活中就不会做出选择，更没有创新精神，只会人云亦云，不会有什么大的作为。

小雪正在做计算题，看见最后一道数学题自己不会做，急忙喊："爸爸，快来帮我的忙，这道题我不会做了！"小雪的爸爸听见后，放下手中的报纸，走到女儿面前。拿起题目看了一下，然后告诉女儿应该如何答题。小雪按照爸爸所说的方法迅速写完了作业，高兴地出去玩了。

这样的事情几乎天天发生，小雪就养成了在学习上遇到不会的问题就找爸爸帮助的习惯。

一天，小雪又喊爸爸："爸爸，这道题我不会，快来帮帮我！"爸爸走过来看了一下题目，发现这与昨天给女儿讲的题目类似，都是用同一种方法解答，只是出题形式变了而已。这时爸爸才认识到直接告诉小雪答案的方法有些不妥，应该让孩子独立思考一下，然后引导她如何解答，这样孩子才会记住。

于是爸爸故意回答道："你先思考一下，看看和昨天那道题目有什么分别？"小雪却说："我不会想，你还是把答案告诉我吧。"小雪的爸爸后悔自己没有从最初就教孩子学会独立思考。

所以，父母应该留给孩子独立思考的空间，孩子在学习上有什么问题，也不要直接告诉孩子答案，否则大人就剥夺了孩子独立思考的权利，孩子会变得越来越不愿思考、不会思考。

家长应该尽量以商量的口气与孩子进行讨论式的协商，这样可以引起孩子思考的欲望，留给孩子独立思考的空间。比如，可以经常根据问题发问，"这两者有什么关系？""你自己是怎么想的呢？"

这样的相处和交谈，父母就提供给了孩子提出自己想法的机会，孩子在想的过程中会自己得出结论，总结经验，自然不会轻易忘记。这样不但提高了孩子学习的质量，也会锻炼孩子遇事懂得独立思考的能力。

二、孩子勤动手，才能多思考

有的父母把任何事情都安排得十分妥善周到，从来就没有什么事情需要孩子亲手去办，时间长了，孩子独立思考的能力就退化了。因为孩子动手少，动脑也就会减少。

如果孩子勤动手，就会在动手过程中容易发现问题，只有通过思考、分析才可以找到答案，孩子就多了很多思考的机会，独立思考的能力也就逐渐培养起来了。

微微十分喜欢做实验性的游戏，当听妈妈爸爸说要做有趣的实验游戏时，他显得非常开心。与往常一样，由爸爸说，他动手。

"微微，从你的玩具中，找到两个同样大的杯子，还有一个比杯子大一点的锅或者碗都可以。"

微微将三样东西拿过来，问爸爸："这三个可以吗？"

爸爸满意地说："可以，你用锅先装一些水，然后再将这些水分别倒在两个杯子里，要求两个杯子的水要一样多。"微微按照爸爸的示意有条不紊地进行着。

然后爸爸问他："你看看这两个杯子的水是不是一样多啊？"

微微低下头认真地瞧了瞧，说："是一样多，爸爸。"

"你将一个杯子里的水倒进锅里，你再看看，是锅里的水多，还是杯子里的水多？"

谁知道微微立即就回答道："一样多。"

"为什么？你这么肯定？你看看锅里的水看上去那么少，杯子里的水看上去那么多，怎么是一样多呢？"

微微从容地说："爸爸你看，这是两个同样大的杯子，我倒进的是同样多的水，然后再把这个杯子里装的同样多的水倒进锅里，因为锅比杯子大很多，所以锅里的水看起来像少些，但是其实它们是一样多的。"

微微，一个4岁的孩子，就这样在动手中思考，从而对液体容量守恒定律有了初步的了解。

如果家长帮孩子做实验，让孩子在旁边听，孩子虽然也能理解，但肯定不如孩子自己动手思考、分析收获得多。这就告诉家长们，"孩子们思维的信心来源于自身的内在体验"。家长们要放开手，给孩子们充足的动手机会，孩子才会更喜欢独立思考。

而孩子勤动手，不仅可以提供给孩子广阔的思考余地，还让孩子锻炼了生活能力。长大后，孩子因为有了独立思考的习惯和较强的生活能力这两大法宝，他的视角会比别人宽广，实践性比别人丰富，因此，将比其他人有更多的机遇，更容易拥有成功的生活和事业。

三、丰富孩子的知识和经验

很多孩子之所以不能很好地思考，不是不知道思考方法，而是在逻辑思考或者推理的时候，孩子们往往因为知识和经验的缺乏而无法得出结论。因此，父母要注重丰富孩子的知识和经验，让孩子能够拓展自己的思维，而不是局限在有限的空间里。

初春的一天，爸爸送给汤姆一件非常有趣的礼物。并且告诉他，这是一种在白天和夜里都会发生变化的礼物，并且随着时间的推移，这件礼物会变出一些很

有趣的东西。开始的时候，就让小汤姆充满了好奇，迫不及待地打开礼物一看，原来是一些形状和大小不同的植物种子。

第二天下午，爸爸就和小汤姆带着铁锹、水桶、种子在后花园里忙开了。爸爸教孩子一起用小铁锹把土翻开，一边把这些种子分类洒在土里，而且还让小汤姆清晰地分辨出哪些种子是西红柿，哪些是辣椒。然后又在上面浇了水，盖上一层薄薄的土，在旁边竖了一块牌子："小汤姆的农田"。

这些种子开启了小汤姆的"思考研究"工作，因为他有满脑子的疑问。如：为什么它们会在春天发芽，为什么需要漫长的时间，为什么需要空气、水和阳光。他自己查阅资料，进行思考，每天都到后花园里看有什么变化，得出的一些数据做了好几本作图说明的植物学图画笔记。

一天，老师上课内容就是关于种子的，问了大家一个问题，小汤姆立即站起来回答，他思路清晰，语言表达准确、完整。

让孩子体验更多的事物，丰富孩子的经验比让孩子只读书本更管用，这是孩子亲身的体验，知识的得来是经过他自己分析、验证的，这样更有利于培养孩子独立思考的能力。

长期以来，教育的误区是把教育仅仅看作是在教室里的苦行僧生活，而忽视了对孩子来说更有意义的体验教育，体验教育带给孩子更多的乐趣。让孩子多一点了解和学习事物，是开启孩子心智的一种重要方法。

孩子的心智开启了，他就会留心去发现周围的世界，探究其中的道理，并思考怎样与世界发生联系。独立思考能力就形成了。

第51招 注重孩子想象力的培养

孩子的想象力是无处不在的，孩子喜欢天马行空地幻想。爱因斯坦也曾说过："想象力远比知识更重要，因为知识是有限的，而想象力概括着世界上的一切并推动着进步。想象才是知识进化的源泉。"

由此可见，孩子想象力的培养非常重要。

一、聆听并尊重孩子的想法

每个孩子心中都有一个神奇的世界，组成这个世界的元素就是神奇的想象力。蚂蚁微小，恐龙巨大，孩子总是对这些"小到极致"和"大到极致"的生灵极感兴趣。

孩子的想象，在成人眼中也许有时候看起来有些可笑和不切实际。但是成人的我们是否想过，牛顿不正是有了"苹果为什么落地"的思考，才有了后来万有引力定律的诞生；莱特兄弟正是有了"人能否长上翅膀，像鸟一样在天空中飞翔"的异想，才有了人类飞翔天空的现实……

一天晚上，年轻的母亲正在厨房里做饭，才几岁的小儿子独自在洒满月光的后院玩耍。儿子蹦蹦跳跳，玩得不亦乐乎。年轻的母亲不断听到"咚咚"声，她很奇怪，便大声询问："儿子，你在做什么？"天真无邪的儿子大声地回答："妈妈，我在试着跳到月球上去。"

母亲并没有像其他的父母那样责怪儿子不好好学习，只知道瞎想。而是笑着说："好啊！不过一定要记得回来吃晚饭啊！"

这个小孩长大以后真的"跳"到月球上去了，他就是人类历史上第一个登上月球的人——美国宇航员尼尔·阿姆斯特朗，时间是1969年7月16日。

孩子总是有很多稀奇古怪的想法，家长要有耐心聆听并尊重孩子的这些想法，尽管它们听起来很荒诞，但最重要的是孩子要有想象，因为有想象才有希望，有希望的人生才是美丽的人生。

一个真爱孩子的父母应当精心保护孩子的想象力，让想象的种子长成参天大树。因为对于一个充满想象力的孩子，家长永远都不可能预测他将通过何种方式、何种途径去实现未来的人生价值，获取属于他的成功。

家长要做的只有一件事情，那就是认真聆听，尊重！只要是积极的、向上的、生动的就多加鼓励，剩下的一切就交还给孩子自己——让孩子做孩子的事情，他往往能在"不可能"或"不太可能"中找到可以献身的东西，并能在想象的空间中达到光辉的顶点！

聆听并尊重孩子的想法其实也是一种对想象力的保护，从而给孩子的人生种上一个即将萌发创新事物的种子。

二、多鼓励孩子讲故事、编故事

孩子的心灵成长需要想象，想象力的来源主要是故事。当孩子拿着故事书自言自语的时候，那是他在自己的世界里徜徉，家长应该感到莫大的欣慰，这说明孩子已经从"采矿"发展到"炼矿"，在想象力、创造力的驱动下，已经开始出"产品"了。

这时候，家长不要做出居高临下或是感到好笑的表情，否则孩子会非常难为情，自信心也会受到打击。而是应该给孩子投去赞赏和鼓励的眼光，让他们继续说下去。

一次，全家看电视时，正播一个地板广告，其中有一句广告词："好地板自己会说话。"

妈妈饶有兴致地问孩子："小雪，地板怎么会说话呢？"

小雪瞅着广告，说："假如把自己想象成一块地板，也许它们自己也会有家庭，也会有自己的生活呢？"

妈妈说："肯定是呀，有的木头本身就是药材，这药材就是树家族中的医生，人们有了病都会去找它看。"

小雪听了似乎更有兴趣了，也有了更多的想法，叽叽喳喳地就说开了，"有的树是歌唱家，小鸟的叫声就是它练习唱歌呢。有的树还特别有学问，人们叫它博士。"

妈妈赶紧点头："那你能给这些树取名字吗？"

小雪认真地想了一会说，有两块地板，一块来自智慧树，是一个善良的女孩子，人们叫她艾丽丝，小学生的作业她都会做，每次都能考一百分；她的哥哥，另一块地板，是用药树做成的，叫凡卡，能治很多人类治不了的病。

妈妈听女儿这么说，也插嘴替这两兄妹想象情节，说它们喜欢穿什么样的衣服，妹妹还扎着一对羊角辫。你一言，我一语。

过了几天，小雪兴冲冲地从自己的屋里拿出一叠稿子给妈妈看，说她写了一个故事，题目就是《神奇的地板》，并念给妈妈听。听了后，妈妈夸女儿写得好，肯定女儿的成绩，然后指出不足，并鼓励孩子要经常写这样的故事念给自己听。

孩子喜欢编故事、讲故事，因为这可以把他们领入一个新奇的世界。有时讲给小朋友听，有时讲给爸爸妈妈听，有时还会自言自语。这不仅是锻炼孩子表达能力的好方法，也是发展想象力的好机会。

因此，家长要积极鼓励孩子讲故事、编故事，多和孩子一起听收音机或录音带的儿童故事，告诉他们应该一边听，一边在脑子里想象故事中的情景，并让他们对这些故事发表自己的意见，或者让他们想想故事中的主人公能用什么办法来摆脱困境……

家长在孩子编故事、讲故事时，还要注重引导孩子沿着某一个主题想象，并提供一些建议。即使孩子的想象很脱离实际，家长也千万不要冷言冷语，更不能随便阻止、限定。

家长应该让孩子的思维自由地驰骋，这样，孩子才能充分发挥自己的想象力。要知道，想象力就是这样，你给它一个经历，它就会陪你走进自己的生活。

三、丢弃剪掉孩子想象力的剪刀

孩子的想象力是无处不在的，有的家长因为不了解孩子们想象中的世界，总是会在不经意间剪掉了孩子想象的翅膀。比如，当孩子用木片和纸盒等建造"城市"、"宫殿"玩时，为了收拾屋子，就破坏孩子的游戏，把孩子的"宫殿"拆掉。

这些做法无情地摧残了孩子的精神世界，这是非常不对的。家长的这些举

动，不仅剥夺了孩子游戏的幸福和欢乐，而且有碍于孩子将来成为诗人、学者、发明家……

有这样一个真实的故事。

在一次考试中，有这么一个问题："雪化了是什么？"这个问题对于稍微有点常识的人来说，是很简单的，但是老师在后来的阅卷中发现，有一个孩子给出了一个出人意料的答案："雪化了是春天。"

然而，这个别出心裁的答案被打上了一个鲜红的"叉"号，至于原因，自然是因为跟标准答案不符。

好一个与标准答案不符！它如同一把锋利的剪刀，毫不留情地剪掉了孩子们的想象力。

很多时候，孩子们的想象力就被这些所谓的"标准答案"束缚住了，形成了一种定势思维，觉得所有的问题只有一个答案，根本没有多角度考虑问题的意识。

一旦这种定势思维的不良习惯形成，就会对孩子智力水平的提高产生很大的阻力，严重限制孩子们想象的空间。

家长不妨多引导孩子"异想天开"，给孩子充分的自由表达自己的看法，让孩子对已经熟悉的事物变换一个角度或者多个角度去认识，从而培养孩子灵活的思维能力，这样可以使孩子在遇到问题时多角度去发现事物的多面性、多样性、多变性，从而形成考虑事情周全的好习惯。

第52招 注重在生活中启发孩子创新

陶行知说："生活即教育。"孩子的心理发展特点，决定了孩子教育必须是在自然状态下，在情景中进行的。生活本身就是一个充满情景的世界，蕴藏着无穷的教育因素，家长要学会引领孩子认识生活，感受生活的丰富多彩，从而激发他们的创新意识。

一、在生活中，丰富孩子头脑中的表象

人的想象总是以自己头脑中的表象为基础。表象是外界事物在孩子头脑中留下的影像，它们是具体的、形象的，是创新的基础材料。

而生活又是一个活生生的素材，有自然美丽，也有人造美景，生活中的一点一滴都存在培养创新能力的契机，只要做父母的有意识地加以发现、鼓励、引导孩子在生活中丰富自己的大脑，每一个孩子都可以成为艺术家、科学家、发明家……

在一年级的数学课堂上，老师要教会孩子认识数字和了解分类的概念。先以一首小诗作为开场白：《可爱的数字！》

在生活中，我们经常看到你们——可爱的数字。

钟表上，有你们；

日历上，有你们；

纸币上，有你们；

温度计上，有你们；

电脑键盘上，有你们；

电话号码上，有你们。

在数学课上，老师总是用这些接近生活的道具启发孩子的思考，以此来探索数字的奥秘。

然后老师寻找靠近小学生生活的例题，在此基础上作些"生活型加工"，想方设法把供讨论、思考的学习材料转化成学生在生活中积累的常识性知识和经验，这样就拉近了孩子与生活的距离，更让孩子清楚、明白、易理解。

这些都可以让孩子记住许许多多的表象。孩子认识的事物越多，头脑中积累的表象就越多，孩子能够用来想象的资源就越多，想象就越广阔。如果父母只指望孩子通过课本来学习，是无法养成良好的想象习惯的，而想象又恰恰是创新的必经阶段。

二、生活中的游戏启发孩子创新

创新能力是在学习前人知识和技能的基础上，提出自己独特的见解和发明发现的能力。创新并不神秘，人人都有创新的潜能。

爱做游戏是孩子的本能，对于孩子的自发游戏，父母应该给予关注，引导孩子通过做游戏来发展想象力及其他能力，从而培养孩子创造性思维。而幼儿期是智力发展最迅速的时期，家长应抓住这一有利时机，结合幼儿思维特点，实施正确的游戏教育，使孩子创新思维更好地发展。

小明上学了，他非常开心，因为学校里除了有很多好玩的伙伴，还有他很喜欢的美术课。这样他就可以跟着老师快快乐乐地学画画了。

第一节课，老师说："小朋友，我们来画画吧！"小明好开心，心想着"我最喜欢画画了！"拿起画笔就准备来画。老师却制止了他，说："老师还没说完啊！不能动笔！我们今天要画的是花……""花？太好了，我会画好多种花呢！玫瑰、荷花、马蹄莲……"小明还在脑海中畅想着这些花朵的样子。

老师在黑板上画了一朵红花、两片绿叶，然后说："看清楚了吗？现在可以画了。"于是，小明拿起笔准备画，他画下了一张漂亮的笑脸。老师看到后，很不高兴，说："怎么不听话！不是让你照着画花吗？怎么画了笑脸？"

小明解释道："这是妈妈的笑脸，我觉得它就是一朵最美丽的花。"很自然，老师给他打了很低的分数。

过了几天，又上美术课，小明还是很高兴，因为老师说今天要捏橡皮泥。他

想："捏橡皮泥我最行了！我会捏小马、小人、青蛙……"当他迫不及待地想动手时，老师又制止他："别急！我们今天要捏的是盘子。""盘子？好啊！我会捏好几种呢！"

于是老师示范地捏了一个圆形的盘子，然后说："好了，大家可以动手了。"小明却捏了一个类似嘴巴一样的盘子，他觉得这样的设计才最合适人吃饭。可是面对他的作品，老师却又很生气。

一年之后，小明转到了另一所学校就读。可是上美术课的时候，他已经不再像以前那么兴奋，也不再感兴趣了。当老师走到他旁边的时候，发现他还对着空白的图纸发呆。"你怎么不画呢？""我要画什么呢？""……""在你画好以前，我不知道怎么画呀！"

过了很久，小明终于画好了。他画的是一朵红花和两片绿叶。

想象是创造之母。没有想象能力就没有创新能力。而这位老师扼杀了孩子多么丰富的想象啊，孩子正是在这些绘画的游戏中打开自己的想象空间的，小明本来可以创造出更多更漂亮的图画。可是到最后他只会墨守成规，画一朵红花两片绿叶，甚至画画的兴趣也消失了……

父母要积极地培养孩子创造性思维，首先就是要培养孩子独立思考的能力，让孩子在游戏中敢于打破陈规，敢于标新立异地提出自己的新玩法。如果每个孩子都是按照家长的要求规规矩矩地去玩，那么孩子终究没有新鲜的东西可以思考，也就不会有新鲜的血液注入进事物中，创新又从哪谈起呢？

三、在生活中，允许孩子幻想

孩子的幻想是创造想象的特殊形式，它往往脱离现实，比如，当孩子在玩耍时遇到坏人，孩子会幻想外星人来拯救自己，其实孩子这种能跨越时空创造出的新形象，就是对事物的一种幻想。

孩子的幻想越大胆，可能出现的错误也越多，但是其创新价值也是不可估量的。因此，家长在现实生活中，要处处留意孩子的幻想，允许孩子幻想。

美术老师给同学们布置了课堂作业。

同学们拿出图画本之后，各自沉浸在想象的世界里。乐乐也拿着自己的画册，看着窗外想得入神。和煦的阳光映照在窗边，河面的光影隐隐约约地漂浮着，就像刚蒸好的馒头冒出来的热气。

这时候，乐乐邻桌的同学军军突然拿出另外一个本子放在图画本上，认真地写一些东西。

"怎么啦，作业还没有做完吗？"乐乐问道。

乐乐边问边轻轻拍着邻桌同学的肩膀，凑过去看他到底在做什么。

原来他不是在偷偷写作业，也没有理会乐乐的疑问，只是努力地在音乐册上画着像黄豆芽似的东西。老师察觉到军军在做与上课无关的事情，上前询问：

"军军，你在做什么呢？"

军军面带笑容地回答："因为脑中突然浮现一些关于春天的旋律，想趁着忘掉之前，赶紧写下来。"

"这样的话，老师是不是妨碍到你了呢？但这些音符的样子看起来有点奇怪。"

"这些是我自己发明的音符，没有五线谱也可以画出乐谱的音符。"

"哇！那要称它为军军音符喽！"

老师不但没有因为军军在美术课时画乐谱而责备他，反而鼓励他努力创作。实际上，军军画在音乐册上的音符，有点稀稀落落，音符的样子也很奇怪。

幻想是非常可贵的，又是有趣的。起初，对于孩子来说，生活是具体的：爸爸、妈妈，还有自己的小屋、玩具、洗澡盆等。但不久他们就发现，生活并非一定这么枯燥，澡盆可以是大海，爸爸也可以是"李天王"。

长大以后，一部分孩子的幻想就被成人式的实事求是的思维所代替，而另一部分孩子的幻想则会打开另一扇窗，他们将学会完全不同于常人的思维方式及解决问题的方法。如果家长希望自己的孩子属于后一类，那就认真对待孩子千奇百怪的幻想吧。

家长要真正地给孩子一双"生活眼睛"，让他们能在自己设计的生活情境中，通过逐步自主的"幻想"和"感悟"，学会学习，学会创造，从而学会生存、学会发展。即使有时候，孩子的幻想具有常识性的错误，父母也没有必要去纠正，孩子正是缺少常识的限制，才可以想出一些成人想不出的想法来。

第53招 探索发现，激发孩子的创新欲望

喜欢探索周围环境，几乎是所有孩子的天性，从出生那天起，孩子就对周围的一切发生了浓厚的兴趣。他们睁着大大的眼睛望着，好像对什么都充满好奇。对孩子来说，他们需要经过这种探索发现来认识世界、获取知识，激发创新欲望。

因此，家长要注重培养孩子探索发现的精神。

一、孩子的兴趣是探索发现的前提

对于孩子来说，兴趣是最好的教师，有了兴趣，孩子才会积极关注，主动思考，并自觉采取行动。因此对于家长来说，在日常生活和学习中要学会利用孩子的兴趣，来培养孩子探索发现的积极性，激发孩子的创新欲望。

孩子兴趣的产生往往是在小时候。不同的年龄段，由于各自不同的素质，孩子的兴趣往往也不同。孩子兴趣的发展和表现，往往是他探索发现的先兆，也就是他进行创新所具有的潜能。

从小，祖冲之的小脑袋里就充满了各种奇思妙想，对于天地之间的秘密非常感兴趣。

有一天，祖父领着祖冲之去拜访一个精通天文的官员何承天。何承天很喜欢聪明伶俐的祖冲之，就问祖冲之："研究天文不但很辛苦，而且既不能靠它升官，也不能靠它发财，你为什么还要钻研它呢？"

祖冲之挺着小胸脯说："我不求升官发财，只想弄清天地的秘密。"

打那以后，祖冲之经常去找何承天研究天文历法和数学，还研究各种机械等，通过刻苦的钻研和丰富的实践，祖冲之终于有了自己的独特发现，成为了杰出的数学家、天文学家。

当孩子有了某方面的学习兴趣的时候，一定要注意引导孩子不断发展兴趣。孩子的好奇、好问、好动，家长请不要给予不理睬或者给予否定，而是要积极地鼓励赞扬，利用它来激发孩子的好奇心，从而让他拥有继续探索的欲望。

这就需要家长经常问一问孩子的兴趣是什么，与老师保持紧密性的联系。当家庭和学校在孩子的学习上步调一致的时候，便有利于得知孩子的兴趣和动机。从不同兴趣爱好出发，培养孩子探索发现的精神，孩子爱什么，可能就会成为什么样的人。

二、让孩子养成细致观察和分析的习惯

很多人都能在自己擅长的方面做出成就。这是因为，他们不只是停留于表面形式的"看"，而是能在"看"的基础上作出细致的分析。要想让孩子创新，家长也需要让孩子从小养成细致地观察和分析的习惯。

有一次孩子突然问妈妈："路边的小树怎么死了？"孩子的妈妈并没有正面回答，反而提出了更多的问题："小树是不是冬天栽的？是不是种得太密了，就会营养不够？树苗是不是伪劣的？是不是南方的树种不适应北方的环境？是不是有人破坏它们？……"

孩子觉得很奇怪，就有了想探索的欲望。于是，他和妈妈每天都去观察这棵树的变化，一起搞调查。妈妈还引导他以翻阅资料、询问老师等方式来了解情况。最后，孩子终于把所有的问题一一排查掉了，写出了《128棵树苗为何死了39棵》的调研报告。

孩子获得了全国青少年科技创新金奖，人民教育出版社还把该调查选为小学科学课的案例。

其实孩子脑子里的创新意识大多是昙花一现，他们根本就不知道这就是创新发明，因此大部分有创意的思想就这样被埋没了。这就要求家长能在孩子对一方面感兴趣的时候，立即抓住孩子的这个兴趣，然后让孩子根据这个兴趣来细致地观察、分析，只有这样，才能开发孩子的创造潜能。

比如，当孩子在公园玩时，看到一只青蛙，家长要让孩子留心观察这只青蛙的体态特征、皮肤颜色、有几只腿等。提醒孩子观察这些还不够，还可以让孩子多在脑中思考分析，为什么青蛙既可以在陆地上生活也可以在水里生活？等等。

这样一系列细节上的探索和发现，孩子就会拥有自己的见解，没准就冒出一个创新的思想来。如果家长能做到如此有心，资质平庸的孩子也能搞创新、搞发明。所以，在培养孩子的创新思维意识方面，家长的作用很大。

三、有组织、有目的地多开展探索活动

探索活动仅仅依靠随机教育是很不够的。孩子的学习主要是在成人有目的、有计划地组织下进行的。培养孩子探索发现的精神也一样，家长可以在生活中有组织、有目的地组织丰富的探索活动。

例如，家长在教给孩子童谣《滚汤圆》时，不妨为孩子准备一个小小的乒乓球，让孩子在玩球的过程中，发现并找出许多种不同的玩法：在肚子上滚动着玩；用脚滚球；在胳膊上、腿上、脸上滚动小球；用两个手指捏住球当成地球仪转动着玩等。

每当孩子想出一种新玩法时，家长就可以去模仿他，孩子也会更积极地想着新的玩法，这样进行着一次又一次的探索，创新意识也就培养起来了。孩子在玩球的同时，不知不觉也学会了童谣。

但家长在操作活动过程中，要让孩子进行深入的探索而不是浅浅操作，草草结束。如果那样，并不能使孩子在探索活动中达到预期的目的。家长怎样才能使孩子感受到探索的乐趣又培养出创新的意识呢？

1.不过多干预，给孩子充分自由探索的空间

家长不要让整个活动过程都在自己的监控之下。如果由家长示范或者来统一活动操作的标准，这样孩子就容易直接盲目地跟着家长行动，孩子就成了一个模仿者，而无自己的新鲜操作方法。

为了给予孩子充分自由探索的空间，家长让孩子明确活动的目的和材料使用的方法之后，就应该大胆放手让孩子自己充分操作，反复感知。如在"盒子"的活动中，准备了各种易拉罐、牛奶盒、纸张、铅笔等不同材料物品，在提醒孩子注意操作安全的事项后，就只提出"看看谁能折出最漂亮的盒子"的要求，然后让孩子自由选择材料操作。

2.善于提问，鼓励幼儿多角度观察事物

为了充分引起孩子的主动探索欲望，很关键的一点是家长要学会善于提问。有效的提问，由浅入深激发孩子操作、活动的兴趣。

第54招 珍惜爱搞"破坏"的孩子

小机器人的零件散落在客厅里，桌上的电话机被拔掉了线，台灯罩也掉到了地上……只要是孩子们玩过的东西就难逃被"肢解"的厄运。

现在很多家长都面临着孩子的"破坏"行为，越来越不知道如何是好。其实"破坏"是孩子成长发育过程中常会出现的现象，家长对待孩子的"破坏"行为，如果好好引导，也许可以培养出一个懂得创新的孩子来。

一、给孩子"破坏"的自由

不少父母埋怨自己的孩子不爱惜东西，刚给孩子买了个电动小汽车，可没两天却发现已经被孩子拆成一堆零件了；洋娃娃本来穿着漂亮的裙子，孩子却把她的裙子给脱了，胳膊也扭了；甚至你会看见孩子把镜子打破了，却努力地用胶水粘，想"破镜重圆"……

对待孩子的"破坏"，家长不可以被动地等待。要知道，如果家长主动为孩子提供动手的条件，让他们在探索和尝试中找到创造的感觉，那么，孩子的"破坏"就可以引导成创造。

凯西歪着小脑袋正看着音响出神。音响里传出来的音乐让她感觉十分好奇，她在几个键上按来按去，突然，磁带被弹了出来，音乐声戛然而止。凯西取出磁带，抓在手里看了又看，她的小手指碰到磁带里面软软的胶带，小手指头轻轻一勾，胶带就源源不断地被抽了出来。

凯西兴奋得小脸通红，仿佛从来没见过这么好玩的东西。她将胶带缠绕在身上，一边唱着刚刚学会的《剪羊毛》，一边煞有介事地舞蹈起来。好端端的一盒磁带就这样失去了存在的价值。

几乎每时每刻，凯西都在搞破坏：将牛奶倒在水箱里，里面的鱼很快奄奄一息；将妈妈的香水瓶打碎了，弄得满地都是玻璃渣子；把闹钟拆了，只剩下一地零碎……凯西的破坏活动出神入化，让妈妈头痛不已。

这样的"破坏性"其实是值得鼓励的。幼教专家说，把自己感兴趣的东西拆开，是孩子学习探索的一种表现，他们不是故意去破坏一个东西，而是因为他对这个东西感兴趣，想看看究竟是怎么回事。如果这个时候，家长加以引导，孩子也许就会探究出磁带发声的秘密。

因此，对孩子的"破坏"行为，家长首先要对孩子有宽容的心态，因为破坏的过程就是个学习的过程，探究的过程。不要严厉地批评孩子，也千万不要说"不许再把玩具拆了，不然下次就不给你买了"等这样警告和威胁的话。否则很可能会扼杀孩子可贵的探索精神。其次，家长应该尽可能地鼓励并且参与进来。孩子"破坏"的过程，是一个手、眼都在活动的过程，这能够促进他们思维的发展。鼓励孩子适当地"破坏"，就是在鼓励孩子的创造力，以及对更多事物的探索兴趣。

所以，当家长看见孩子把机器人拆了，应该蹲下来参与到孩子拆机器人的活动中，把孩子的破坏活动转个弯，"机器人里面是什么啊，怎么会动啦？"等等，及时给他们提出问题，引导、帮助他们一起寻找结果，然后再跟孩子一起把拆开的玩具恢复原样。

这样孩子在"破坏"—探究—重建中不仅获得了心理的满足，还获得了智力的发展，为孩子以后的创新打下了坚实的基础。

二、给孩子"破坏"的空间

孩子爱搞"破坏"纯属天性使然，是创造力萌芽的一种体现。他们总是喜欢睁着一双无知的大眼睛，对社会中的各类陌生事物充满好奇。因为好奇，所以什么都想动一动、看一看，不小心就成了家里的"破坏大王"。

这种"破坏"并不都是坏事，如果家长合理利用孩子的这种天性，多方引导、鼓励，不仅有利于孩子大脑发展及日后处事能力的提高，更重要的是可以从小培养孩子浓厚的求知欲望，为今后的创新发展道路奠定基础。

莉莉今年6岁，性格活泼开朗，总是喜欢乱蹦乱跳。

一天，下雪了，爸爸妈妈准备带她去郊游，正好可以一边欣赏美景，一边滑雪。莉莉刚走出门，看见厚厚的白雪，就兴奋起来，忽的一下扑了上去，在雪地上印出了自己的轮廓。

莉莉得意地对爸爸说："爸爸你看，这是我的影子伙伴。"

妈妈指着莉莉的湿衣服说："刚刚给你换的新衣服，看你弄成了什么样，下次我们还能带你出来吗？"

爸爸瞧着莉莉的衣裤满是泥渍，把脸一沉也训斥上了："你就不能老实点，走路都不会好好走，你瞧你都成什么样了？"

原本开开心心的莉莉，小脸立刻由晴转阴，眼泪吧嗒、吧嗒地掉了下来。

试想，如果莉莉的父母能够和莉莉一起欣赏那个"影子伙伴"，然后再把照相机成像的原理讲解给莉莉听，那么莉莉的郊外收获将会是多么丰富……

其实，小孩子天性就是好动，他们把衣服弄脏了，家长只要给他们另换一件就是了，何必要去训斥他们呢？莉莉在雪地上印出一个影子伙伴，这是多么好的想象啊，用一件衣服换孩子一个创造，这不是很好的事情吗？

做父母的都不希望孩子离开自己的视线，都不愿意孩子离开自己的保护圈，因为他们怕孩子发生危险，弄脏衣服，破坏东西。走在路上，常会听见妈妈警告自己的孩子："不要到处乱摸，多脏呀！""好好玩，不准拆坏了！"……

孩子就在家长这一声声的警告中，不敢动这儿，不敢摸那儿，两只小手常常是胆怯地伸出去又缩回来，手足无措的孩子又何谈创造呢？

其实，给孩子一点"破坏"空间吧，孩子爱"破坏"，失去的只是可估量的价值，而得到的却是孩子一生受用不尽的财富——思考、创造和智慧。

三、"珍惜"不等于"纵容"

孩子"破坏"的原因很多，针对孩子不同的"破坏"原因，家长也要区别看待。不是所有孩子的"破坏"都值得家长去赞扬、鼓励，对于孩子不正当的"破坏"，家长也不可纵容，要施以正确的教育。

幼儿园里，孩子们都在开心地玩着，突然传来不和谐的声音，小宇立即跑来告状："老师，小琪把我们刚搭好的房子给推倒了。"老师心想着："又是这家伙，平时最调皮的就是他了，总是喜欢破坏别人的东西。"

老师来到小琪面前，生气地来询问："怎么了？说说你为什么把人家的房子给推倒了？"小琪扁了扁嘴，很不服气地说："他的房子比我搭建的漂亮，所以我不喜欢！"

　　老师一下子就明白了，原来是小琪的嫉妒心理造成了小琪的"破坏"行为。这时，老师蹲下来，认真严肃地对小琪说："小宇搭建的房子漂亮，你可以去认真像小宇学习，也可以搭建出那么漂亮的房子。你想一下，如果你的房子被别人这样推倒，你心里是不是也难过呢？老师相信小琪下次不会这样做了，对吗？"

　　小琪愧疚地点了点头，并给小宇道了歉。

　　对于孩子在活动中出现的破坏性行为，家长要学会用探究的眼光去看待，去寻找他们行为背后的理由，切忌想当然地主观臆断后就对孩子批评教育，这样对孩子是不公平的。

　　孩子的故意"破坏"，找麻烦，家长就要辅助教育手段来杜绝孩子的这种行为。比如，孩子今天有不愉快的情绪体验，而又不知道如何进行适当的表达时，孩子会将娃娃的辫子扯掉，这就是孩子把破坏性行为作为不良情绪的突破口，这种"破坏"，家长万万不可以纵容，要及时纠正为好。

　　但如果只是好奇心驱使的"破坏"，家长就要"珍惜"孩子的这种破坏，并积极地参与到孩子的活动中。如果适当地鼓励和帮助孩子正常的探索行为，不仅可以满足孩子的好奇心，也让孩子在"破坏"中收获知识，开发孩子的创造潜能。

改正孩子错误要不急不火

　　一个孩子能否在成长过程中能力增强，主要由其自身改正错误的能力决定。正所谓"失败是成功之母"，许多错误也在孩子成长的过程中发挥着重要作用。

　　但是，现实中家长都是不喜欢孩子犯错误的。如果孩子犯了错误，家长就会马上给孩子贴上坏孩子的标签，或者严加训斥，或者棍棒侍候，以此来"改正"孩子的错误。结果却不尽如人意，孩子依然犯着同样的错误。

　　对待犯错误的孩子，只要不是"罪不可赦"，挽救比"绳之以法"要重要得多。更何况惩罚绝不是目的，给孩子几次悄悄改正错误的机会，使他们回到健康发展的轨道上来，这才是家长教育的根本目的。

　　所以，一些道理在孩子那里是需要一个时间的积累的，量变产生质变。改正孩子错误要不急不火才行。

第55招 给孩子解释的机会

当孩子在跌跌撞撞学习走路的时候，不免会犯下无数个小错误，家长要给孩子解释的机会，不能单凭自己的主观臆断，就对孩子的行为做出一些不中肯的评价和指责。否则只会造成孩子的叛逆心理，不但不改正自己的错误，还会故意地去犯错误，"反正你也是不听我解释"。所以，家长要学会在孩子犯错误时，给孩子解释的机会。

一、让孩子把话说完

当孩子犯了一个小错误时，想要对家长申辩和解释的时候，家长通常会更加生气，认为孩子是在狡辩，对孩子说得最多的话也是"住口！不用解释！"。孩子原本想说的话又咽了回去。现实生活中，这种情况经常发生。

芳芳的爸妈工作非常忙，有时候根本顾不上照顾芳芳。于是，星期天的时候，他们决定把孩子的姥姥从农村接过来，一是让老人在这里帮忙照顾一下孩子，二是也让自己的妈妈享受一下城里的生活。

芳芳是个很懂事的孩子，自从姥姥来了以后，怕姥姥闷，每天都带姥姥去公园散步，还用自己的零用钱给姥姥买巧克力吃。姥姥高兴地逢人便说："我活了60多岁了，还头一次收到别人送的巧克力呢！"

一天，芳芳妈妈下班后回到家，刚推门，几只活蹦乱跳的小兔子就窜了出来。房间里，又是兔笼又是兔子吃的萝卜和菜叶，一片狼藉。忙碌了一天的妈妈，看到家里乱七八糟的样子，不免心烦意乱，张口就训斥孩子："马上就考初中了，还弄这些东西干吗？乱死了！"

芳芳刚要张开嘴向她解释什么，话还没说出来，妈妈却不容分说地继续呵斥孩子："给我扔出去！把这些东西给我扔出去，不用解释！我不想听！"说完就要去抓那几只小兔子。

这时，孩子被妈妈凶巴巴的样子吓坏了，眼泪"唰"地流了出来。她好像想说什么，但什么也没说，一转身回到自己房间，把门重重地关上了，连晚饭也没吃。

妈妈很生气，刚想继续追过去再训孩子，这时旁边的姥姥说话了："你别骂孩子了，这是孩子给我买的，她说怕我在家无聊，所以买了几只小兔子来陪我。孩子都是出于好心，你要是觉得不喜欢，可以好好和孩子说，把这些小东西送给别人就可以了，不要再骂孩子了。"

妈妈听到这些话后，非常后悔。轻轻地推开孩子的房门，看到孩子正趴在床上哭。她便拍着孩子的肩膀说："妈妈错了，妈妈不该不听你的解释，以后妈妈会改的。"

这样的情景在我们的现实生活中一幕一幕正在上演，不是吗？孩子犯了错误，家长马上就会认为是孩子的错。父母单凭自己了解的情况对孩子的行为做出评价和责备，当孩子想解释的时候，父母就会气上加气，心想："你犯了错还狡辩？"

于是，对孩子大喊一声："住口"。殊不知，这一声"住口"让孩子积压了多少的委屈。即使事后家长为冤枉了孩子而向他道歉，但对孩子的伤害仍然无法弥补。

一份问卷调查显示，"住口"两个字，是孩子们最不愿意听到父母说的话之一。经常不等孩子把话说完，家长就呵斥他们"住口"，一方面不利于孩子表达能力的提高，另一方面容易使孩子产生自卑情绪。

孩子对着父母诉说内心的感受，是提高表达能力、增强社会交往能力的极好机会。将孩子的这一机会剥夺，孩子的表达能力得不到提高，在社会交往中就会出现表达困难，进而产生自卑情绪。而一个缺乏自信的人，很难谈得上心理健康，更难成为一个成功的人。

家长要学会多给孩子点时间，让孩子把话说完，听听他们的理由，也许很多是误解。让孩子把话说完，也是尊重孩子人格的一种表现。

二、让孩子有辩解和申诉的机会

孩子是一块没有被雕琢过的璞玉，他们是否成器，关键要看父母如何去雕琢。孩子虽然年纪小，但他们也有独立的人格尊严，也有认知世界的独特视角，更有表达自己内心感受的自由。

当孩子犯错误时，父母应让孩子有辩解和申诉的机会，孩子说得有理，应该赞赏；孩子说得不合理，可以进一步交换意见，直至解开孩子心中的疙瘩。只有这样，才能建立健康、和谐的亲子关系。

幼儿园里有个叫咚咚的小朋友，总是爱与别的小朋友发生争执，不断有小朋友向老师报告咚咚的"罪行"。不知不觉，老师也给咚咚贴上了这样的标签：淘气捣蛋。于是，以后每当咚咚与其他小朋友发生争执时，老师想当然地认为是咚咚不好，总是先批评他，而他也总是嘟着嘴巴，一脸的不服气。

一天，美美告诉老师咚咚把自己的彩笔放在了水里。老师一听，非常生气地冲进教室问道："你为什么把别人的彩笔扔到水里？放在水里就不能用了，你知道吗？"没想到咚咚漫不经心地说了一句："反正你也不会听我解释的。"

咚咚真的是个淘气的孩子，一次他拔了前座小朋友的一根头发，害得人家哭了好久；还有一次和别的小朋友打架……

对于这些状况，老师总是批评他而没给他解释的机会。其实，很多事情的真正原因都是后来才了解的：咚咚看到前座小朋友的头上有一只小虫子，想给她拿下来，没想到在拿虫子的同时也不小心拔下了人家的头发；和小朋友打架，是因为那个小朋友先欺负了咚咚的好朋友……

怪不得咚咚会说："反正你也不会听我解释的。"

从那以后，老师特别注意咚咚的举动，也逐渐改变了自己的教育方法。当小朋友们之间发生争执、纠纷时，老师首先会了解事情的前因后果，静下心来倾听他们的解释，然后再根据情况教育他们。这样一来，小朋友们越来越信任老师了。

看完这个故事，家长们是否会联想到自己呢？自己在教育孩子时是否也会犯相同的错误？当孩子出现了一些小过错时，作为父母，给孩子解释和申诉的机会了吗？

如果家长不管孩子是否做错了事情，不去问清楚事情的真相，就把责任全部推到他身上，经常喝令"你不用解释"，那么孩子就渐渐放弃了为自己辩解的权利。长久下去，就会让孩子对父母产生不信任感，甚至产生逆反心理，导致父母不喜欢什么，他偏要去做什么。

多听听孩子的解释，让孩子有辩解和申诉的机会，家长可以多说一些类似"好吧，和妈妈说说当时的情况"的话，这不仅仅是父母赏识孩子的体现，更是孩子应得的基本权利。

当孩子对一件家长曾经认为错误的事情做出合情合理的解释时，家长也学会惊讶地发现："原来孩子有自己的想法，妈妈明白了！"

三、耐心倾听孩子的解释

当父母认为孩子做错了事情，不要急于作出判断和结论，而要首先按捺住自己的情绪，耐心倾听孩子的解释。不管什么时候、什么事情，给孩子一个解释的机会，就是给孩子一个成长的机会。

让孩子把事情的经过详细地说清楚，然后家长再下结论。这才是赏识孩子的表现。

一位母亲问5岁的儿子："假如妈妈和你一起出去玩，我们口渴了，一时找不到水喝，而你的小书包里恰巧有两个苹果，那么你会怎么做呢？"儿子小嘴一张，说："我会把每个苹果都咬一口……"

虽然儿子的年纪尚小，不谙世事，但母亲对于这样的回答，心里多少有点儿失落，不禁生气地打断孩子："别说了！小抠门儿，妈妈白疼你了！"

看着妈妈凶巴巴的表情，儿子害怕得"哇"的一声哭了起来。

其实，这位性急的母亲如果听了儿子后面的话，就会很高兴了，因为儿子想说的是"把咬过的两个苹果都给妈妈吃"。

生活中，也有很多类似的事情。比如，孩子犯错误时，家长总是把话听到一半，或者根本不听孩子的解释，由此造成的误解和僵滞浩如烟海。绝大多数父母都能对孩子在生活上关爱有加，可真正能将孩子作为有人格尊严的人来看待的父母却并不多。

如果孩子在犯错误时，家长多给孩子几分钟的时间，也许孩子的错误就会真正得到解决。

一个小孩，一直表现不错，突然有段时间上学总是迟到。为此，老师找其母亲谈话。母亲知道后，并没有打骂孩子。

　　她选择一个晚上，在孩子临睡前，轻声地问儿子："告诉我，宝贝，为什么你那么早去上学，却总迟到呢？"孩子先是愣了愣，见母亲没有责怪的意思，就说："我在河边看日出，太美了！看着看着，就忘了时间。"母亲听后笑了。

　　第二天一早，母亲便让儿子带着自己去河边看了日出。面对眼前的景色，她感慨万分："真是太美了，儿子，你真棒！可以发现这么漂亮的地方！"这天，儿子没有迟到。

　　放学回家，儿子发现书桌上放着一张纸条："因为日出太美了，所以，我们更要珍惜时间和学习机会，你说是吗？"结果孩子上学再也没有迟到过。

　　孩子在学习和生活上犯了什么错，向父母诉说时，家长若是显出不耐烦、不听解释的样子，孩子只能将话咽回去。他们把自己的秘密埋藏在心里，做父母的就很难知道孩子的所思所想，误解也就应运而生。这样对孩子的教育就会无的放矢，无所适从。

　　父母需要做的首先是理解孩子，认识到小孩子犯错误是正常的，给他们解释的机会并耐心倾听。然后再是疏通引导，把孩子引到正确的道路上，单纯只是斥责发火，往往会适得其反。家长不会因为孩子犯错而大动肝火，孩子才能有改正的机会，并做到自己是自己的主人。

第56招 从孩子的角度考虑问题

孩子往往喜欢与同辈的人交往，因为他们会觉得同辈的人才能理解自己的经历和感受，会站在自己的角度去考虑问题，而在家庭中往往就感受不到这种气氛，因此，孩子和父母之间总是缺少那么一种交流和默契。

父母只有放下架子，在生活中以平等的身份对待孩子，才能从孩子的角度去思考，与孩子建立相互之间的信任，成为孩子的知心朋友。

一、父母要学会放弃自己的成见

很多家长不明白，大人的世界是大人的世界，孩子的世界是孩子的世界，这两个世界是不一样的。孩子虽小，但也有自己的一小片天地，有自己的喜怒哀乐。如果父母硬要用大人世界的要求来对待孩子，势必会发生许多亲子关系上的问题和不愉快。

期中考试的成绩出来了，莉莉一脸喜悦地回到家。

"妈妈，我们的英语成绩出来了，你猜我得了多少分？""这回得了多少分？""82分，比上次高10分呢！"莉莉有几分骄傲地说。"嗯，这回是比上次进步了一点。对啦，你同桌这次考了多少分啊？""好像是90多分吧。"莉莉有点不高兴地回答道。

母亲似乎并没有察觉，而是接着说："怎么又没她考得好？你努点力行吗？""你凭什么说我没努力？比上次提高了10分，老师还在全班表扬我进步了呢，就你总是对我不满意。"

这回妈妈是真生气了，她提高嗓门喊了起来："你怎么这么不懂事，我这不是为你好吗。你看你同桌，每次都考得那么好，哪像你时好时差，也不知道争点气。每次见到她妈妈，我都不好意思说成绩的事情。"

"我怎么不争气啦？你嫌我丢你的脸是不是？我同桌好，那就让她做你的女儿好啦。"莉莉气冲冲地走进自己的房间，"砰"的一声把门关上了。

类似事情在很多家庭时有发生，本来很平常的亲子对话，却因为不能理解彼此的心意而说着说着就吵了起来。家长觉得孩子不懂事，不明白自己的心意。孩子觉得家长根本不理解自己的努力，只会以自己的标准来评价自己。

因此，亲子对话变得如此艰难。

其实，要使双方能有良好的沟通也很简单，那就是家长学会放弃自己的成见，从孩子的角度思考很重要。如果父母总像是上级对下级那样，并强调自己的观点与尊严，认为自己都是对的，孩子都是错的，而不顾及孩子的想法，沟通只能是停滞状态。

要从孩子的角度思考，就是去理解孩子的内心感受，学会换位思考。简单点说就是要学会进入孩子的内心，了解孩子的所思、所想和所盼，这样交谈才能流畅、愉快和有效。

二、体会孩子内心的感受

孩子怎么就不能理解父母呢？作为父母，可能一直会有这样的疑问。孩子年龄虽小，但也是一个独立的人，也有自己的感受，有自己的思想和主张，这些都需要家长用心地体会。所以，家长在和孩子相处的过程中，要多关注孩子的内心变化，体会孩子内心的感受。

刘翔，是世界顶尖的跨栏冠军，被人们亲切地称为"飞人"。

在刘翔的记忆中，他之所以能取得如今的辉煌成就，就是因为爸爸总能站在刘翔的角度，体会他的感受，这是刘翔成功的最大源泉。

刘翔还小的时候，他在区少年体校练了短短3年后，就顺利地升入了市少年体校，主练跨栏项目。然而市少年体校的集体生活差点葬送了他的田径之梦。

那时，刘翔是寝室中年纪最小的，平时又不太爱说话，很快就沦为被欺负的对象。年纪大的室友每次训练结束后，就回到寝室大叫一声："来，给我放松放松！"而沉默的刘翔，只好走上前去，帮助大同学按肩捶腿。

到了后来，由于成绩冒尖很快，又不怎么和别人一起疯玩，矛头似乎都集中到了刘翔身上，大家都以拿他"开涮"为乐。有人会专门把他的自行车轮胎戳破，也有人会在他被子上浇水，有时候大家说"叠罗汉"，而被压在最下面的一个总是刘翔。

最过分的一次，是一个大他两岁的师兄，在一天早上，竟然把刘翔的牙刷浸泡到小便池里！

那时候，刘翔一周才回家一次，他嘴上虽不说，但家里人都看在心里。于是父母就背着他去体校向年纪小的同学问明情况，然后每周等他回家就在饭桌旁给他讲一些为人处世的建议。但这种被其他队员欺负的状况一直没得到改善。

一个周日，父亲开车送刘翔去市少体校，见他闷闷不乐，父亲转过头看了刘翔一眼，问道："刘翔，你老实告诉爸爸，你是不是不想去？"刘翔没有回答，只是眼含期盼地望着父亲，半晌才吱声："你肯让我放弃训练吗？"

最终，父亲把他从体校转到了宜川中学，这对刘翔来说无疑是一次大转折。父亲道出了自己的良苦用心："刘翔成才固然重要，但成人是前提，孩子继续在被压抑的环境中硬忍下去，对他的成长没有好处，反而会造成一定的伤害，甚至留下心理阴影。不如退一步，换换环境，让他缓一下，去普通中学上学读书。"

父亲站在刘翔的角度，体会孩子的感受，让刘翔很感激。在宜川中学读书的一年多时间里，刘翔每天6点起床，上午上课，装着满脑袋的题目，头昏脑胀地去吃午饭，下午就回到区体校顾宝刚教练那儿去训练。这一练就练到傍晚六七点钟，训练完，人已经东倒西歪了。回家洗完澡，差不多晚上8点钟，这才开始做功课。

让人欣喜的是，在宜川中学读书的日子里，刘翔的文化课没落下，专项也没有荒废，比赛成绩不降反升。

一位能够体会孩子感受的父亲终于让刘翔跑出了世界冠军。

很多时候，站在孩子的角度，体会孩子的感受是对孩子的一种尊重，也是有效沟通的一种重要技巧。在孩子成长过程中，当孩子取得成绩时，家长与孩子一起高兴，给予孩子表扬和鼓励；遇到困难和犯错误时，父母无比体谅的"缓一缓"，这不仅可以给予孩子支持和安慰，也让孩子拥有了"柳暗花明"的新世界，这样的亲子彼此都是幸福的！

父母想要成为孩子的知心朋友，就应该学会站在孩子的角度去看问题，就应该做到学会体会孩子的感受。

三、和孩子坦诚沟通

在与孩子的交往中，沟通是非常重要的。和孩子坦诚沟通，可以让家长客观地意识到自己的孩子在想什么、感受什么以及做什么。从而会把自己放到孩子的位置上，站到孩子的角度去看问题。

不知不觉中，孩子和家长之间就建立起了相互信任的平台，父母成为了孩子的知心朋友。

学校组织歌唱比赛，小雪参加了并获得了一等奖，她回家后把这个喜讯告诉了妈妈。偏偏这天妈妈正为工作上的事情烦恼，又在忙着洗衣服，所以根本没有心情分享女儿的喜讯，而是说："去去去，一边呆着去，别来烦我！"

本来心情极好的小雪，听到妈妈竟然这样说，心情糟糕透了，她默默地走进了自己的房间。

爸爸下班后，看到女儿闷闷不乐，就说："怎么啦，我的小公主。"

小雪抬起头，把发生的事情一五一十地告诉爸爸。爸爸沉默了一会儿，说："这是你妈妈做得不对，工作不顺心很正常嘛，怎么可以对我们的女儿乱发脾气，咱们也不理她……"

爸爸还想说什么，这时女儿答话了："爸爸，听到你这样说，我倒是觉得自己做错了。我能理解妈妈，她心情不好，也都是为了咱们能够过上更好的生活。"

爸爸听了这话，开心地笑着说："孩子你真懂事。能体会到妈妈的不容易，那咱们是不是该让她三分。"女儿点点头。

爸爸接着说："她是你妈妈，长你一辈，你是不是应该尊她三分。"女儿再一次点头。

爸爸又说："她一直为咱们全家操劳，做饭、洗衣服、送你去学校，还要工作，每天真是辛苦，那你是不是该敬她三分呢？"女儿再一次点头。

说到这里，爸爸看着女儿："如果妈妈向你道歉，你是不是能原谅她呢？"这时在门外站了很久的妈妈进来了，她诚恳地向孩子说"对不起"。

小雪和妈妈抱在了一起。

站在不同的位置会看到不同的风景，处于不同的立场会产生不同的观念。和孩子坦诚沟通就能让家长学会换位思考的方法和技巧，当孩子遇到问题时，能够

迅速从孩子的位置和角度来看待问题，分析问题，从而更有效地解决问题。

不仅如此，坦诚沟通还是一种了解孩子真实想法，快速拉近和孩子心灵距离的有效方法。因为坦诚沟通让孩子觉得自己和家长是平等的，孩子能避免和减少与家长对话的戒备和猜疑，弱化和消除对话过程中的不愉快，从而能使家长和孩子更好地了解对方，传递彼此的意图，使对话朝着期望的方向进行。

第57招 让孩子自己反省错误

父母在教会孩子各种能力的同时，一定不要忘了教会孩子自我反省的能力。卓越源于反省，如果一个孩子经常地自我反省，那他一定能够成为一个不断走向完美与高尚的人。

有句话说得好，"不怕犯错，怕的是屡次犯同样的错"。具有自我反省能力的孩子就如同一个永不知疲倦的登山者，一边攀登一边回头检查自己的行囊，他们不会犯同样的错误。

一、不做孩子的"校正师"，让孩子自己修正

现实生活和学习中，孩子免不了犯错误。可惜的是家长对待犯错误的孩子的挽救方式、方法有时太过于简单，永远尝试着代替孩子改正错误。这种效果并不好，孩子依然犯着同样的错误或者更多的错误。原因就是家长没有给孩子自我修正的机会。只有孩子自我修正错误，通过自己的力量去克服身上的毛病，孩子才会变得更有心、更健壮、更灵活。

有一个穷苦人家的孩子，由于经济紧张，被迫选择在家乡的一所大学读书，这样可以获得政府的补贴。感到委屈的他，终于在一天爆发了，他和父亲发生了激烈的争执。

冲动之下，在交给老师的作业本姓名处，写下了"我是傻瓜的儿子"。作业本交给老师之后，孩子便感到有些后悔，开始变得惴惴不安起来。第二天上课的时候，老师并没有专门向他说什么，只是在发还给他的作业本里写了简短的一句话："是不是'傻瓜的儿子'与一个人未来的人生有多少关系呢？"

老师的话引起了孩子深深地反思："我常常把那些失败和烦恼统统归咎于父

母，总是想：如果他们有钱，如果他们有本事，如果他们让我天生就生活在丰衣足食中，我就不至于落到这个地步。我会去读自己喜欢的学校，我会去买自己心爱的足球，我会在别人面前大方地说'今天我请客！'……把这些责任理所当然地全部都推在父母的身上，对于自己却缺少自我反省，理直气壮地认为自己总是对的，就好像是一个不自量力的运动员，总是把成功归功于自己，把失败推诿给教练。"

老师简单的一句话引发了孩子的反省，让他从"自我中心"的错误中跳出来，检讨自己，并学会去做一个有责任感的人。

变化也在不知不觉中发生了，一个学期之后，孩子的学习成绩提高了，朋友增加了，最令人欣喜的是，和父亲的争吵完全消失了。

可以说，孩子正是通过改正一个个错误得以成长和进步的。如果家长自以为是孩子一生的"校对师"，这将剥夺和破坏孩子自身的修正能力。

我们经常看到那些批评或奖赏孩子的做法。父母会狠狠地打不听话孩子的屁股，或者孩子多拿了几分就可以得到糖块。家长固执地认为，教育孩子主要依靠两个手段——夸奖和惩罚，这才是对付孩子的有效武器。

事实上，这样的奖惩方式并不奏效，可以想见，即使大人将孩子的屁股打肿了，孩子吃到了心爱的糖，这也很难让孩子变得真正"听话"。因为指责并不是对孩子错误的修正，只是在重复陈述连孩子自己都明白的缺点，奖励也只是孩子作为换取糖块的手段。

我们所要做的是帮助孩子进行主动训练并加以纠正。实际上孩子只有借助不断的自我锻炼与汲取操作的经验，错误才能得以改正，能力才能增强。

在具体的做法上，家长可以在日常生活中故意安排一些显而易见的错误，以此锻炼孩子敏锐的观察力，锻炼他们发现错误的能力，从而在不断改正错误的过程中，渐渐地让自己越来越完美。

二、让孩子在自我反省中认识到自己的不足

父母应该明白，孩子将来是要自己走向社会的，而能否成为一个具有独立精神的人，关键在于孩子是否具有自我反省的能力。

在孩子成长过程中，由于受自身学识、阅历、性格等种种因素的局限，在理解和处理生活中的事物时，就不可避免地会陷入片面，乃至错误之中，这势必会

带来不良的结果。为此，培养孩子自我反省错误的能力就应该成为孩子生活中一个重要组成部分。

日本有两位一流的剑客，一位是宫本，一位是三郎，宫本是三郎的师傅。当年三郎拜宫本为师学艺时，曾就如何成为一流剑客请教过师傅。

三郎说："以徒儿的资质，练多久才能成为一流剑客呢？"

宫本说："至少10年。"

三郎觉得10年太长了，就说："如果我加倍努力，多久可以成为一流剑客呢？"宫本只是笑了笑。

三郎不甘心，又说："如果我再付出多一倍的努力，多久可以成为一流的剑客呢？"

宫本叹了口气道："如果这样的话，你只有死路一条，哪里还能成为一流的剑客？"

三郎糊涂了。这时宫本说："要想成为一流的剑客，就必须留一只眼睛给自己。一个剑客如果只注视剑道，不知道反观自我，那他就永远成为不了一流剑客。"

三郎听完后茅塞顿开，剑术大长。

剑道如此，改正孩子错误亦然。孩子只有在不断反省之中才能够认识到自身的不足，认识到自己的不足才能够改进，取得真正的进步。

父母应该教育孩子学会经常自省，尤其是对待自己的错误上，让孩子经常自省。这样孩子不仅可以发现自己的缺点，及时修正错误，还可以知道自己的优点，扬长避短，从而帮助孩子不断地调整精神信息系统接受信号的灵敏度和准确度，以确保信息系统不出现紊乱，让孩子合理地安排自己的学习与生活。只有这样，孩子才能够不断地完善自我，不断成长。

可见，自我反省是孩子认识自我、发展自我、完善自我和实现自我的最佳方法。

三、让孩子自己承担犯错的后果

许多孩子做错事后，家长喜欢为他们承担后果，如孩子和其他小朋友打架了，妈妈帮助孩子向小朋友道歉"对不起，他不是故意的"。这不仅会让孩子失去责任心，更会使他不会反省自己的错误，从而一而再、再而三地犯相同的错

误。

因此，明智的父母从不替孩子承担后果，而是让他自己来承担做错事的后果。

一个小男孩有点懒，周末为了多睡一会儿，就把自己的小闹钟拨慢了一个小时，他美美地多睡了一个小时。但是，他却忘了把它调回正常状态。

周一，快到上课的时间了，妈妈发现儿子还在睡觉，再看看他的小闹钟，妈妈马上明白了是怎么回事。但是，她没有叫醒儿子。当这个小男孩像平常一样背着小书包来到学校时，他发现同学们已经上完一节课了。结果可想而知，他被老师狠狠地批评了一通。

回到家后，心情沮丧的小男孩开始埋怨妈妈："妈妈，您怎么没有叫我起床啊？"这位聪明的妈妈对儿子说："儿子，每天睡觉前你为什么不把闹钟调好？你总习惯别人提醒你做你自己的事，但别人是不可能一辈子提醒你的。你要学会自己提醒自己，就像犯错误后自己要知道反省自己的错误一样！"

儿子羞红了脸，从此以后，这个孩子很少犯同样的错误。

孩子的自制力是很差的，总是习惯于别人提醒自己，但事实正如那位妈妈所说：没有人可以一辈子提醒一个人。因此，只有让孩子养成不断自我提醒、自我反省的好习惯，他才能更好地成长。

而让孩子自己承担错误的结果就可以培养孩子自我反省错误的能力。当孩子认识到错误后果的严重性，就会在做事前格外谨慎，从而避免犯类似的错误。如果家长常常替孩子去承担犯错的后果，孩子就会觉得做错了也没关系，丧失了责任心，不利于培养其自我反省的能力，使他以后容易再犯类似的错误。

所以，家长应该让孩子自己去承担犯错的后果，让孩子明白，一旦犯错，将会自己承担一切。

第58招 先赞赏，后批评

批评和表扬都是教育孩子的一种手段。孩子在成长过程中，总会因为做好人好事而受到赞赏，也会因为犯错而受到指责。这两种手段都是为家长提供的教育孩子的工具。但是如何利用好这两种工具，却是一门艺术。过度赞赏和过度批评都不利于孩子身心健康发展。

一、过度赞赏让孩子迷失自我

现在，已有越来越多的妈妈认识到了"赞赏"对孩子成长的重要意义，平日里对孩子们更是一味地表扬、称赞。提到"赞赏"，很多家长都以为很简单，"不就是夸孩子吗？这有什么难的？""孩子你真棒，你真聪明，你真可爱……"可却不了解"赞赏"其实是把双刃剑，用得不好，不知不觉中就走进了误区，照样会产生很多问题。当孩子出现一些问题的时候，家长们就会质疑了：原来"夸"也能"夸"出问题来？

随着娟娟年龄的增长，娟娟爸爸决定尝试着采用赏识教育的方法来帮助娟娟逐渐树立起自信心来，从而希望娟娟有更好的人生态度。一天，娟娟爸爸说："老婆，女儿长大了，咱们应该开始致力于发掘和培养女儿身上的优点啦。"

"发掘娟娟身上的优点，"娟娟妈认真地思考着，"嗯，不错，可娟娟身上好像没有什么优点吧？"听了这话，娟娟爸爸不高兴了："谁说我女儿没优点，你看女儿预产期是2月18日，出生日期也是2月18日，这就是优点啊！"

"那算什么优点啊？"娟娟妈不屑地说。"怎么不算，"娟娟爸爸表情严肃地解释道，"这就是守时么！"娟娟爸妈总是这样对娟娟进行着赞赏教育，即使很多优点不是娟娟身上的，他们也会无中生有，放在娟娟身上，娟娟渐渐变了。

一次课堂上，书本中有一道看图题，画的是一个小朋友从楼上向下泼脏水，把楼下奶奶刚洗净晒好的床单弄脏了，题目是：妈妈会对这个小朋友怎么说呢？大部分同学的答案都是：妈妈批评了小朋友的行为，并让他向奶奶道歉。

可娟娟的想法却与众不同，她写的是：妈妈表扬小朋友说"宝宝，你泼得真准！"看着这个让人哭笑不得的答案，娟娟爸妈真应该认真思考一下赞赏适度的问题了。

所谓"赏识教育"是指以积极的态度发现孩子们身上的闪光点，不失时机地为他们的进步喝彩。但无论是"发现"还是"喝彩"都是建立在实事求是的基础上的，一些家长们为了赞赏孩子而瞎编乱造，只看到了"赏识"这两个字，却忽略了"教育"的目的。

因此，家长切忌滥用赞赏，只表扬不批评，甚至把孩子的"美中不足"也说成是"十全十美"，这样不切实际的赞赏只会增长孩子的虚荣心，让他们变得性格高傲、不合群，从而迷失了自我。

二、一味批评让孩子更叛逆

都说赞赏和批评是一种学问，那么批评就是学问中的学问。因为孩子有孩子的逻辑，他们的逻辑有时会与家长的格格不入，这个时候，作为长辈的家长通常都会采用批评甚至体罚的方式来教导孩子。但是一味的批评，却让孩子变得更叛逆、更抗拒。

斌斌的父母原来在某水泥厂上班，由于单位不景气，二人都下了岗。斌斌父亲在街上踏三轮车，斌斌母亲在家操持家务。他们将全部希望寄托在斌斌身上，希望他长大后能出人头地。在教育方式上，斌斌父亲信奉"棍棒出孝子"，而斌斌母亲则是百般哄劝，夫妻之间为此经常发生争吵。

在这种家庭中，斌斌性格孤僻，成绩一般。他上初中三年级，有几次考试不及格。斌斌父亲十分恼火，对他非打即骂。每当斌斌挨打后，斌斌母亲总是偷偷地给他几元钱，要他做个乖孩子，不要惹父母生气。然而这一切并没有效果，斌斌的成绩每况愈下。

一天晚上，斌斌父亲在街上踏三轮车，发现几个流里流气的小青年正调戏一个女孩子，其中竟有斌斌，而且嘴上还叼着香烟。斌斌父亲将他拉回家，用绳子捆住，结结实实地揍了他一顿。事后，斌斌母亲搂住儿子，哭着哀求他要争气，不要学坏。

第二天，斌斌像往常一样背着书包上学，一整天没有回家，在斌斌的床上，发现了一封信。信中说："我总是惹你们伤心，我走了，等混出名堂我再回来。"斌斌母亲很是焦急，而斌斌父亲则大骂："早死早好，不许你去找他！"

5天后，公安人员到斌斌家，告诉他们斌斌因参加一抢劫团伙被抓住了，这一天，离斌斌16岁的生日还有一个星期。

在这里，让我们看到了一个家庭教育方式的失败，那就是一味批评和过度赞赏的问题。父亲采用"棍棒"教育的方法，心中虽然也有强烈的爱，但简单地一味批评，强迫孩子服从自己，只会带来两种结果：要不逆来顺受，要不反叛到底。

这样的方式太缺乏合理性。批评、打骂只能让孩子暂时屈服，挨批、挨打的时候，百依百顺，避开父母就有一种轻松感和自由感。长此以往，孩子就会为了追求这种自由感而使自己的恶劣习气滋生。常受批评和责骂的孩子，对别人也习惯于采用批评和抬手就打的行为方式，容易走上犯罪的道路。

教育专家指出：家庭教育，惩罚和批评得越少越好。即使批评，也要讲究方式、方法。如果父母批评过度，家长就会失去权威感，让孩子变得自卑、叛逆，因为孩子会觉得自己什么都不好，或者破罐子破摔。

这是典型的对立情绪体验，对孩子身心健康非常不利。家长要知道自己的权威永远来自于对孩子的尊敬。因此，孩子犯错误时，批评不要过度。

三、先赞赏，后委婉地批评

过度赞赏和一味批评都会给孩子带来恶果。在赞赏和批评中间真的需要一杆秤，如何让两者持平才是最重要的，既不要赞赏过头，也不要批评过火。其实，这杆秤就在每位家长自己心里。

如何把持好这杆秤确实很难，但有一个基本的原则那就是：先赞赏孩子，然后委婉地批评他。

嘉嘉是个好奇心很强的孩子，看到什么都想动一动、摸一摸，遇到问题也喜欢刨根问底搞个明白。有一天，他看到小闹钟滴答滴答地走着，就在想："为什么它会顺时针走而且从来不停下呢？"

这引起了他强烈探究的欲望，于是他擅自拆开了自家的闹钟。但毕竟小，零件被他弄得七零八散，再也装不上去了。

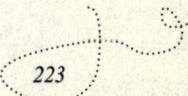

妈妈下班一进门，就看到他在桌子前手忙脚乱的样子，想把这些零件藏起来。妈妈摸着嘉嘉的头说："嘉嘉，可以告诉妈妈你在做什么吗？"

嘉嘉抬头看了妈妈一眼，马上低下头小声地说："我把小闹钟给拆了，可怎么也装不上去了。"

妈妈接着问："那你为什么拆小闹钟呢？"

"因为想看看里面是什么，为什么它会走个不停而且平时总是滴滴答答地响。"嘉嘉说这句话的时候，一脸的兴奋。

妈妈看到嘉嘉好奇的样子，说道："嘉嘉想知道小闹钟为什么这样，想法是好的。说明你是个非常爱探索的孩子，而且懂得细致观察周围的事物，妈妈真替你高兴。"

听到这句话后，嘉嘉果然显得非常高兴，因为妈妈知道，嘉嘉又对自己充满了信心，认为自己是个爱学习、爱探索的好孩子。

但最后，妈妈并没有忘记补充："下次宝宝可以选择其他方式来了解，你可以等爸妈下班后回家问嘛，而且你要求看小闹钟里面的样子，爸妈一定会满足你的愿望的。爸妈在你身边，看着你拆，装不上爸妈还可以帮助你。再说，你不该在没有大人的情况下自己拿工具去拆东西，不管是小闹钟还是别的，因为你还小，还不会使用这些工具，比如螺丝刀，一不小心就会划破你的手，这样爸妈会很担心。你说对吗？"

孩子就在这样先赞赏后委婉批评的方法下，学会了如何处理事情，既满足了孩子的心理要求，也让孩子理解了家长的用心良苦。

陈鹤琴先生说过："无论什么人，受激励而改过，是很容易的，受责罚而改过是比较难的。"可见，在赞赏中学会委婉地批评比直截了当的批评使孩子更乐于接受。

比如，孩子喜欢在墙壁上到处乱涂乱画。如果命令式地制止他，也许根本不听。如果这样说："宝宝画得真好看呀，妈妈怎么看也看不够，能不能画在纸上，这样妈妈上班了也可以带到单位去，和阿姨一起欣赏你的画？再说画在墙上又不美观，就像有人往宝宝脸上画东西一样，再美的画也不好看了，对吗？"

这样，既保护了孩子的作画兴趣，又使他明白了自己的错误所在。可见先赞赏孩子，后委婉批评真是一个值得推荐的教育方法。

第59招 注意批评孩子的口气

孩子在成长过程中，不可能不犯错误，因此，表扬与批评的教育也成了家长惯用的教育方法。孩子有错，需要家长的积极引导，有分寸的批评就是一种积极引导。但是要注意批评时的口气。

如果批评的口气不当，不但不能起到应有的教育效果，反而会损伤孩子的自尊心和自信心，形成自暴自弃或叛逆的性格。

一、不用埋怨的口气批评孩子

批评是教育孩子的一种手段，恰到好处的批评，能够有效地纠正孩子的错误和缺点，但批评的口气就像是一剂苦口良药，用什么火候熬，也是一门很深的学问。

很多家长在批评孩子时，总爱用埋怨的语气，比如"你怎么这么笨"、"都是你自己太粗心了"等，如果使用这种批评的口气，则会使孩子失去自尊，自暴自弃。

静静5岁了，正在学电子琴。让妈妈苦恼的是，每次练琴，静静都会和她发生冲突。妈妈认为，在刚开始练琴的时候，孩子的身体姿势和手形特别重要，一定要从小就培养好。但是静静每次都会出错，不太注意身体姿势和手形。

一次，静静正在练琴，妈妈就在旁边监督，发现她手形不对，就用一根小棍挑起她的手腕，大声训斥："手的形状不对，你怎么总是出错啊？笨死了！"

静静马上改了过来，但是不一会儿，手的姿势又不对了，妈妈又大声埋怨道："告诉你多少遍了，怎么就记不住，真是没心的孩子！"这样很多次，静静也有点着急了，对妈妈说："我练不好，我不练了！"说完就跑了出去。

其实刚开始练琴时，静静很有积极性，每天都主动要求练琴，并且很努力。但在妈妈一声高过一声的埋怨中，弹琴变成了静静最讨厌的事情。现在，她对钢琴完全失去了兴趣。

家长批评孩子，可以唤起孩子对自己错误行为的警觉，终止错误，是教育孩子的"常规方法"。但是在口气方面一定要注意分寸，只有恰当使用，才能指点迷津，启迪心智。

但很多父母总是喜欢"直来直去，直言不讳"地埋怨孩子，说孩子这做得不对，那做得不好，好像在家长眼中孩子是一个一无是处的人一样。长久下去，孩子的自尊心受到打击，自信心消失殆尽。

在很多父母的观念里，好像孩子出现错误是不能被允许的，要让孩子做到分毫不差才行。孩子正值学习阶段，错误在所难免。如果家长采取埋怨的口气批评孩子，就一定能帮助孩子改正错误吗？

答案是：不能。所以家长与其埋怨还不如好好抓住时机想办法帮助孩子改正，这才是正确的选择。采取适当的批评口气，才能药到病除，收到良好的效果。

二、不用权威的口气批评孩子

在现实生活中，有很多父母时刻不忘自己的权威形象，甚至刻意建立自己的权威形象。孩子犯错误时，动辄就对孩子破口大骂，以权威语气指责孩子，而且孩子只能是忍受，似乎只有这样才能表现出自己的权威地位。其实这种做法是完全错误的。

14岁的丹丹刚起床，正在洗手间梳洗。妈妈推门进来，盯一眼丹丹，说道："又是先洗脸后刷牙，我跟你讲过多少次了，你为什么不听，一定要先洗脸后刷牙！你这样做不符合通常的程序。为什么总不听？明天记住要先刷牙后洗脸，然后再梳头。"

进入初三以来，妈妈对丹丹的管教更多了起来。妈妈把丹丹新买的羽毛球拍没收了，挂在墙上的明星画扯了，爱看电视的她也得向电视机说"拜拜"了。每天放学回家，除了吃饭以外，丹丹都被关在小书房里，而且不到深夜一点钟不许睡觉。

一天丹丹实在忍受不住了，便质问妈妈："为什么我要按照你的安排去做！

我觉得这样没自由！"妈妈也严肃地说："没有为什么，我是你妈，听我的没错！"

　　记得最厉害的一次吵架是因为，丹丹把老师和妈妈布置的作业都完成了，也做好了第二天的预习，正好妈妈不在家，于是丹丹轻松地伸了个懒腰，顺手打开那久违的电视机想看一会。

　　不料刚刚打开电视，妈妈就回来了。顿时，她沉着脸，对丹丹吼道："不去搞复习，你还有时间看电视？真是没心的孩子，你看静静都考上了一中，我肯定你连高中都考不上……"后面的话，丹丹一句也没听进去，委屈的泪水顺着脸颊直流下来。

　　丹丹快步跑进书房，看着"快学习"的警告条发呆。

　　孩子的父母总是不忘自己是一个权威者，批评孩子时表情严肃，声音很大，以为嗓门越大，孩子越会记忆深刻，效果也就会越好。这种权威的口气批评孩子，不仅不能收到预期效果，还有可能引起孩子的逆反心理，结果是事与愿违。

　　孩子容易犯错，并经常犯同样的错误，父母的批评指责是必要的。但口气一定要诚恳，倘若大声训斥，甚至拳打脚踢，结果可能是收效甚微或适得其反。

　　因此，家长在批评孩子的语气上要"严"而不"厉"，适时适度，把批评的重点放在事情上，而不是家长的威信上。让孩子不是担惊受怕地听家长的指责，而是用心领悟事情本身的错与对，只有这样才可以达到批评教育的目的。

三、用肯定式的语气批评孩子

　　可爱的孩子就像春天的小树，无拘无束地成长，虽然生机盎然，但也免不了时不时长出影响成长的"坏枝"——犯错误。这时，身为"园丁"的家长就要学会"修理"，那应该怎么做呢？对孩子的批评不可没有，也不可滥用，关键是要注意采用什么样的语气。

　　肯定式的批评语气，其实就是在批评孩子时，既要注意孩子的错误，还要注重错误中的闪光点，让孩子在认识到错误的同时也不失去信心。

　　上小学的明明是个淘气的孩子，他最大的爱好是玩泥巴。每次把土掺上些水，用泥巴捏出各种形状的小玩具时，他就会觉得特别有意思。但明明把时间都放在了玩上，所以学习成绩很不好。看看这位妈妈是怎么批评孩子，从而让孩子好好学习的呢？

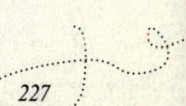

一天放学后，明明又玩起了泥巴，因为今天他想做一辆书本上看到的坦克，他觉得坦克的样子酷极了。当妈妈下班回到家的时候，明明完全没察觉，还陶醉在自己的"杰作"中。

妈妈并没有马上批评他不好好在家做作业，而是悄悄地走到了弄得跟个"泥猴"似的明明身后，欣赏起孩子的"作品"来。在孩子的作品即将"成型"的时候，妈妈才露出惊喜的表情，说："哇！好漂亮的'坦克'呀！你是怎么做出来的？真是了不起！"

孩子这时才惊讶地转过头去，但是并没有说话，只是低着头。孩子以为妈妈会责备他。妈妈看出了孩子的心思，又接着说："你真有创造力，能造出这么漂亮的坦克。你为什么要做坦克呢？是不是长大后想开坦克呀？""是呀，我就梦想着长大后，自己造坦克、开坦克。"孩子这时才放松了心态，高兴地回答。

"嗯，这真是个好主意！可是造坦克需要稳固的专业知识，你只有好好学习考上大学才可以有机会去尝试。"妈妈不失时机地提起了孩子的学习问题。

"哦，是呀！那我一定好好学习！""好了，既然坦克已经做完了，咱们现在开始学习知识，充实自己，为将来造坦克做准备好吗？"可爱的孩子迅速地跑到书桌前写起了作业。

在日常生活中，往往有许多父母只把注意力集中在孩子"错误"所产生的所谓"不良"后果上，而忽视了孩子"犯错误"背后深层次的东西，忽视了孩子在"错误"中所表现出的闪光点。

家长就要在孩子的闪光处抓起，不再是横加指责孩子的错误，而是用肯定式的语气先肯定孩子的优点，然后通过这个优点来引导孩子，这样孩子的闪光点就会扩大，批评也不再是简单地训斥和责骂。孩子容易接受这种教育方式，家长也不会大动怒气。

学会用肯定式的语气批评孩子是孩子的福气，也是家长的福气。

第60招 批评孩子，要就事论事

家长在批评孩子时，因为在气头上往往很容易"联想"。喜欢把过去的老底都翻出来，唠叨没完没了，以为这样才能让孩子深刻反思。

实际上这种做法极不可取，这种批评孩子就事不论事的方法只会加大解决问题的难度。会把问题由一个增加到两个甚至三个，孩子完全不知道家长到底在批评自己什么。

因此，家长批评孩子时，一定要就事论事，什么问题就谈什么问题，干净利索。切勿"借题发挥"、"举一反三"，节外生枝。

一、批评孩子，要客观

很多时候，孩子觉得自己犯错，家长批评是可以理解的。但是家长必须客观、公正地批评孩子，而不是自己主观地意气用事，生起气来孩子就没有一点好。这样的批评达不到好的教育效果。

永明是个好动的孩子，前几天，他又在客厅里踢球。为这事，妈妈多次与他发生过争执，可是永明依然我行我素，想踢就踢。原因就是妈妈不但对他踢球反感，在批评他时还总会带出一系列的话，比如"就知道踢球，作业做完了吗？""都是和邻居家的疯孩子学的踢球，踢这个有什么用？""成绩不咋样，踢球倒是很用心。"……

这一天，爸爸下班回来，发现儿子在客厅里踢球，就说："儿子，你的球技又有长进了，真棒！"永明听了这话高兴得不得了，踢得更认真了。

爸爸放下包，见儿子还在认真地踢球，就说："你这样踢下去会把地板弄糟，妈妈会很难过的，她现在忙着做饭，等一下还要忙着拖地板，多辛苦啊！"

永明听了爸爸这番话后，感受到妈妈的不容易，觉得自己的做法对不起妈妈。

于是，他不好意思地收起了球，说："爸爸，我要现在就帮妈妈把地板拖干净。"

这时爸爸站了起来，和儿子一起拖地，还高兴地说："儿子长大了，真懂事。"永明得到了爸爸的表扬很开心，他感受到自己身上对家庭的责任。他说："爸爸，以后我不会在客厅踢球了。"

就是这么简单的一件事，方法不一样，效果就不同。因此，家长在批评孩子时一定要客观，就孩子所犯错误本身讲道理，提要求，不要加入过多感情色彩，如"真没出息"、"你真笨"等。

这样不分主次的教育方式，不仅不能把孩子往正道上引，还会让孩子失去信心，破罐子破摔，甚至走上邪路。

批评就应该恰如其分，在客观公正地指出错误后，帮助他分析犯错误的原因，以及所犯错误会带来什么样的后果，然后用积极正面的语气给予引导即可。应对事不对人，孩子和大人，被批评者和批评者，处于平等的地位，正是基于这一点，家长才能严肃认真又心平气顺地对待孩子，孩子也会尊敬用心地对待家长的批评建议。

二、批评孩子，对事不对人

批评的目的就是让孩子心服口服地改正自己的错误。家长批评孩子，就要对事不对人，方可达到这种效果。比如，一位学生上课不认真，老师说："你不专心听讲就是跟我过不去，就是不爱听我的课。"老师的批评就是对人了。

这种做法不仅不能让这位学生认真听课，反而会让他更加捣乱。其实这位老师在批评这位学生时，只要把他上课不专心这点指出来就行了。这就是仅对事，孩子容易意识到自己的错误，还会理解老师的苦衷，会马上认真听讲。

教育是一门艺术，家长教育孩子更要讲究艺术，只有根据实际情况选择恰当的教育手段，才能达到事半功倍的效果。

公交车站牌下，一对母子正在等车。

一阵大风把妈妈的围巾撩了起来，妈妈想用手按住围巾，可是手里还提着皮包，非常不方便。看到这个情形，小男孩主动对妈妈说："妈妈，我帮你拿包吧。"妈妈犹豫了一下，还是把皮包递给了小男孩，然后整理她的围巾。

没想到风更大了，小男孩一不小心，把皮包掉在地上的水洼里。小男孩马上把皮包捡了起来，一脸的惊恐。

妈妈的脸色立刻变得非常难看，厉声训斥小男孩："你怎么连个皮包都拿不住啊？你看，包都脏了。你真笨，估计长大了也是什么都做不了……"

小男孩一声不吭，眼泪却哗哗地涌出来。

父母批评教育孩子时，应该对事不对人，不能因为一两次的小错误就否定孩子以前的努力，更不能夸张，通过一次错误就否定孩子的未来，将孩子批评得体无完肤。只需明白地告诉他，这件事情做得不好，错在什么地方，以后要注意改正，这就足以让孩子认识自己的错误，达到教育目的。

三、批评孩子，不提旧账

家长对孩子的批评，最怕的就是把孩子多少年以前的老账拿出来，反反复复絮叨没完。这会让孩子觉得昨天已经认了错，而今天又要翻旧账，好像自己曾经的改正根本没有意义。不仅引起反感，还认为只要自己犯了错误，就永远无法摆脱。

这样，孩子也就不再愿意改正自己的错误和缺点了。

"你到哪里去？"

"和朋友出去。"

"到底和谁去？"

"初中的老同学——王阿姨家的丹丹，楼下的军军和虎子。"

"虎子？是不是在毕业前出事的那个虎子？"

"老爸记性真好。"

"我告诉过你，不要和虎子多来往。那孩子太捣蛋了，差一点没被学校开除。上次你们几个一起出去玩，就是因为他，你们差点闯大祸。你们这次去哪里？"

"我们去超市。"

"不买不卖到超市干什么？"

"不干什么，就是逛逛。"

"简直浪费时间！年轻人不在家好好学习，到处闲逛，再加上那个惹事的虎子不出事才怪呢。你功课做完了没有？上次考成那个样子还好意思出去闲逛。"

"老爸，有完没完？想象力真丰富，不就是出去玩玩，你烦不烦？"

"小子你听着，跟我说话放尊重点。老老实实早点回来，要不然有你好看的。"

不少家长批评孩子喜欢旧账新账一起算，好像这样统统数落一番，孩子才能记住自己的错误并加以改正。如果经常翻旧账，难免让孩子心理上产生厌烦情绪，因为提旧账就是等于在一遍一遍提醒孩子自己曾经犯过的错。

这样就会使批评的效果大打折扣，即便家长说的有道理，也不会收到理想的教育效果。正确的做法是：批评孩子，不提旧账。

比如，孩子考试成绩不理想时，家长和孩子坐下来一起分析一下本次考试失分的原因，提醒孩子以后避免此类情况的发生，就比批评孩子上课不用功、下课不好好做作业效果要好得多。

批评教育孩子，最好一次解决一个问题，不要把孩子的老账和新账加起来批评，否则只会让孩子无所适从、惶恐不安。